本书荣获中国石油和化学工业优秀出版物奖（教材奖）一等奖

应用型电子商务
"十二五"系列规划教材

电子商务案例分析

施志君　　主　编
徐建平　　副主编

The Second Edition
第二版

化学工业出版社

·北京·

本书内容涉及电子商务案例的概念、分类及电子商务案例分析的方法，将电子商务案例分为新型电子商务、网络经纪、网络广告、内容经营、网上商店、网络直销、行业服务提供、虚拟社区、企业整体电子商务模式9大类，对各个类型的典型案例进行详细分析。

本书的特色在于强化学生电子商务专业创新思维能力的培养。随着社会的发展，电子商务应用日新月异，本书在第一版畅销的基础上进行了章节顺序、案例更新等调整，让学生首先探讨新型电子商务模式，帮助学生打开视野、开创思维，并理解商业模式的重要性；同时，本书加强了学生动脑思考案例的比重，每种类型的案例除了详细分析一个典型案例以外，其他同类型的相关案例只作了简单介绍，然后提出研讨问题，让学生充分进行思考、讨论，拓展同学们的思维；另外，本书强化了典型案例新发展的讲解，便于让学生认识到电子商务应用的最新发展状况；再者，本书提出了典型案例存在的问题，让学生清楚认识企业总是在不断地解决问题中壮大的，不能认为典型案例中的企业就十全十美了；还对某些典型案例提出了建设性的意见供大家参考。

本书可作为应用型本科、高职高专电子商务等专业的教材，也可用于中职（中技）学校相关专业的教学用书或培训教材。本书对现代企业的管理人员、市场营销人员、客户服务人员等也有着现实的指导作用。

图书在版编目（CIP）数据

电子商务案例分析/施志君主编. —2版. —北京：
化学工业出版社，2014.1（2017.8重印）
应用型电子商务"十二五"系列规划教材
ISBN 978-7-122-19301-8

Ⅰ.①电… Ⅱ.①施… Ⅲ.①电子商务-案例-高等
学校-教材 Ⅳ.①F713.36

中国版本图书馆 CIP 数据核字（2013）第 304221 号

责任编辑：宋湘玲　　　　　　　　　　文字编辑：王新辉
责任校对：吴　静　　　　　　　　　　装帧设计：尹琳琳

出版发行：化学工业出版社（北京市东城区青年湖南街 13 号　邮政编码 100011）
印　　装：北京云浩印刷有限责任公司
787mm×1092mm　1/16　印张 13¼　字数 316 千字　2017 年 8 月北京第 2 版第 6 次印刷

购书咨询：010-64518888（传真：010-64519686）　售后服务：010-64518899
网　　址：http://www.cip.com.cn
凡购买本书，如有缺损质量问题，本社销售中心负责调换。

定　　价：26.00 元

编写说明

根据中国互联网络信息中心（CNNIC）发布的《第32次中国互联网络发展状况统计报告》显示，截至2013年6月底，我国网络购物网民规模达到2.71亿人，团购网民数为1.01亿；使用网上支付的网民规模达到2.44亿，在网上预订过机票、酒店、火车票和旅行行程的网民规模达到1.33亿。另一数据更让我们震撼，仅2013年11月11日"双十一"当天，天猫的网购成交额达到350.19亿元；京东商城当天零时到中午12时，订单量已达到平日全天的三倍；苏宁易购、当当网等也都创下了新的纪录。数据雄辩地说明我国电子商务发展的强劲势头，也预示着电子商务人才的急需。然而目前的状况却是：一方面电子商务的高速发展、人才奇缺；另一方面是由于专业知识结构不合理、电子商务专业毕业生难在社会上找到工作。

通过分析不难发现，解决上述矛盾的关键在于认清电子商务市场需要的人才类型，学校培养电子商务专业人才要与市场接轨。显然电子商务专业的应用型或者说实战型人才是市场需求量最大，但实际较为匮乏的。2009年，化学工业出版社组织广东省多所在电子商务专业有所建树的应用型院校联合组织策划，并邀请企业专家指导、参与编写，共同完成了"应用型电子商务'十一五'系列规划教材"，弥补了当时人才培养教材短缺的局面。该系列教材共计10本，分别是《电子商务基础与实训》、《计算机实用技术》、《实用联网技术》、《网络营销与实训》、《电子商务网站建设与完整实例》、《电子商务案例分析》、《电子客户关系管理与实训》、《电子商务物流与实务》、《电子商务项目策划与设计》、《国际商务》。该系列教材出版后获得了全国应用型院校的广泛认可和选用，同时化学工业出版社也收到了全国各地众多读者的邮件和电话。通过市场的检验，系列书中《电子商务案例分析》荣获了中国石油和化学工业优秀出版物奖（教材奖）一等奖，《电子商务网站建设与完整实例》和《电子商务项目策划与设计》荣获了中国石油和化学工业优秀出版物奖（教材奖）二等奖。鉴于电子商务发展的日新月异及广大读者对该系列教材更新的期望，我们在第一版的基础上结合电子商务新近发展、教师授课经验、学生意见反馈等进行了修订。推出"应用型电子商务'十二五'系列规划教材"，包括：《电子商务基础与实训》、《网络营销与实训》、《电子商务网站建设与完整实例》、《电子商务案例分析》、《电子客户关系管理与实训》、《电子商务物流与实务》、《电子商务项目策划与设计》等。

"应用型电子商务'十二五'系列规划教材"的主要特点如下。

（1）电子商务专业涵盖的知识非常广泛，并且其更新速度也很快，在编写本套教材的过程中，注重理论分析的准确、清晰、简明、新颖，做到够用就行。立足于应用型，本套教材重点突出专业技能的训练；根据各门课程的讲授特点，每本教材的编写思路和体例也各具特色。

（2）该套教材把电子商务应用所需要的专业技能进行了分解，每本教材强调不同的专业模块。《电子商务基础与实训》是围绕电子商务开展的几种模式，告诉学生如何进行B2B、B2C、C2C、EG，把涉及的业务知识和技能串起来。《网络营销与实训》介绍各种网络营销手段的应用，特别是近期经过市场检验的新网络营销手段，以大量的互联网实践来掌握网络营销技能。《电子商务网站建设与完整实例》是以一个完整的网站建设为例，训练网站设计及制作、后台数据处理。《电子商务案例分析》通过大量成功案例的分享，旨在激活同学们的思路，从中获取开展电子商务应用的创新灵感。《电子客户关系管理与实训》分行业给学生提供角色演练的模拟实训，让学生掌握客户服务的技巧。《电子商务物流与实务》引用国内外先进理论与应用实例，注重电子商务与物流的结合，让学生知晓一些实务型的物流操作。《电子商务项目策划与设计》从项目管理角度介绍电子商务项目分析方法，有效解决了电子商务师资格鉴定第二阶段内容，让读者学会电子商务项目设计，了解答辩技巧。

(3) 教材以电子商务应用层面的理论知识够用为度，同时引入比较新颖的专业内容、发展动态、创新模式，以满足实际需求。

(4) 本系列教材附有大量的案例、思考、练习、演练、实训、拓展等，还考虑到教学层次的差异，给出了大量链接资源、阅读资料，便于深化学习。

(5) 教材还考虑到学生参加专业资格鉴定的需要，很多具体的教学内容都与电子商务师的鉴定内容挂钩，便于读者自学和备考。

(6) 本系列教材均配有立体化电子教案，以期有助于教师教学和学生学习，如有需要请联系 sxl_2004@126.com 或登录化学工业出版社教学资源网 www.cipedu.com.cn 下载。

总之，本系列教材着重强调电子商务应用的专业技能，有很多尝试电子商务应用的方法，也有很多实操性的训练，还有很多和社会接轨的实践机会。该套教材既可作为应用型本科、高职高专电子商务等专业的教材；也可作为中职（中技）学校相关专业的教学用书或培训教材。根据教学目标不同，书中"＊"内容学校依据情况可选择性讲授。在当今的电子商务时代，该系列教材对现代企业的管理人员、市场营销人员、客户服务人员等有着现实的指导作用。

应用型电子商务"十二五"系列规划教材

编审委员会

2014 年 1 月

前　言

本书第一版于 2009 年出版，是化学工业出版社《应用型电子商务"十一五"系列规划教材》之一，第一版书出版后全国各地许多应用型学校选用本书作为教材，并收到全国各地诸多老师的咨询和索要电子课件的邮件和电话。本书也因此荣获了中国石油和化学工业优秀出版物奖（教材奖）一等奖。鉴于电子商务发展日新月异及广大读者对教材更新的期望，我们在第一版基础上结合电子商务新近发展、授课经验及学生反馈等编写了本书第二版。

本书是为了满足应用型教学改革和人才培养的需要，解决应用型教学缺乏一体化实用性教材的问题而编写。本书的特色在于强化学生电子商务专业创新思维能力的培养。本书首先探讨新型电子商务模式，帮助学生打开视野、开创思维，并理解商业模式的重要性；同时，本书加强了学生动脑思考案例的比重，每种类型的案例除了详细分析一个典型以外，其他同类型的相关案例只作了简单介绍，然后提出研讨问题，让学生充分进行思考、讨论，以拓展学生的思维；另外，本书强化了典型案例新发展的讲解，便于让学生认识电子商务应用的最新发展状况；再者，本书提出了典型案例存在的问题，让学生清楚：企业总是在不断地解决问题中壮大，不能认为典型案例中的企业就十全十美了。本书还对某些典型案例提出了建议供大家参考。

本书的编写思路是以案例类型为根据，介绍成功的企业如何应用电子商务。具体来讲：首先探讨新型电子商务模式，理解商业模式的重要性，培养专业创新思维的能力；二是让学生清楚电子商务应用类型，知道分析案例的方法；三是重点介绍了各种类型的电子商务应用中最成功的代表；四是简要说明了一些相关案例，给学生列出很多研讨问题，激发学生动脑思考问题；五是给出了较多的链接资源，让"吃不饱"的学生可以更深入地学习相关内容；六是给出了拓展训练，针对章节内容，进一步开阔学生的视野，尝试各种实践，提高专业技能。

本书由施志君主编，负责编写提纲、体例的设计。通过授课过程的积累及学生的反馈，在第一版的基础上去拙补精成就第二版。徐建平担任副主编承担了本书中修订版大量编写工作。参加本书编写的还有戴瑾（第 4，6，9 章部分）和朱丽娟（第 5，7，8，10 章部分）。在此感谢为本书第一版及本版提供帮助的刘军、时小伟、张帆和张珈瑞。

本书可作为应用型本科、高职高专电子商务专业的教材，也可作为中职（中技）学校相关专业的教学用书或培训教材，但对于中职（中技）学生来说，书中打 * 号的章节可以不讲。本书对现代企业的管理人员、市场营销人员、客户服务人员等也有着现实的指导作用。

编　者

2014 年 1 月

目　录

第 1 章　学习目标和知识准备

1.1　学习本课程的目标

1.1.1　案例教学的方式和意义

（1）案例教学法的产生

案例教学法的产生，可以追溯到古希腊和古罗马时代。希腊哲学家、教育家苏格拉底，在教学中采用"问答式"教学法可以看作是案例教学的雏形。1908 年，哈佛大学哈佛商学院成立，同年创立企业管理研究院，由盖伊担任首任院长，盖伊建议：以组织学生讨论作为课堂教学的补充，这样诞生了管理案例教学法。和传统的课堂讲授不同，案例教学法改变了那种教师满堂灌，教学内容过分抽象、难以理解；学生在学习的过程中提不起兴趣，不能激发学生的参与意识的缺陷。而是贯彻理论联系实际的教学原则，使学生通过案例教学开阔视野，增长知识，调动学习的积极性和主动性，使处理实际问题的能力在学习过程中得到锻炼和提高。

（2）案例教学法的含义

案例教学法是一种通过分析各种案例来开展教学活动的教学方法，它是让学生在特定的案例模拟情景中，进行体验、分析、决策，从而培养他们独特的、综合的工作能力以及团队精神的教学方法。案例教学法力图将学生置于实战的环境，进而来学习怎么处理问题。因此，案例教学法，不仅仅是让学生简单地去寻找答案，而在于寻找处理和解决问题的具体方法。通过案例教学，培养学生的创造性、发散型思维方式，使学生们在学校学习时就具备了适应未来工作必要的心理准备、知识结构和实战操作能力。

（3）案例教学法的方式

案例教学法通常有两种方式。

① 教师在课堂上讲授案例　教师围绕特定的案例进行讲授，学生通过教师对案例的分析，对教学内容产生较实际和深刻的认识，这种案例教学方法能够使学生易于掌握理论、原理、方法，对如何分析同类问题触类旁通，但不能够充分提高学生的主动性和实践能力。

② 由教师组织案例，在课堂上与学生一起分析和讨论案例，基本方法有两种：一是将选编好的案例发给学生，让学生事先做好参与讨论的准备，可采取先小组讨论（可以以不同特点、各有所长的学生来分组取长补短；可以组织不同小组围绕同一案例进行辩论或质疑），也可以组织学生进行调查、试验活动后，选代表在全班发言的方式；二是将案例发给学生，要求学生针对案例进行独立阅读、思考和判断，最后写出书面分析报告。教师通过学生的分析报告了解并评判其掌握相关知识的程度和分析、解决问题的能力。

而通常所说的案例教学法，更多地是指后一种方式。在案例教学法的讨论过程中，突出学生的主体地位，要创造机会让学生走向前台发挥主角作用，教师则尽可能走向幕后发挥导演作用。

根据笔者近几年案例教学的授课经验，大部分学生喜欢让他们走到讲台，把他们在课前准备好的案例分析课件展示给大家，分享小组的研讨成果。同学们的创新思维能力也是值得欣喜的，老师也可以从同学们那里受到启发，相互学习并提升。

（4）案例教学法的意义

案例教学法开发了教学组织新形式，是适应高等教育特点的有效而独特的教学方式，在信息爆炸、日益高科技化和综合化的今天，它是进行有效的高等教育不可或缺的重要方法，它推动了学科综合化进程，打造了各派教学理论融合创新的平台，对教学改革起着重要的现实意义。

① 案例教学法实现了理论与实践的结合　教学过程中运用典型案例，通过分析案例，使学生能够在具体的案例情景中运用和检验所学知识和理论，实现了理论和实践的结合，弥补了机械接受知识的不足。

② 案例教学法有益于培养学生的自主能力和创造性思维　案例教学法是力图将学生置于实战的环境来学习怎么处理问题。在整个教学过程中，自始至终都是以学生为主，老师重在指引和点评，有利于培养学生自主思考、自由发言以及创造性思维的能力。

③ 案例教学法有益于调动学生的学习主动性　案例教学是互动式的教学，使学生变被动听讲为主动参与，有利于调动学生的积极性和主动性，学生以"当事人"身份去解决问题，做出自己独立的决策，从而不断调动学生的积极性和主动性。

1.1.2　电子商务案例分析的重要性

随着电子技术和互联网的发展，信息技术作为工具被引入到商贸活动中，产生了电子商务 [Electronic Commerce（缩写为 EC）或 Electronic Business（缩写为 EB）]。电子商务是 Internet 技术发展日益成熟的直接结果，是网络技术发展的新方向，它不仅改变了企业本身的生产、经营和管理，而且给传统的贸易方式带来了巨大的冲击。通俗地说，电子商务就是在计算机网络（主要指互联网）的平台上，按照一定的标准开展的商务活动。电子商务它所强调的是通过信息网络以电子数据信息流通的方式在全世界范围内进行并完成的各种商务活动、交易活动、金融活动和相关的综合服务活动。电子商务是基于计算机网络并与之有效融合的商务活动，电子商务在计算机网络环境下的商业化应用，不仅仅是硬件和软件的结合，而是把买方、卖方、厂商及其合作伙伴在因特网（Internet）、内联网（Intranet）和外联网（Extranet）上更有效地结合起来的应用，电子商务给我们带来更多的选择和更多的便利，改变着人们的生活方式、消费观念和娱乐形式，使人们的生活质量得到空前提高，使人的个性得到充分发挥。

电子商务为了提高人们商业贸易操作的效率，通过采用计算机网络手段和各种数字化电子方式实现商品交易、资金流及知识产权贸易。电子商务打破了时空局限，改变了贸易形态，将给世界经济带来空前的发展机遇。

电子商务是利用"电子"（包含计算机、网络、通讯技术）的手段来实现商务的目的，商务是核心。除了我们熟知的优势外，可以说电子商务的好处可以惠及整个社会。我们可以利用互联网安全、迅速、低成本地实现税收、退休金和社会福利金的电子支付；另外，比起支票支付，电子支付更容易审计和监督，这可以有效地防止欺诈和盗窃。电子商务可以让人们在家工作，因而交通拥挤和环境污染也可以得到一些缓解，电子商务还可以使产品或服务到达边远地区……

　　电子商务案例是指对某一特定电子商务活动的内容、情景与过程，进行客观描述的教学资料。当然，能收入到教材作为教学案例材料的，一般是比较典型的电子商务应用实例，值得推广和学习。

　　电子商务案例分析在电子商务教学中具有重要意义。实践证明：电子商务案例教学不仅能更好地让学生全面认识电子商务，掌握网络营销技巧，提高学生的实践能力和创新能力，而且案例教学使得学生成为了教学活动的主体，能够形成学生自主学习、合作学习、研究性学习和探索性学习的开放型的学习氛围，收到良好的教学效果；电子商务案例教学可以深化所学的理论知识，通过案例分析加深对理论知识深层次的理解；电子商务案例教学可以使所学的知识转变成技能，理论学习与实践应用有机地结合；电子商务案例教学可以把分析案例得到的成功经验及案例的改进建议用于以后的创业或工作中，少走许多弯路；电子商务案例教学可以在逼真模拟训练中做到教学相长，不断提高自身的竞争能力；电子商务案例教学可以通过案例的讨论，提高学生的综合素质。

1.1.3　本课程所要达到的目标

　　本书的所有内容来自于电子商务的实践，是电子商务实践活动的客观反映。通过本课程的学习和教学过程，目的是使学生全面了解课程所选案例的精髓，正确分析其成功与不足之处，以便在今后的电子商务的运用过程中有所借鉴。

　　电子商务案例教学要达到的目标如下。

　　① 与计算机网络、电子商务概论、现代物流、供应链管理、网络营销、ERP、客户关系管理等营销、商务和管理类课程的理论知识相衔接，通过案例分析加深对相关理论知识的深层次理解和运用。

　　② 通过各种类型的电子商务案例的详细分析，结合具体实践中出现的问题进行判断思考，在逼真的模拟训练中做到教学相长，师生之间在共同的分析讨论过程中，通过发散性思维，激发大家的灵感，做到思想启迪、相互学习；也可以通过积极的讨论，提高学生的综合素质；还可以在分组研讨中，培养学生的团队合作精神。

　　③ 通过理论学习与实践应用有机结合，对电子商务产生更为实际的感性认识；使所学知识转变为技能；掌握电子商务运作的一般规律和与实际环境相结合的特定环节处理方法，归纳电子商务项目的特色与优缺点，比较、衡量并评价电子商务的运行效果，能动态把握国内外电子商务发展趋势；能对行业电子商务发展有完整的了解；能借鉴电子商务应用的成功经验；为电子商务项目规划打下基础，能形成电子商务解决方案。

　　通过本课程的学习，让学生熟悉较多的国内外电子商务案例，为学生提供分析、评估电子商务项目的方法，培养学生的案例分析能力和归纳总结能力，从而使学生掌握电子商务的运行规律，在调查、讨论与实践的基础上更深入地理解电子商务的基本原理，能够积极思考，得出实际问题的电子商务解决方案，使学生能具备适应未来电子商务领域工作必要的心理准备、知识结构和实战操作能力。

　　还要注意：学习电子商务案例时，目的是要掌握如何应用电子商务，而不仅仅是简单地实现电子商务；对于应用电子商务的组织来说，关注的是如何利用电子商务手段来加速、简化组织的活动过程，提高组织效率；对于应用电子商务的人来说，关键是要有意识地培养自己的"电子商务感"，关注的是如何利用电子商务手段来解决各种问题，提高工作效率、学习效率和生活效率与质量。

1.2　学习本课程需要具备的知识

1.2.1　电子商务案例的分类

在了解电子商务案例的分类前，我们需要先对电子商务的类型进行了解或回顾。如果根据电子商务参加的主体划分，可以将电子商务分为三大类。第一大类是企业与企业之间的电子商务（Business to Business，即 B2B），即企业与企业之间使用 Internet 或各种商务网络进行的向供应商订货、接收票证和付款等商务活动。企业对企业的电子商务发展最快，已经有多年历史，特别是通过增值网络上运行的电子数据交换（EDI），实现了标准化，使企业对企业的电子商务得到了迅速扩大和推广。第二大类是企业对消费者的电子商务（Business to Customer，即 B2C）：企业对消费者的电子商务一般以网络零售业为主，主要借助于 Internet 开展在线销售活动。例如：经营各种书籍、鲜花、计算机、通信用品等商品。另外，我们可以把消费者对消费者的电子商务（Customer to Customer，即 C2C）看成是 B2C 的最高境界。第三大类是电子政务（Electronic Government，即 EG）：政府机构应用现代信息和通信技术，将管理和服务通过网络技术进行集成，在互联网上实现政府组织结构和工作流程的优化重组，超越时空及部门之间的分隔限制，向社会提供优质的、全方位的、规范的、透明的、符合国际水准的管理和服务。它包括政府与政府（G2G）、政府与企业（G2B）、政府与公众（G2C）、政府与公务员（G2E）等电子政务类型。

对电子商务案例的分类，我们可在上述电子商务分类的基础上，按涉及的专业和类型、教学需要、电子商务模式等，从不同的角度建立不同的分类。

（1）按电子商务涉及的专业和类型分类

按照电子商务案例涉及的专业和类型来分，可把它们分为：

① 网站建设与维护案例；

② 网站内容设计案例；

③ 电子商务 B2B 案例；

④ 电子商务 B2C 案例；

⑤ 电子商务服务案例；

⑥ EDI 案例。

（2）按电子商务教学需要分类

按照电子商务案例的教学需要来分，可把它们分为：

① 已解决问题的案例；

② 待解决问题案例；

③ 设想问题的案例。

（3）按电子商务模式分类

一般认为，商务模式包含三个要素：一是产品、服务或信息流的体系结构，包括不同商业角色及其作用；二是不同商业角色潜在利益；三是收入来源，商务模式规定了公司在价值链中的位置，并指导其如何赚钱。

　　按照电子商务模式可以从不同角度建立不同的分类框架，就各类模式我们还可以分得更细。研究和分析电子商务模式的分类体系，有助于挖掘新的电子商务模式，为电子商务模式创新提供途径，也有助于制定企业特定的电子商务策略和实施步骤。由于本书是采用这种分类来讲述各个电子商务案例的，所以下面进行详细讨论。

　　① 网络经纪模式　指企业作为市场的中介通过虚拟的网络平台将买卖双方的供求信息聚集在一起，协调其供求关系并从中收取交易费用的商业运作模式。它一般是商家对商家、商家对消费者、消费者对消费者或消费者对商家的经纪商。

　　② 网络广告模式　指网站的所有者提供了一些内容和服务来吸引访问者，通过在其网站加入标志、按钮或其他获得访问者信息的方式的广告客户收取广告费用来获得利润的商业运作模式，这种模式的前提是需要大的访问量。

　　③ 内容经营商模式　指企业在网上通过第三方制造和提供数字化形式的产品而获得利润的商业运作模式。一般以信息、软件、音乐、电影等来满足消费者。

　　④ 网上商店模式　实际上就是在线销售模式，指批发商和零售商通过互联网销售商品和服务的商业运作模式，货物一般以优惠价格或拍卖售出。

　　⑤ 网络直销模式　指生产商通过互联网直接接触最终用户而不是通过批发商或零售商的商业运作模式，这种模式的典型企业有戴尔公司等。

　　⑥ 行业服务提供模式　能够提供专业性强的行业服务，且拥有该行业资源的背景，有针对性地为业内人士提供行业内及相关行业的电子商务平台和商务信息服务的电子商务模式。

　　⑦ 虚拟社区模式　基于网络和具有共同利益和兴趣的生产商或个人的虚拟群体，为其提供合作机会而收取一定费用获利的商业运作模式。

　　⑧ 企业整体电子商务模式　企业或者其他组织以发展电子商务应用为目标，对企业或者组织的生产流程、营销模式、组织管理等方面进行统一的信息化处理而采用的电子商务模式。

　　⑨ 新型电子商务模式　包括各种电子商务模式创新，如增值网络集成商模式、威客模式、网络代购模式、网络团购模式等。

　　a. 增值网络集成商模式　增值网络集成商通过为实际价值链中的委托人收集、综合和传递信息来控制行业中的虚拟价值链，并通过协调的方法来提高价值链的利用效率，从而使其价值得到增加。

　　b. 威客模式　人的知识、智慧、经验、技能通过互联网转换成实际收益的互联网新模式。主要应用包括解决科学、技术、工作、生活、学习等领域的问题。体现了互联网按劳取酬和以人为中心的新理念。

　　c. 网络代购模式　由买家指定某种商品，网络卖家再去购买，收取一定的佣金，卖家本身并不存货。对买家而言，代购的商品一般是自己比较了解的，质量更让人放心；对卖家而言，代购的成本低、风险小，不易出现售后纠纷，因此，网络代购虽然出现的时间不长，发展却很快。

　　d. 网络团购模式　销售商拥有了足够量的同类购买需求的消费者，电子商务网站向销售链的上游厂商、总代理商提出要求分享利润。网络团购业务的组织者一般而言有两个基本能力需求：一是要能组织到一定规模的消费者，以作为和供货商谈判的筹码；二是要能组织到相当数量同类型的供货商，以便争取到最合理的折扣和提成比例。

1.2.2 电子商务案例分析的主要内容

电子商务案例分析就是根据一定的分析目的，采用一种或几种分析方法，按照一定的程序，对通过调查并经过整理的资料进行分组、汇总、检验和分析等，得到所研究事物或现象的本质及规律性，进而指导实践的过程。

对电子商务案例的分析，既是案例研究的具体工作过程，也是电子商务案例研究人员的思维活动过程。分析的含义十分广泛，其中包括：

① 对案例的特定目的进行剖析得出有关整个案例过程的方向及侧重等方面的结论；

② 对所用研究方式及分析方法的特性和针对性进行研究；

③ 对案例对象的特点进行分析；

④ 对案例资料的可靠性和代表性进行分析；

⑤ 运用适当的分析方法，分析案例资料所反映的问题；

⑥ 综合得出最终的分析结论，并对这一结论的前提、深层根源及适用范围等提出自己的见解。

电子商务案例分析的内容主要是把公司的目标、优势和弱点、竞争状况、消费者购买方式以及可利用的资源联系起来。具体地说包括以下 4 个方面。

① 电子商务网站背景资料：管理层、经营策略、投资方、有无风险投资、合作伙伴、有无上市计划等。

② 电子商务网站建设与维护方法分析：网络平台技术分析、网站安全技术分析、网站维护方法分析。

③ 电子商务网站经营特色分析：营销方法分析、内容设计分析、支付方式分析、物流配送方法分析。

④ 电子商务网站效益分析：盈亏状况分析、经营风险分析、竞争优势与劣势分析、电子商务网站发展前景。

在进行电子商务案例的内容分析时，应全面了解所选案例的精髓，正确分析其成功与不足之处，以便在今后的电子商务的运用过程中有所借鉴。

还有一种分析观点认为：电子商务案例分析的主要内容是在全面把握某种电子商务模式应用基本情况的基础上，系统分析其商业模式、技术模式、经营模式、管理模式、资本模式等特点，其中影响一个电子商务案例业绩的重要因素是它的商业模式。管理大师德鲁克说："当今企业之间的竞争，就是商业模式的竞争。"在全球信息化市场不断深入的今天，创新的商业模式是势在必行的。分析其商业模式是指从电子商务案例所提供的收入来源、产品、服务、信息流，以及各利益主体在电子商务案例项目运作过程中的关系和作用、组织方式与体系结构等方面来分析。主要包括以下五点分析内容。

（1）电子商务企业战略目标

企业若要进入电子商务行业首先就是要进行电子商务系统战略规划，电子商务系统战略规划的全面性和合理性决定了企业在电子商务行业的生存和发展，一个电子商务项目要想成功并持续获利，必须不断向客户提供对他们有价值的、竞争者又不能提供的产品或服务，才能保持竞争优势。为此在商业模式上需明确战略目标：客户的需求决定着企业的成败，企业要向客户提供电子商务服务，首先要明确客户需要什么，即市场需求是什么。根据市场需求调研成果，进行市场细分，定义目标客户群体，根据目标客户群体需求，决定企业将使用电子商务技术为客户提供什么样的服务，为客户创造什么样的价值。为此要搞清产品特征、产品组合或服务范围、产品上市时机及服务差别化、客户范围、品牌形象等。

（2）分析企业内外环境，明确企业开展电子商务核心能力

电子商务部门还要对企业状况进行分析，要明确企业实施电子商务拥有什么样的资源，对自身有了全面的了解，识别企业拥有的优势，以及企业的劣势。根据企业本身拥有的资源，制定符合自身情况的电子商务发展战略。核心能力是相对稀缺的资源和有特色的服务能力，它能够创造长期的竞争优势。核心能力是公司的集体智慧，特别是那种把多种技能、技术和流程集成在一起以适应快速变化的环境的能力。企业的资源是有限并且是稀缺的，企业的资源不可能全部投入到电子商务系统中，在大多数情况下企业不可能向用户提供所有的电子商务服务，因此在确定电子商务系统构架时需要有所取舍。

（3）电子商务企业战略选择

电子商务可以帮助公司更好地实施以客户为中心的发展战略。一方面，利用电子商务所提供的电子化服务，公司可以通过向出现故障的产品提供服务的快慢来差别化，大大提高公司对顾客投诉的反应速度，能够有针对性地为顾客提供更周到的服务。另一方面，由于信息更加容易获取，公司可以为客户提供大量的商品选择机会，从而使客户有更多的选择余地。如电子商务企业可以选择低成本战略。电子商务在减少公司的产品或服务成本的同时，也可以大大降低客户的交易成本。这意味着一家公司提供的产品或服务有可能比其竞争者让客户花费更少的金钱。这种成本的降低表现在生产和销售成本的降低上，一方面，公司通过电子商务方式与供应商和客户联系，大大提高订货和销货效率，使订货、配送、库存、销售等成本大幅度降低。另一方面，通过互联网，企业可以为客户提供更加优质的服务，甚至可以让客户通过互联网进行自我服务，大大减少了客户服务成本。

（4）分析收入和利润来源模式

电子商务案例分析一个极为重要的部分是确定公司的电子商务项目收入和利润来源。在电子商务市场中，大多数产品和服务是以知识为基础的，以知识为基础的产品一般具有高固定成本低可变成本的特点，因而产品或服务的定价具有较大的特殊性，企业定价的目标不在于单位产品的利润率水平，而更加重视产品市场占有率的提高和市场的增长。在现实的市场中，很多公司直接从其销售的产品中获得收入和利润，或者从其提供的服务中获得收入和利润。但是，在电子商务市场中，因为互联网的一些特性，使公司利用互联网从事电子商务的收入和利润的来源变得更加复杂。例如：从事网络经纪电子商务模式的公司的收入来源至少有交易费、信息和建议费、服务费和佣金、广告和发布费等。而一个采取直销模式的公司的收入则主要来自于对客户的直接销售，也可以来自于广告、客户信息的销售和产品放置费，还可以通过削减直接向客户提供服务的成本或减少配送环节来增加利润。

（5）利用价值链分析，不断地完善整个电子商务系统

在电子商务环境下，公司活动的价值链结构发生了革命性的变化：基本活动中的信息处理部分，如商品信息发布、客户沟通、销售、供应和分销商订单处理乃至支付都可以通过电子商务在网上完成；基本活动中的采购、进货、发货等环节的物流活动，则可以通过第三方物流加以完成；辅助活动中的人力资源管理和技术开发中的部分活动也都可以通过电子商务方式在网上完成。企业在已经构建起电子商务系统的前提下，为了向客户提供产品和服务的价值，必须进行一些能够支持这些价值的活动。电子商务部门应该根据市场的变化不断地修改、改善系统，挖掘客户潜在需求，开发新的电子商务服务，为客户提供新的价值，以不断

地完善整个电子商务系统。

1.2.3 电子商务案例分析的主要方法

1.2.3.1 电子商务案例分析的思维方法

进行电子商务案例分析教学时应具备科学和专业的分析思维方法。具体如下。

（1）形式逻辑思维方法

是以概念定则为前提条件，以演绎、归纳、分析为推理判断方法的思维规则体系。形式逻辑思维方法如下。

① 比较和分类　比较是确定事物之间异同点的方法。分类则是在比较的基础上，将所研究的事物区分为不同种类的方法。这是认识客观现象最基本的逻辑思维方法，也是电子商务案例研究中常用的理论分析方法。

② 归纳和演绎　归纳法是从个别的、特殊的知识中概括出一般性知识的逻辑方法。演绎法是从一般性前提推出个别性结论的逻辑方法。

③ 分析和综合方法　分析就是在思维中把客观事物分解为各个要素、各个部分或各个方面，然后逐个分别加以考察。综合方法就是在思维中把对客观事物的各个要素、各个部分、各个方面分别考察后的认识联系起来，然后从整体加以考察的思维方法。

④ 抽象和具体抽象　就是从客观事物或感性材料的整体中抽取出一定的属性、特点或关系进行相对独立的研究，在此过程中暂时撇开其他方面的属性、特点或关系。

⑤ 证明　利用公理、定理、法律条文等来证实其正确性。

（2）辩证逻辑思维方法

辩证逻辑研究概念、判断、推理等思维形式在推演、变化中的规律性、特点及其体现在思维方法上的辩证关系，它通过自身特有的逻辑范畴建立逻辑体系。辩证逻辑的基本内容包括基本规律、形式、方法以及逻辑范畴等。辩证逻辑思维方法有以下几种。

① 矛盾分析方法：是分析事物的对立与统一、提示事物发展的内因和外因、认识矛盾的普遍性和特殊性。

② 辩证分析法：就是一分为二的矛盾分析法。

（3）比较分析法

指对两个或几个有关的可比数据进行对比，揭示差异和矛盾的一种方法。比较分析法主要有以下几种。

① 横向比较法：根据同一标准对同一时间的不同认识对象进行比较。

② 纵向比较法：对不同时期的现象的异同点进行比较和分析。

③ 理想类型比较法：从具体独特的现象中抽取一些主要性质，舍弃其他性质而建立的典型或标本。

（4）统计分析法

指通过对研究对象的规模、速度、范围、程度等数量关系的分析研究，认识和揭示事物间的相互关系、变化规律和发展趋势，借以达到对事物的正确解释和预测的一种研究方法。统计分析法有以下几种。

① 对比分析法　与比较分析法相同。

② 平均分析法　参照同类、同期的平均数据来分析、说明研究对象的情况，从而可以看出其经营状况、管理方法、发展前景等。

③ 动态分析法 包括发展水平分析、发展速度分析、长期趋势分析、季节变动分析等。

1.2.3.2 电子商务案例分析的教学方法及步骤

第一步：学生首先应该快速阅读案例、浏览网站、查看网站地图，其目的是对案例中提出的问题获得感性认识，判断其电子商务模式，了解大致的内容，把握其特征和分类，进而理解其电子商务各方的利益主体优势，为进行案例分析奠定基础。

第二步：学生应当掌握案例中的关键事实，对案例基本情况汇总，利用一切可行渠道尽可能地收集拟分析案例的基本情况，并进行汇总整理。

第三步：进行案例功能及结构的定位。电子商务案例分析要对案例进行由表及里的系统分析，这就需要对电子商务案例的功能结构进行科学定位，把握主要的信息流、资金流和物流的特点，明确该电子商务模式对各主体的功能以及每个参与方所能获得的利益。

第四步：学生还需要根据形成电子商务模式的各个方面，通过作出合理的假设来补充事实。学生必须全面运用包括定性分析和定量分析在内的所有可能的分析技能，对电子商务模式进行分析，掌握电子商务模式的内涵，在结构定位的基础上，就案例的商业模式、技术模式、经营模式、管理模式、资本模式进行系统分析，为进行电子商务项目策划积累经验。

第五步：得出结论与提出建议。对案例的电子商务模式进行总结，并提出改进商务模式效果的建议，为进行电子商务项目设计提供借鉴。

在课堂讨论的过程中，学生的课堂讨论应该避免未加分析地重复那些案例事实，教师将更多地作为主持人而不是授课人，他要引导讨论并且让学生就他们的观点畅所欲言。通过参与其中的辩论，学生能学到大量的知识，感悟出专业的灵活运用。

要知道，学习电子商务案例分析是个循序渐进的过程，老师适宜的引导和鼓励非常重要。开始的时候，只要学生能够找出案例最成功或最不足的几个方面、给出专业性的建议就可以了，老师就应该给予表扬；不需要刻意地让学生按照上述所说的步骤和方法去分析案例。随着做课件、讲案例、听其他组员的分析，学生自然会渐渐得到提升。在不断的实践中，学会使用电子商务案例分析的主要方法——五大模式分析法，加上比对、图表、示例等直观的形式来分析电子商务案例的亮点（见图1-1～图1-4）。电子商务案例分析能力的养成，对学生今后看清就业前景以及选择创业项目都有一定的帮助。

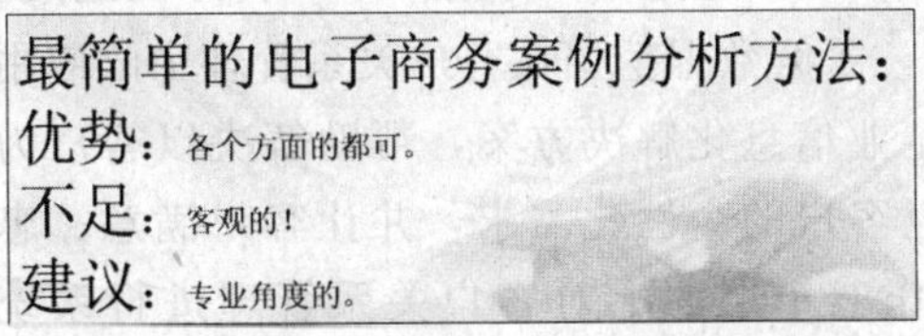

最简单的电子商务案例分析方法：
优势：各个方面的都可。
不足：客观的！
建议：专业角度的。

图1-1 最简单的电子商务案例分析方法

电子商务案例分析方法：五大模式
商业模式：重要因素！
技术模式：
经营模式：
管理模式：
资本模式：

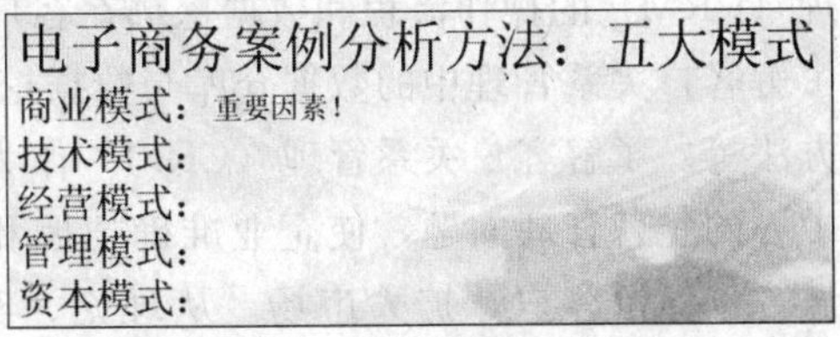

图1-2 电子商务案例分析方法

1.2.4 电子商务案例分析涉及的其他知识

电子商务案例教学是以计算机、网络、商务、营销、管理等学科的理论知识为基础的，学生只有在掌握这些基础理论的基础上，才能对其实施有效的案例教学。由此我们可以说，在学习电子商务案例分析前，电子商务的相关的系统知识讲授是必需的，电子商务案例教学也必须有电子商务概论、物流与供应链、网络营销、客户关系管理等课程做先导。

① 电子商务概论 通过该课程的学习，了解电子商务在信息时代的重要地位、应用范围和发展前景，掌握电子商务的基本概念、电子商务的基本框架、原理和关键技术；了解电

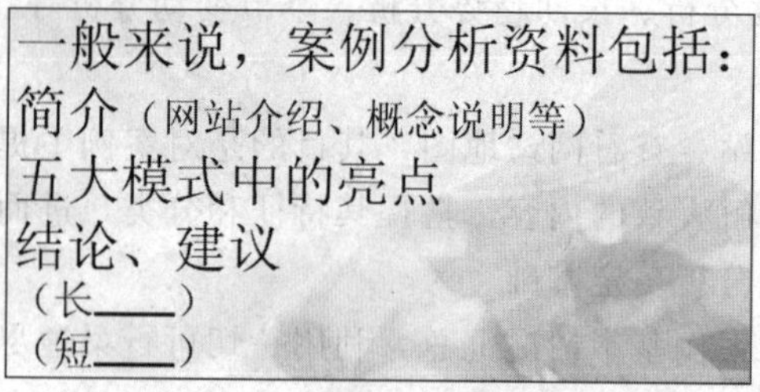

一般来说，案例分析资料包括：
简介（网站介绍、概念说明等）
五大模式中的亮点
结论、建议
（长＿＿＿）
（短＿＿＿）

图1-3　电子商务案例分析包括的资料

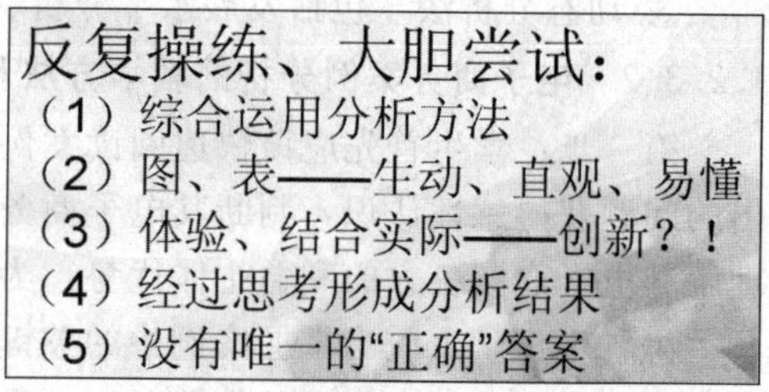

反复操练、大胆尝试：
（1）综合运用分析方法
（2）图、表——生动、直观、易懂
（3）体验、结合实际——创新？！
（4）经过思考形成分析结果
（5）没有唯一的"正确"答案

图1-4　电子商务案例分析要点

子商务发展环境，掌握政府电子商务发展战略，掌握企业电子商务发展战略、电子商务的安全、电子商务系统规划、电子商务系统实现等基本概念、基本原理；了解电子商务领域的新进展。

② 物流与供应链　通过该课程的学习，要求学生了解物流管理的形成和发展，掌握物流的基本概念；掌握物流客户服务的基本概念及确定服务水平的方法、物流的基本原理和电子商务物流的方法和技术、物流的模式，了解电子商务物流的基本流程与基本技术；了解物流系统规划框架，包括选址、运输、库存、物流信息处理等；掌握运输、储存、装卸搬运、包装、流通加工、配送、回收、信息处理等物流活动的运作过程；理解供应链管理思想的实质以及供应链管理中的物流管理的作用。

③ 网络营销　通过该课程的学习，掌握网络营销的基本工具、基本技能、基本手段、基本理论；了解现代营销理论的发展与创新；掌握网络营销的相关理论知识以及网络营销环境；熟悉电子商务营销类岗位群主要操作流程，熟悉电子商务营销类岗位群所涉及的技术、技巧和手段，熟练掌握网络营销业务的全过程，会设计网络营销计划，对每一种营销策略能熟练掌握和应用，具备一定的网络营销运作能力。

④ 客户关系管理　通过该课程的学习，主要了解客户关系管理的基本概念、客户关系、客户满意、客户忠诚、客户终生价值与生命周期、客户关系管理系统的基本组成与分类、呼叫中心、系统项目的管理控制与实施方法等；从管理理念和技术应用两个角度了解现代客户关系管理的基本原理，掌握客户关系管理战略实施及项目管理方法，结合具体的客户关系管理（CRM）的操作流程和数据挖掘在客户数据处理中的实施过程，掌握CRM实际的运用。了解客户关系管理中的数据仓库与数据挖掘的内容，了解数据挖掘在客户关系管理中的应用方法等。了解客户关系管理（CRM）作为完整的企业信息化解决方案，帮助解决以客户为中心的经营管理问题，使企业准确把握和快速响应客户的个性化需求，并让客户满意、忠诚，以保留客户，扩大市场。从理论、实践和操作三个层面上对客户关系管理进行系统掌握。

如果在案例分析的过程中涉及其他方面的知识，请教学者事先弄懂相关的理论，便于进一步的案例教学。

思考习题1

1. 电子商务案例分析的意义何在？
2. 电子商务案例的类型有哪些？

3. 电子商务案例分析的步骤如何？

4. 电子商务案例分析的主要内容有哪些？

5. 举例说明"当今企业之间的竞争，就是商业模式的竞争"。

6. 电子商务案例分析的教学分组有没有必要？

7. 作为学生，我们在学习电子商务案例分析时的学习态度应该是什么样的？

链接资源 1

1. 国家精品课程网站（http：//www.hnrtu.com/hn _ ziyuanku/htm/jpkc _ country.php），搜索《电子商务》相关课程来阅读、参考。

2. 中国电子商务协会（http：//www.ec.org.cn）。

3. 21 世纪中国电子商务网校（http：//www.ec21cn.org/）。

4. 书生读吧——全球最大电子书门户（http：//www.du8.com/），阅读、参考"财经企管"类的相关电子书籍。

拓展训练 1[*]

梳理一下自己的知识体系，看看在进行电子商务案例分析时还欠缺哪些方面的知识。

第 2 章　新型电子商务模式案例分析[*]

2.1　电子商务模式创新

2.1.1　检验电子商务模式的标准

电子商务经过十多年的发展，基本上形成了一些比较成功的模式，如在后面章节介绍的网络经纪模式、网络广告模式、内容经营模式、网上商店模式、网络直销模式、行业服务提供模式、虚拟社区模式、企业整体电子商务模式等，在这些章节都介绍了典型案例。这些模式被逐渐认可，是因为它们有着自己的经营手段、发展空间。

归根到底，判断电子商务模式好坏的标准就是看它的盈利空间！也就是要能赚到钱！站在企业自身的角度来看，如果没有盈利空间，企业不可能长期亏损下去。当然，一些应用电子商务非常成功的企业，其发展过程也并不是一帆风顺的，如亚马逊公司就出现过严重亏损，花了十几年才填平 B2C 的泡沫；阿里巴巴也经历过"非典"等严冬的考验。但只要分析、预测到企业确实有发展前景，一些眼光锐利的风险投资专家会来进行风险投资，协助企业渡过难关，最终取得成功。如阿里巴巴集团就先后接受了日本软银公司的多次投资。

电子商务模式会随着电子商务技术的发展、市场的需求及检验不断创新，经过社会网民的审视，坚持下来的就将是成功者。

2.1.2　电子商务模式的发展

电子商务模式是网络企业生存和发展的核心，企业在进行电子商务模式选择的时候要充分进行调研分析，重点是要进行需求分析、市场分析、盈利渠道分析等。

可以从不同的角度对电子商务进行分类，如果电子商务模式按照交易对象分类，包括如下类别：商业机构对商业机构的电子商务 B2B、商业机构对消费者的电子商务 B2C、消费者对消费者的电子商务 C2C 以及电子政务 EG；其中电子政务 EG 又包含了政府管理部门之间的电子商务 G2G、政府管理部门与企事业机构之间的电子商务 G2B 或 B2G、政府管理部门与民众之间的电子商务 G2C 或 C2G。因为电子政务 EG 是政府的电子商务行为，不以营利为目的，主要包括信息发布、办事指引、政府采购、网上报关、网上报税等，对整个电子商务行业不会产生太大的影响。

电子商务模式可以按照行业不同分为制造类、农业类、贸易类、金融类、服务类、招聘类、物流类等电子商务网站，在后续的章节将会一一介绍。

最新的电子商务模式的分类就是本书所介绍的，主要看它的经营模式及盈利手段来进行的分类，这样更有利于分析清楚网络企业的优势。

随着电子商务的不断发展，出现了一些更新颖的电子商务模式，如 B2B2C 已经出现，A2A（智能代理对智能代理，Agent to Agent）电子商务模式、B2A2B2A 电子商务模式、

O2O（Online To Offline）电子商务模式等。

在第 1 章强调过，商业模式（即企业通过什么方式或者途径来赚钱）正确与否是一个企业成败的关键。比尔·盖茨说：21 世纪要么电子商务，要么无商可务！因此，电子商务模式的发展和创新是值得电子商务从业人员永远探讨的，所以，围绕商业性网络服务（Business Networking Services，BNS）来思考是大有所为的。

加强电子商务研究，规范电子商务发展，创新电子商务模式，任重而道远。电子商务是基于网络的新型商务方式，可以说网络贸易是一种全新的商业活动，网络贸易的发展速度很快，业务方式没有最终定型，在其发展过程中既有本身的新进展，又有对现有模式及体制的冲突，给规范网络贸易的发展带来一定的困难。因此，必须对市场的发展保持高度敏感，制定和完善相应的政策、标准、法律与法规，保护和规范网络贸易在我国的健康发展。既要吸取已有模式的优势，又要发现新的商机，创新电子商务模式，不断推进电子商务模式的良性生存、发展与终结。

2.1.3　电子商务模式的形成

关于电子商务模式的概念本身并没有形成一致的看法。一种观点认为电子商务模式是关于产品、服务以及信息流的一种构架，是一种对业务活动不同参与者及各自角色的描述，同时也是对这些参与者的潜在利益和收入来源的一种描述。另一种观点则认为电子商务模式是对决定企业产品、信息以及现金流的消费者、客户、同盟以及供应商各自的角色以及相互间关系的描述，也是对各方能获得的主要利益的描述。还有的观点认为电子商务模式是对电子商务系统创造价值的实际流程背后逻辑的一种描述，是对企业通过电子手段实现其商务战略在概念层面和结构层面的概括，并且是企业实施电子商务流程的基础。

国内外的学者在对电子商务模式的研究方面存在显著差异。国内的学者一般绕过对电子商务模式概念的分歧，直接提出各种关于电子商务模式的建议。有的学者根据网络的使用目的将电子商务模式分为网上市场型、网上高效型、网上服务型和网上商品交易型；有的学者认为我国的大型传统企业在实施电子商务时，应当遵循依托互联网来加强销售渠道、以现有价值链的整合获取更多价值、建立或形成整个行业的电子商务构架，以及形成跨行业的电子商务平台及社区四阶段的电子商务模式；国内的研究更多的是关注模式的划分、发展阶段的划分，以及具体实施建议的提出。而国外的学者则不同，他们更多关注的是电子商务模式更深层次的内容，更多涉及的是电子商务模式的各种要素分析。如在 Weill 和 Vitale 提出的"原子电子商务模式"理论中，就将现有的电子商务模式分解为八种最基本的"原子电子商务模式"。他们认为通过研究"原子电子商务模式"，企业可以单独实施某种原子电子商务模式，也可以将几种原子电子商务模式组合起来加以实施，还可以按照原子电子商务模式将已有的电子商务模式进行分解、分析。他们提出的八种原子电子商务模式包括：直接面向客户、全面服务供应商、企业整体、中介、基础设施共享、虚拟社区、价值网络集成商以及内容提供商，分别从战略目标、收入来源、关键成功因素、核心能力、IT 基础设施、客户资产拥有关系进行了要素分析。

对于中小企业 B2B 而言，缺乏有特色的电子商务模式成为阻碍他们发展的重要因素，互联网为商务模式的传播和扩散提供了渠道，模仿照搬迅速挤干了原有商务模式的利润空间，正是网络泡沫的根源之一。此外，电子商务公司创业如果要吸引风险资本家的投资，就必须提交一份现有竞争者难以模仿的商业计划，即有特色的电子商务模式对企业成功至关重要。

　　具体来说，好的电子商务模式可以使企业在竞争中获得两种优势：一种是来源于电子商务模式对业务中原有重要流程或特性进行改进，以此提高运作效率，并降低成本，如在对顾客的管理中引入互联网服务的策略；另一种则是来源于电子商务模式对企业业务进行了创新性的突破，创造了新的价值，如开拓新市场、改革行业的标准或规则。前一种优势在一定的内外部环境下可能会转化为另一种优势。如 Dell 将互联网和强大的第三方物流相结合，建立了全新的网上直销渠道，形成了上述第二种优势，成为计算机制造行业的领头羊。而另一家美国公司 Fruit Of The Loom 则正好相反，它是一家丝网印制商品的销售企业，首先建立了 Activewear Online 外部网络，接着将销售商、供应商、合作伙伴甚至是竞争对手都连接起来，提供 Fruit Of The Loom 产品的网上目录、可用性和价格信息等，形成了第一种优势。接着公司决定为所有的供应商、销售商、批发商和运输合作伙伴建立独立的信息门户，提供在线订货、结算和促销等功能，并且不止提供公司自己的产品，还提供其他竞争对手的产品，建立基于合作伙伴利益相互依存的关系，把具有的竞争优势已经转变为第二种优势。电子商务模式形成的竞争优势不是静态的，会随着时间的推移而改变，竞争优势也很难长时间地保持，如竞争对手的模仿或模式创新。

　　电子商务模式对于新兴的互联网企业具有重要意义。20 世纪 90 年代中后期，互联网的相关产业成了经济发展的热点，出现了一些互联网神话故事。Yahoo、Amazon 和 eBay 等网络企业先后在纳斯达克（NASDAQ）上市，更使得风险投资家争相投资于互联网公司，而美国在线并购时代华纳也被视为互联网企业取代传统企业的典范。互联网的先驱们最近都在考虑电子商务模式的创新，因此电子商务模式需要不断地推陈出新。

　　电子商务模式中的组织结构要素随着电子商务的发展而演化。信息技术一方面减少了信息的迟滞，提高了决策的速度和准确性，使得决策可以集中；另一方面由于信息技术也增强了业务人员的处理能力，使得决策可以在信息来源处分布化，减少了中层管理人员，使组织层次扁平化。总之，官僚制的职能组织结构已不适合时代发展，组织结构出现了扁平化、网络化和分权的趋势，协调机制也向柔性、有利于创新的方向发展。事业部式、矩阵式以及变种混合式都不断地被尝试。此外，在竞争比较激烈的地区和行业，网络化组织、虚拟企业也不是新事物。一个合适的电子商务模式才是企业成功的关键，因此对电子商务模式的探讨也是业界和相关学者需要格外关注和思考的。

　　但不管怎样，电子商务模式的形成需要经过企业的实践，市场的优胜劣汰，理论学家的发现、总结才能被世人知晓，当然，用户的需求分层也在悄然催生新的电子商务模式。

2.1.4　创新的电子商务模式

　　电子商务刚引入中国时，脱离了业务实践中的需求，所以出现了泡沫经济，电子商务的失败成为必然。实践证明，美国电子商务可以说是"商务推动型"，而中国电子商务则更多的是"技术拉动型"。企业的商务需求"推动"了网络和电子商务技术的进步，并促成新型电子商务模式的产生。

　　（1）新型电子商务 BAB 模式

　　新型电子商务 BAB 模式旨在解决企业在商务中"缺乏资源、信用难保"等问题。

　　BAB 是基于 B2B 基础上提出的电子商务新模式，其实质是解决企业间的信任问题，以创造一个包括信息流、资金流、物流、知识流在内，有信用的电子商务环境。其中的"A"

是指服务平台、数字认证机构和商业银行等业务代理机构，它们的集合构建并保障了新商务模式的信用体系。新型电子商务 BAB 平台将通过实名制和企业信誉评估机制，形成一个健康的中小企业集群，把分散的资源整合起来，充分发挥集群优势。同时，与国际接轨，导入国际先进的标准操作模式，把中国中小企业的资源运营置于全球网络环境中。

除了解决电子商务的信用问题之外，BAB 平台还能为企业特别是中小企业提供电子商务的全过程、全方位服务，包括迅速发布准确的市场信息；更迅速地捕捉商机，与潜在的合作伙伴或交易对象直接"在线沟通"；从广义"资源"角度审视本企业在全球供应链中的定位和战略，利用"资源杠杆"原理，以企业自身特有的某种资源优势，在全球范围内寻找合作机会，嫁接、撬动外部资源为己所用，增加企业的国际竞争力等。

（2）新型电子商务 B2F 模式

B2F（Business to Family）是随着社区垂直分类门户的不断发展兴起的一种全新的电子商务模式。家庭是数字化社区中的重要组成部分，是物业公司与小区商家的主要服务对象，随着网上虚拟社区的不断发展壮大，物业公司和小区商家可以通过精准的广告投放、个性服务及面向家庭的商品精准促销，实现销售和利润最大化。互联网是由人组成的，这些人分别来自于不同的家庭。未来的互联网发展，家庭是一个不可忽视的桥头堡，谁占领了家庭这座堡垒，谁就握住了电子商务这座金库的金钥匙。

B2F 模式也就是社区服务连锁模式，是在价值网理论指导下的第四方电子商务模式的应用创新。采用智能化电子商务和强大的电子商务物流配送系统与社区落地接待、配送相结合的网络销售终端渠道，营运成本很低，具有低费用优势，点多面广。

（3）新型电子商务 P2C 模式

P2C（Service Provide to Consumer），简单地说就是把租房、订机票，甚至洗脚、吃饭这些生活中的"杂事"都搬到互联网上去消费。阿里巴巴集团下的中国雅虎与口碑网宣布合并，并正式启动"雅虎口碑生活服务新平台"。这个生活化的网络平台将吸收大批从事服务业的企业，把老百姓日常生活当中一切密切相关的服务信息，如房产、餐饮、交友、家政服务、票务、健康、医疗、保健等聚合在雅虎口碑平台上，实现服务业的电子商务化。图 2-1 是广州的雅虎口碑网的平台。

（4）新型电子商务 O2O 模式

O2O（Online To Offline）电子商务模式即线上订购的商品或者服务线下领取，从而享受对应的服务。O2O 实现的一个核心问题，用专业的话语说是线上和线下如何对接？目前用得比较多的方式是电子凭证。如淘宝聚划算等电商以及团购网站，线上订购后，购买者可以收到一条包含二维码的短彩信，购买者可以凭借这条短彩信到服务网点经专业设备验证通过后即可。这样解决的线上到线下的验证问题，安全可靠，且后台可以统计服务的使用情况，方便了消费者的同时，也方便了商家。

目前采用 O2O 模式经营的网站已经有很多，团购网就是其中一类，如百先网、中团网、篱笆网、齐家网等大众商品团购网站，美团网、58 团购、窝窝团、拉手网等生活信息团购网站，另外还有一种为消费者提供信息和服务的网站，如赶集网、爱邦客等，最后是房地产网，如搜房网、房道网等。图 2-2 是百度旗下创新、开放、生活的电子商务平台——爱乐活（http：//www.leho.com），以生活消费为核心，致力于帮助用户满足对于商品和服务信息的获取、筛选、交流、决策，直至交易。

O2O 模式的诞生，会促进很多网络公司提供该类服务，尤其是团购类网站，以及本地

图 2-1　雅虎口碑网的平台

图 2-2　爱乐活首页

信息生活服务类平台。对于传统企业来说，O2O 模式适合的企业如下。

① 连锁加盟型的零售企业　如流行美、以纯、卡顿、哎呀呀之类，或者大型渠道流通品牌商，因为加盟门店分布广，并且有线下服务优势等各种原因，借助 O2O 平台，促进门店销售，进一步扩大连锁加盟商数量。

② 连锁类餐饮公司　如小肥羊、真功夫、嘉旺之类，因为产品无法快递，只能在线下体验服务，所以可以通过线上下单、线下体验服务的方式抢占更多消费者。

③ 本地生活服务企业　如酒吧、会所、餐饮、电影等，通过 O2O 进行电子商务，开展各种促销和预付款的形式，线上销售线下服务增加客流量。

对于传统企业来说，开展 O2O 电子商务，主要有以下方式。

① 自建官方商城＋连锁分子店铺的形式　消费者直接向最近门店的网络店铺下单购买，

然后线下体验服务，而这些过程中，品牌商提供在线客服服务及随时调货支持（在缺货情况下），加盟商收款发货，适合全国连锁型企业。

② 借助全国布局的第三方平台　如 58 同城、赶集网、拉手网或窝窝等，实现加盟企业和分站系统完美结合，并且借助第三方平台的巨大流量，迅速推广带来客户。

③ 建设网上商城，开展各种促销和预付款的形式，线上销售线下服务，这适合本地化服务企业。

（5）移动商务

移动商务从本质上归属于电子商务和信息商务的类别，是由技术发展与市场变化而出现的新商务模式。由于移动商务与电信服务的关联性特征，因此它在业务模式、商业收益点、服务范围等许多方面不同于无线商务。移动商务将随着移动通信的不断普及和发展成为未来中国电子商务增长的新领域和创富运动的新行业。

与传统电子商务相比，移动商务具有更广阔的发展空间，因为它能利用最新的移动通信技术派生出更有价值的商业模式。移动商务与传统电子商务的区别在于其服务对象的移动性、服务要求的即时性、服务终端的私人性和服务方式的方便性。移动商务所能提供的服务包括 PIM（个人信息管理）、银行业务、交易、购物、基于位置的服务（Location based service）、娱乐等。目前中国移动已推出手机银行、手机炒股、手机彩票、GPS 位置服务、移动 OA、UM（统一消息服务）、PIM（个人信息管理）、WAD（无线广告）等移动商务服务。图 2-3 是移动梦网首页。

图 2-3　移动梦网首页

移动商务商业模式涉及移动网络运营商、网络设备提供商、移动终端提供商、内容提供商等，这些参与者以移动用户为中心，以移动网络运营商为主导，在一定的政府管制政策限定下开展各种活动，以实现自己的商业价值。移动商务商业模式的参与者包括提供操作系统和浏览器技术的平台供应商，提供网络基础设施的设备供应商，提供中间件及标准的应用平台供应商，提供移动平台应用程序的应用程序开发商、内容提供商、内容整合商，提供应用整合的移动门户提供商、移动运营商、移动服务提供商等。

(6) 其他新型电子商务模式

其他新型电子商务模式，如增值网络集成商模式、威客模式、网络代购模式、网络团购模式将在下节介绍，另外，还有网上祭祀、网上发泄等电子商务模式也值得关注。

因为电子商务领域特别需要创新性思维，因此，在教学上建议多给一些时间让学生探讨新型电子商务模式的案例，以专业的角度重点分析新型电子商务模式的商业模式。教材总是会落后于电子商务行业日新月异的发展，所以，本书课程的重头戏在于激发和培养学生对电子商务领域创新的思考。

2.2 新型电子商务模式案例

2.2.1 增值网络集成商模式案例：美国思科电子商务

增值网络集成商通过为实际价值链中的委托人收集、综合和传递信息来控制行业中的虚拟价值链，并通过协调的方法来提高价值链的利用效率，从而使其价值得到增加。美国思科公司就是成功的增值网络集成商（http：//www.cisco.com，网站如图 2-4 所示）。

图 2-4　美国思科公司网站

Cisco 的名字取自 San Francisco，那里有座闻名于世界的金门大桥。依靠自身的技术和对网络经济模式的深刻理解，思科成为了网络应用的成功实践者之一。与此同时，思科正在致力于为无数的企业构筑网络间畅通无阻的"桥梁"，并用自己敏锐的洞察力、丰富的行业经验、先进的技术，帮助企业把网络应用转化为战略性的资产，充分挖掘网络的能量，获得竞争优势，能够帮助它的开发合作伙伴轻松地创建、部署增值型业务应用。

思科公司从 1984 年成立以来，一直能以年增长率 50％左右的速度持续发展，不只是因为思科卖的是最热门的网络基础设备，而是思科成功地利用它所提倡的网络信息技术建立了一整套电子商务系统，从而创造了一种崭新的企业运营模式。一方面，思科公司为网络经济的淘金者提供工具；另一方面，思科公司以自己的成功案例说明，应用网络信息技术的的确确可以淘到很多金子。现在，思科不仅是网络基础设备提供商，而且也提供业界最领先的电子商务解决方案，越来越多的企业分享了思科应用互联网的成功经验。

思科运行着世界上最大的商务网站，每年的交易额高达 140 亿美元——每天超过 3800万美元，接近全球 E-Commerce 总收入的 20％。易用的、交互性的基于网络的商务解决方案，使思科与供应商、顾客、合作伙伴和员工的联系更富效率，从而减少了用于生产、配送、销售、客户服务等环节的费用，仅每年节省的运营支出就达 8.25 亿美元。从某种意义上讲，思科就是一个庞大的构建在互联网上的"虚拟公司"。思科的第一级组装商有 40 个，下面有 1000 多个零配件供应商，其中真正属于思科的工厂只有两个。思科的供应商、合作伙伴的内联网通过互联网与思科的内联网相连，无数的客户通过各种方式接入互联网，再与思科的网站挂接，组成了一个实时动态的系统。客户的订单下达到思科网站，思科的网络会自动把订单传送到相应的组装商手中。在订单下达的当天，设备差不多就组装完毕，贴上思科的标签，直接由组装商或供应商发货，思科公司的人连箱子都不会碰一下，70％的思科产品就这样生产出来了。基于这种生产方式，Cisco 的库存减少了 45％，产品的上市时间提前了 25％，总体利润率比其竞争对手高 15％！思科不用在生产上进行大规模投资，就能轻松应付增长迅速的市场需求，对市场的反应也更敏捷、更安全。

思科提供完备的网上订货系统，客户在网上可以查到交易规则、即时报价、产品规格、型号、配置等各种完备、准确的信息。据思科的统计数字，98％以上的网上订单是正确无误的，而在过去思科未进行网上订货时，差不多 40％的订单有报价或配置错误，给客户和思科公司都带来了麻烦。网上订货不但节省了人力，而且大大减少了传统的交货时间。思科电子商务系统还有一个重要的功能是网上技术支持和客户关系管理。

2006 年 3 月，思科推出了基于思科 SONA 的统一通信系统。它能够帮助企业客户将通信系统与 IT 基础设施集成到一起，从而创建一个统一的、涵盖整个企业的通信平台。包含语音、视频和 IP 通信产品、应用的思科统一通信系统将让各种规模的机构可以随时随地，从任何地方使用网络中的各种服务，进而提高他们的通信效率。

思科公司（Cisco）针对互联网商业采取的核心措施就是思科在线（CCO）的建立。进入思科在线订单状态的客户，可以使用售货订单号码或者购入订单号码查阅订单。思科公司甚至将这部分信息与联邦快递（Federal Express）的查询服务系统连接起来，使客户能够随时知道订单在实际工作中的进展。订单服务为客户提供具体服务的信息，包括交易号和协议号码、程序日期、运输日期及运货方式和查询号码。报价单则为财会部门、主管部门和会计提供快速简便的在线报价追踪服务。如果客户愿意加入思科公司的内部网络，思科甚至可以和客户合作，将其服务器与客户已有的系统相连接并与 CCO 链接，形成一种更加紧密的合作关系。

思科电子商务系统带来的好处还有：在网上公布产品信息，在网上分发软件，减少了大部分制造、包装、运输纸制印刷品或光盘的费用；通过自动化大部分常规的、行政性的（如销售、订货和客户服务）工作，员工可以提高效率，并集中精力于更具挑战性的、对客户更有益的工作；网上培训大大节省了培训费用，使员工能有效、合理地自主安排学习，迅速跟上公司业务的发展；员工可以在网上查找自己的薪资福利情况，在网上完成报销；2 名审计员可用 2 天时间为 16000 名美国员工完成报销工作；为期一天的结账周期，随时随地知道自己的财务状况。

研讨问题 1：简述思科打造电子商务平台给思科带来的好处。

研讨问题 2：浏览思科中国网站（http：//www. cisco. com/web/CN/index. html），看看它能提供哪些解决方案？

研讨问题 3：思科中国网站的"培训与活动"包括什么内容？

研讨问题 4：通过思科中国网站了解一下它的"产品与服务"。

研讨问题 5：举例说明，分享了解或知道的增值网络集成商。

2.2.2 威客网站案例：威客-猪八戒网

互联网上出现了一种新模式——威客模式，利用互联网把人的知识、智慧、经验、技能转换成实际的收益，主要应用包括解决科学、技术、工作、生活、学习等领域的问题，体现了互联网按劳取酬和以人为中心的新理念。威客模式利用人的智慧为新出现的问题寻找解决方法，并体现出知识就是财富的思想。

威客模式的两种实现形式：一是悬赏式，提问者将问题标价悬赏，威客利用个人的技能、知识、智慧形成答案通过竞争中标，范例网站有猪八戒威客网站、威客中国、任务中国、K68 威客网、创意网等大部分威客网站；二是知识出售式，威客通过创作形成的智力作品存放在网站上，有疑问者通过查询寻找到合适的作品进行买卖，范例网站有搜库网，此种模式甚少。

从搜索关键词"威客排行榜"的结果来看，威客-猪八戒网（http：//www. zhubajie. com，网站如图 2-5 所示）在这个领域遥遥领先，下面以它来进行说明。

图 2-5　威客-猪八戒网站

　　猪八戒网由重庆猪八戒网络有限公司运营，是中国最大的一站式服务业电子商务网站。猪八戒网的目标是要做成全球最大的服务业交易平台，让每个人每个企业都能获得更诚信、更有保障的服务。2006 年 9 月 15 日，猪八戒网正式商业化运营。2007 年，猪八戒网获得博恩科技集团投资。2011 年，猪八戒网获得 IDG VC 千万美元级投资，同年在美国休斯敦成立美国分公司，并在北京设立办事处。猪八戒网此前曾荣膺"中国百强商业网站"、"中国最具发展潜力的网站"称号，并跻身"中国最佳商业模式"100 强，CCTV 新闻联播等媒体多次予以报道。截至 2012 年 4 月，网站交易总额突破 8 亿元，日均增长达 200 万元，交易总数超过 70 万件，活跃服务商超过 650 万，买家遍及中国、美国、英国和日本在内的 25 个国家和地区。让每个人每个企业都能获得更诚信、更有保障的服务，是猪八戒网的使命。为达成公司目标和使命，猪八戒网坚持齐头并举战略。第一，能力战略，让企业和个人买家更方便地找到有能力的人（服务商）。为此，猪八戒网建立起了一套对服务商进行能力评价的体系，让服务商能够凭借自己的能力，而不是学历和资历更好地为企业和个人提供服务。第二，保障战略，让企业和个人买家在获得服务时，更有保障，解决他们的后顾之忧。为此，猪八戒网在全行业率先推出了"原创保证"、"免费修改"、"保证完成"三大消费者保障体系，如果买家遇到上述侵权行为，猪八戒网将对买家进行先行赔付，从而让买家在猪八戒网购买服务就像购买普通商品一样，买得放心，买得安心。

　　以上是网站给出的最新介绍，负责分析威客网的学生上网站认真分析后，其分析结果如图 2-6(a)、(b)、(c)、(d) 所示。

(a) 猪八戒网的优势

(b) 猪八戒网的优势

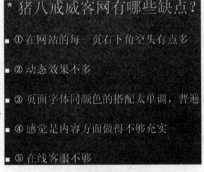

(c) 猪八戒网的缺点

(d) 对猪八戒网发展的建议

图 2-6　猪八戒网的优势与缺点

　　再经过一周的探究，负责小组又有了新的认识，采用五大模式分析法分析，与班级其他同学分享了案例分析的成果，如图 2-7(a)、(b)、(c)、(d)、(e) 所示。由此看出，同学们的分析能力在迅速成长，与此同时，同学们的自信心和成就感倍增。

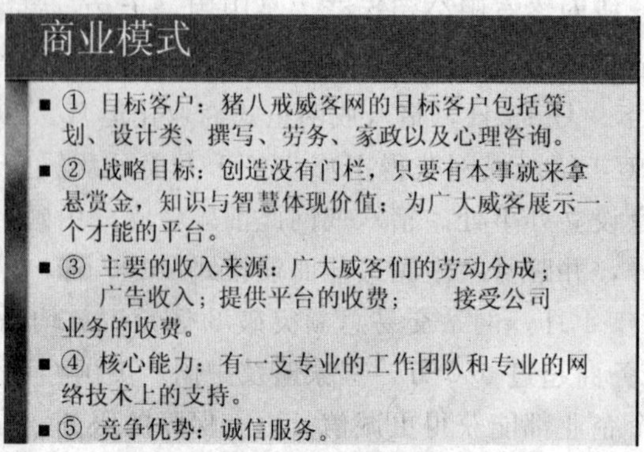
商业模式
■ ① 目标客户：猪八戒威客网的目标客户包括策划、设计类、撰写、劳务、家政以及心理咨询。
■ ② 战略目标：创造没有门栏，只要有本事就来拿悬赏金，知识与智慧体现价值；为广大威客展示一个才能的平台。
■ ③ 主要的收入来源：广大威客们的劳动分成；广告收入；提供平台的收费； 接受公司业务的收费。
■ ④ 核心能力：有一支专业的工作团队和专业的网络技术上的支持。
■ ⑤ 竞争优势：诚信服务。

(a) 猪八戒网的商业模式

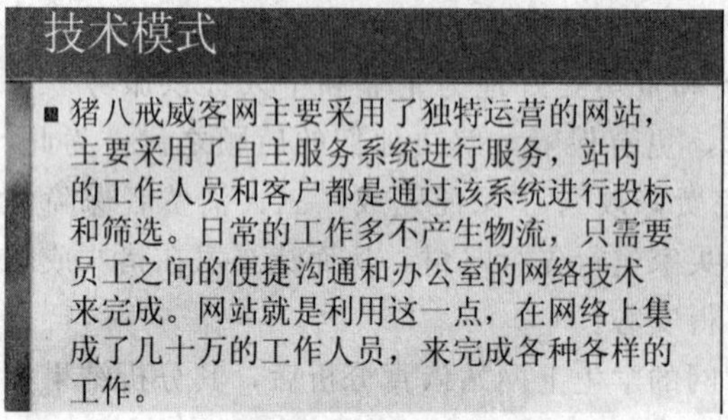
技术模式
■ 猪八戒威客网主要采用了独特运营的网站，主要采用了自主服务系统进行服务，站内的工作人员和客户都是通过该系统进行投标和筛选。日常的工作多不产生物流，只需要员工之间的便捷沟通和办公室的网络技术来完成。网站就是利用这一点，在网络上集成了几十万的工作人员，来完成各种各样的工作。

(b) 猪八戒网的技术模式

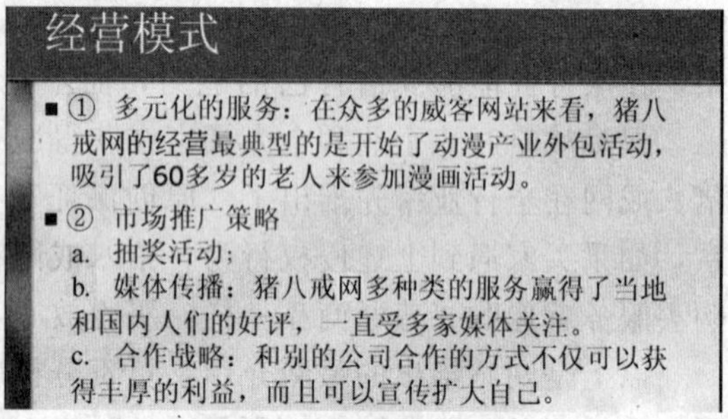
经营模式
■ ① 多元化的服务：在众多的威客网站来看，猪八戒网的经营最典型的是开始了动漫产业外包活动，吸引了60多岁的老人来参加漫画活动。
■ ② 市场推广策略
a. 抽奖活动；
b. 媒体传播：猪八戒网多种类的服务赢得了当地和国内人们的好评，一直受多家媒体关注。
c. 合作战略：和别的公司合作的方式不仅可以获得丰厚的利益，而且可以宣传扩大自己。

(c) 猪八戒网的经营模式

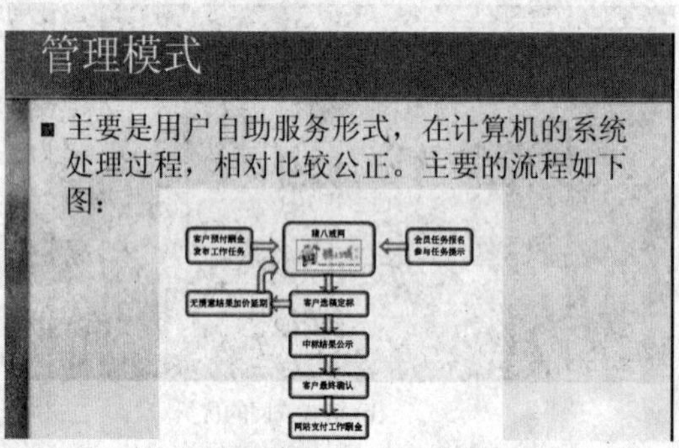
管理模式
■ 主要是用户自助服务形式，在计算机的系统处理过程，相对比较公正。主要的流程如下图：
客户预付酬金
发布工作任务
猪八戒网
会员任务报名
无满意结果加价延期
客户选稿定标
中标结果公示
客户最终确认
网站支付工作酬金

(d) 猪八戒网的管理模式

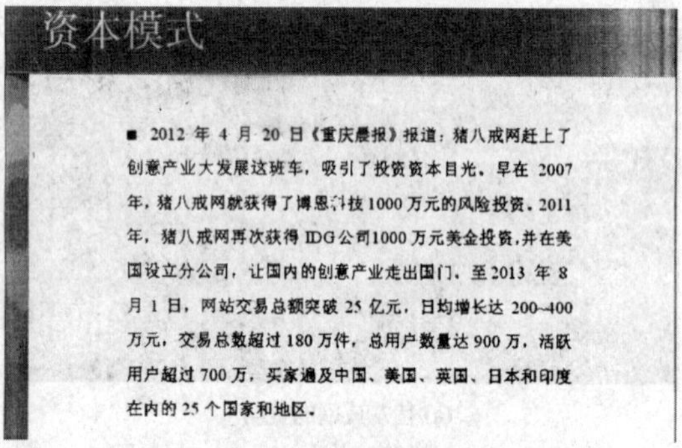
资本模式
■ 2012 年 4 月 20 日《重庆晨报》报道：猪八戒网赶上了创意产业大发展这班车，吸引了投资资本目光。早在 2007 年，猪八戒网就获得了博恩科技 1000 万元的风险投资。2011 年，猪八戒网再次获得 IDG 公司1000 万元美金投资，并在美国设立分公司，让国内的创意产业走出国门。至 2013 年 8 月 1 日，网站交易总额突破 25 亿元，日均增长达 200~400 万元，交易总数超过 180 万件，总用户数量达 900 万，活跃用户超过 700 万，买家遍及中国、美国、英国、日本和印度在内的 25 个国家和地区。

(e) 猪八戒网的资本模式

图 2-7 猪八戒网模式分析

威客模式起到的作用如下。

① 可以解决搜索引擎无法创造性地给出答案的问题 人的大脑是一部比目前任何一台超级计算机都强大几千倍以上的设备，互联网的出现从本质上讲是实现人类大脑的联网，创造性地解决问题是人类大脑的优势，互联网的出现又把这种优势成指数倍地扩大，威客模式产生之前的互联网只是单纯地让用户共享知识和信息，但没有足够的激励制度。威客模式提出了知识必须体现价值的观点，但并不只是指货币价值，也包括自豪感、成就感，但最重要的激励机制还是货币价值，只有通过货币才能让人类有价值的隐性知识表现出来，才能让互联网中无意义的信息大幅度减少。

② 丰富互联网服务的类型 网络互动问答模式网站与新闻类网站、实物电子商务类网站、博客网站将在不同领域为互联网用户提供服务，满足用户的各类需求。威客模式需要借助新闻类网站进行宣传。需要借助博客的技术形态作为个人知识库建立的基础，威客模式网

站与传统实物电子商务类网站的功能互为补充，传统实物电子商务类网站主要是进行实物交易，形态是互联网网站、支付系统和线下物流系统的结合。威客模式主要进行智力成果的线上交易，形态是互联网网站和支付系统的结合，由于智力成果如文字、图像、视频可以通过互联网传输，威客模式的运营成本将大大低于传统实物电子商务类网站。

③ 提高用户使用互联网的积极性 威客模式激励用户提供更有价值的作品。由于互联网用户可以通过威客模式网站利用自己的知识、技能、经验、智慧获取相对应的经济利益。于是他们就会有更高的热情花费自己的时间成本参与到问题的解答中去。同时由于经济利益的驱动，互联网用户也会主动将个人的知识和经验形成文章发布在个人知识库中供其他人付费查阅。

④ 促进互联网知识产权的保护 威客模式的成熟形态是悬赏系统，其他网站和个人必须付费后才能查看这些标价作品的内容。搜索引擎或互联网其他网站通过超级链接将用户导引到该作品时，作者可以真正获得收益而非传统上一无所得。对于那些付费查阅后把作品复制到自己知识库并标价出售的行为，在现行的法律上已构成盗窃行为，实施者在实施这一行为时不得不考虑法律后果。

⑤ 促进网络实名制的实施 威客模式网站为用户提供智力成果交易的平台，为了保证平台上交易商品的质量和货款支付的安全性，实名制将成为网络互动问答模式网站正常运行的必要条件，也是互联网发展的必然需求。

研讨问题 1：威客网对于电子商务模式创新起到的作用是什么？

研讨问题 2：查阅资料，写出威客与博客、维客、拍客的区别。

研讨问题 3：以表格的方式比较三个威客网站。

研讨问题 4：随着时代的发展，威客的盈利模式将会怎样变化？

2.2.3 新型的网络代购模式：网络代购中心

网络代购是指由买家指定某种商品，网络卖家再去购买，收取一定的佣金，卖家本身并不存货。对买家而言，代购的商品一般是自己比较了解的，质量更让人放心；对卖家而言，代购的成本低、风险小，不易出现售后纠纷，因此，网络代购虽然出现的时间不长，发展却很快。下面说说网络代购中心（http：//www.world2shop.com，网页如图 2-8 所示）。

在网络代购中心网页最醒目的位置就解释了网络代购，它是由专家代客户购买海外网站上的商品，使客户无需外币信用卡和复杂过程就能安全方便地进行全球购物。为什么需要代购呢？因为限于外汇管制政策、国际货运、清关问题、尚不完善的国际电子商务模式、泛滥的黑客病毒、英语读/写能力、复杂多变的网上商店、烦琐的数字证书和严重经济风险等问题，使跨国网上购物具有不可避免的种种不便、不确定性以及高风险，所以，才推出代购中心。只需向代购中心支付购买商品的费用的 10% 的代购服务费用，就能购买到全球的各种商品。很多人误以为网络代购仅是一项简单的工作，但实际上，全球网络代购所涉及的物流、资金流、信息流等数以百计的全新业务环节是高度复杂的，充满着无数普通人难以想象的难题。

网络代购中心的代购步骤如下。

① 浏览、选择海外网上商品。

② 计算需支付的总费用：总费用＝（商品售价＋运费）×110%（已含代购费）。

特例：代购 Amazon.com 内商品的总费用＝商品售价＋运费（免收代购费）。

图 2-8 网络代购中心网页

③ 按计算出的总费用支付给代购中心。

④ 正式提出代购要求（可通过网上订购单或电子邮件或当面提交代购要求）。

⑤ 网络代购中心进行代购，并随时通知客户代购进程。

⑥ 国外商家通过国际货运公司把商品送至顾客面前。

网络代购的范围：网上商品，除外各种非实物形式的商品，如进入收费网站的许可证、软件的注册码、网络电话的电话费、电子图书、电子票据、注册网络域名和商标的费用、租用境外服务器的费用、网上炒各国股票等各种投资费用，还有上百万种实物商品，如各类礼品、时尚商品、电脑软件、玩具等。客户进行了第一次网络代购后，如果付的钱款还有一定余额，便可在下次网上购物时直接通过电子邮件等方式提出代购要求，不必再预先付费。

对于热衷网购的年轻人来说，跟上全球时尚正成为一种生活方式。代购的商品主要集中在价格比较昂贵的化妆品、保健品和服饰箱包三大类。有关数据表明：人民币升值促使境外代购井喷，今年一季度国际网络代购总额达 5.2 亿元，同比增长 481%。网络代购避免了关税，但与此同时，由于缺少监管，假货充斥，"网络代购"成了投诉热点。

研讨问题 1：简述国内的网络代购模式的优缺点。

研讨问题 2：查阅资料，写出网络代购的模式包括哪些？

研讨问题 3：比较网络代购中心和美国购物网（专业网上购物平台）。

2.2.4 新型的网络团购模式：深圳团购折扣网

网络团购模式是指销售商拥有了足够量的同类购买需求的消费者，电子商务网站向销售链的上游厂商、总代理商提出要求分享利润。网络团购业务的组织者一般而言有两个基本能力需求：一是要能组织到一定规模的消费者，以作为和供货商谈判的筹码；二是要能组织到相当数量同类型的供货商，以便争取到最合理的折扣和提成比例。所以，只要市场上存在足够数量对价格敏感的消费者群体，团购模式就有其生命力。

互联网及现代信息技术的发展和普及，已经能够很容易地大规模组织起分散在不同角落、互不相识的消费者对一定品牌的某种产品进行集体采购了，从而有效地克服了团购模式难以持续操作的障碍。正是基于这样的认识，一些企业将电子商务和团购模式结合起来，开始利用互联网发展团购电子商务新模式。

目前，出现了很多团购网站，下面以深圳团购折扣网（http：//www.szgo.com/go，如图 2-9 所示）为例进行说明。

图 2-9 深圳团购折扣网

深圳团购折扣网是由点耐特公司联合 IT、装潢、家具、家电、汽车等行业的专业人员于 2004 年 11 月共同创办的一家会员制专业团购网站，建站不久便得到了广大网友的支持与厚爱，目前已成为深圳最具实力的电子商务团购网站，拥有业内最齐全最强大的客服中心、展厅、仓库、工厂、物流、设计监理工作室等配套设施。网站秉承诚信、务实和创新的发展原则，致力于创造一种新型的消费模式，以达到会员、网站与厂商多赢的局面。网站的宗旨是让厂商通过最少的中间环节销售产品，消费者用最少的精力、最低的费用、最好的购物体验买到最质优价廉的产品。

深圳团购折扣网站为会员提供采购服务和咨询服务，为厂商提供市场调查、市场宣传、市场开拓等服务，已成为以市场调查、市场推广、采购咨询、采购服务为主要内容的专业采购网站，网站重要组成部分"团购论坛"更是成为厂商、网站、会员良性互动的理想场所。

参加深圳团购网的方法如下。

① 免费注册成为深圳团购折扣网的会员　深圳团购折扣网是一家会员制的团购网站，只有成为深圳团购折扣网的会员，才能参加网站组织的团购活动，目前深圳团购折扣网的会员注册是免费的，任何个人或团体均可直接参加网站产品团购。注册后的会员 ID 在"深圳团购折扣网"和"团购论坛"通用。

② 查看产品信息并下订购单。

③ 深圳团购折扣网订单确认　订单处理员每天 9:30～16:00 会实时监控订单情况，收到订单后会在第一时间与客户电话联络，确认所订购的产品并核实型号、数量、价格、送货地点和时间，会在客户的"订单记录"中填写订单处理状况。每日 16:30 后，会将订单传真至供货商处，完成团购订单发送。

④ 供货商电话联系　供货商在接到团购订单后再次电话联络客户，核实订购产品的型号、数量、价格等，并就送货上门事宜进行协商。

⑤ 送货上门　供货商会在客户要求的时间和地点送货上门。客户在仔细检查货品后，签收并付清货款，供货商会提供正式的购货发票。对于需要定制的产品，供货商会安排上门测量并提供简便的方式收取定金。其团购流程图如图 2-10 所示。

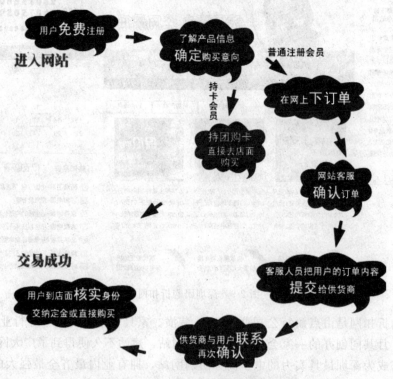

图 2-10　深圳团购折扣网的团购流程

深圳团购折扣网最大的优势之一就是价格优势，一般产品成交价格要比传统销售渠道便宜 10%～50%，不同品牌的商品团购折扣是不一样的，深圳团购折扣网所列商品的市场价格均为市场上该商品的零售价格，为了不影响传统渠道的销售，部分团购价格必须通过电话咨询、在线留言、邮件、网上索取等方式咨询才能得到；不同时期产品的团购价格会随着市场价格的变化而变化，但肯定会比市场价格更低。但目前深圳团购折扣网的团购服务范围仅限于深圳。

团购网站的收益来源于网上销售、实物产品差价、广告、商家品牌推广收入等。由于团购网站的商品或服务价格低廉，能够吸引消费者，短时间内团购网站迅速涌现。但是业内出现了恶性竞争，一些中小型团购网站纷纷出现裁员、倒闭。如何走出这种尴尬局面，专家建议：一要提升自身创新能力，二要提升网站的服务，三要建立健全相关法律法规，四是培养消费者的忠诚度。

研讨问题 1：团购这一电子商务创新模式不足的地方在哪里？

研讨问题 2：用表格形式比较深圳团购网、0451 团购网、我爱我家团购网。

研讨问题 3：网络团购的现状如何？

研讨问题 4：探讨 2012 年 11 月 7 日《广州日报》上的报道 "团购黄昏？Groupon 股价重挫"（http：//news. 21cn. com/caiji/roll1/2012/11/07/13531873. shtml）中众多博友的观点。

思考习题 2

1. 检验电子商务模式的标准是什么？

2. 对于电子商务模式的含义没有统一的界定，有哪些说法？

3. 你能举出书本中没提到的新型电子商务模式吗？

4. 购买 O2O 模式下的商品或服务有哪些潜在的风险？

链接资源 2

1. 新模式—电子商务案例—亿邦动力网（http：//www. ebrun. com/case/model/more. php？page＝1）。

2. 威客管家（http：//www. wkabc. com/paihang/）。

3. 威客网-K68（http：//www. k68. cn/）。

4. 威客的几种盈利模式设想（http：//www. taskcn. com/）。

5. 韩国官网代购——不出家门购得惊喜（http：//www. maxshopping. net/article-2256. html）。

6. only 官网代购（http：//www. maxshopping. net/article-2239. html）。

7. 淘宝代购官网（http：//www. maxshopping. net/article-2240. html）。

8. 代购就选专业网上购物平台-美国购物网（http：//www. usashopcn. com/index. asp）。

9.《2012 年三季度全国团购网站普查数据公报》。（http：//zixun. lingtuan. com/article-26857-1. html）。

10. 0451 团购网（http：//www. 0451tg. com）。

11. 我爱我家网-上海团购（http：//www. 525j. com. cn/index. shtml）。

12. "赊销" 订单你敢接吗（http：//tech. ifeng. com/internet/detail＿2012＿10/19/18381023＿0. shtml）。

13. 打工仔网约周末做"老细"(http：//news. 163. com/12/1020/07/8E8BEM1I00014AED. html)。

14. 旗舰店与网店的结合正在成为一种潮流（http：//b2b. toocle. com/detail-6064607. html）。

15. 线上线下融合模式成新趋势（http：//b2b. toocle. com/detail-6063774. html）。

16. 网上购物＋传统店面＝2688 网店特有的购物模式（http：//www. 2688. com/help-er/id9. aspx）。

17. 广货网上行官方网站（http：//www. ghwsx. gov. cn/gholportal/home. aspx）。

拓展训练 2*

1. 尝试应用思科电子商务平台订购网络设备。
2. 尝试在威客-猪八戒网上发布任务信息。
3. 尝试解决威客-猪八戒网上发布的任务。
4. 尝试在代购网上了解国外商品信息，并有选择性地提出代购要求。
5. 尝试在团购网上订购商品或服务，并给出消费体验评价。

第 **3** 章　网络经纪模式案例分析

3.1　网络经纪模式简介

3.1.1　网络经纪

互联网作为一种媒介，在有些商业活动中的中介作用却更加显著，以至于网络经纪成为电子商务的一种重要的盈利模式。

（1）网络经纪的概念

网络经纪是指网络经济时代企业通过虚拟的网络平台将买卖双方的供求信息聚集在一起，协调其供求关系并从中收取交易费用的市场中介商。或者说，网络经纪可以看成是电子商务环境下的中介。它一般是商家对商家、商家对消费者、消费者对消费者或消费者对商家的经纪商。

（2）网络经纪的优势

充分利用网络技术构筑网络化资源整合的信息技术系统，可以改造传统公司经纪业务模式与流程，为经纪业务营销拓展提供有力支持。网络经纪商负责制订关于提供和获得信息的规则，以及交易者达成协议和完成已达成协议等的规则。相对于传统经纪，网络经纪带来了诸多好处。

① 网络经纪改变了沟通的效率　可将传统经纪贸易中的商业报文标准化，使商业报文能在世界各地瞬间完成传递，利用计算机自动处理，原料采购、产品生产、需求与销售、银行汇兑、保险、货物托运及申报等过程无须人员干预，而在最短的时间内完成，极大地缩短了交易时间，使整个交易非常快捷与方便。

② 网络化使智能辅助得到全面普及，信息随处可取，智能辅助可在更大范围内得到应用　可以引入网络营销的全新理念和技术方法，以 4C 为基础框架进行网络化的营销拓展。从客户（Customer）关注理念、成本（Cost）优势、便利性设计（Convenience）及全面沟通（Communication）出发，发展客户，维护客户忠诚，达到经纪业务稳定持续增长的效果。

③ 网络经纪的信息的产生和传递成本降低　相对于传统经纪的信件、电话、传真而言，网络经纪进行信息传递的成本越远就越低。此外，缩短时间及减少重复的数据录入也降低了信息成本。

④ 网络经纪的交易便利，可扩大客户和市场范围　不再受地域、场所、时间和方式的限制，客户与商家之间都能以非常简捷的方式完成过去较为繁杂的活动过程。从客户的地理位置看，在传统模式下，开发边远地区这部分市场是非常困难的，但网络技术的进步使这个市场逐渐浮现出来，潜在市场正成为现实市场，网络技术推动非现场潜在客户越来越成为商家的现实客户，从而开发出规模巨大的市场。

⑤ 网络经纪可以提高中小企业的竞争能力　通过国际贸易网络经纪平台使企业可以以相近的成本进入全球电子化贸易市场，使得中小企业有可能拥有和大企业一样的信息资源，

提高了中小企业的竞争能力。

3.1.2　网络经纪模式

（1）网络经纪模式的含义

网络经纪模式是指一个企业把自己与供货商、经销商等关联企业的业务模式转变为以互联网为基础的电子交易平台（网上模式）。平台要做的是相对的中立，在借助互联网的技术力量帮助消费者以更低成本和快捷地完成他们的采购的同时，也借助互联网的技术力量以更低成本更快捷地帮助供应商实现营销。相关企业之间在互联网上发布产品和技术信息，以电子邮件、其他基于互联网的通信方式或其他电子通信方式进行交流，在网上寻货订货、订单处理、跟踪供货、库存和销售情况等。网络经纪模式的目标是通过提供交易信息和交易平台公共服务，提高交易主体之间的交易效率。

（2）网络经纪模式的作用

传统贸易中供求双方信息不对称，交易成本高，网络市场中经纪商消除双方信息的差别，使得生产者依靠中间商或经纪人将积压产品卖出，所以愿意以"佣金"形式支付报酬给中间商或经纪人；消费者依靠中间商或经纪人买到高质量商品。基于对商务模式的主导控制，网络经纪模式所起的作用主要有如下几点。

① 双向召集人：能通过网络经纪平台把买家和卖家聚集到一起。

② 单向召集人（销售召集人或购买召集人）：能通过网络经纪平台把买家或卖家聚集到网络经纪平台上买或卖。

③ 动态市场创立者：能通过网络经纪平台把买家和卖家聚集到一起，基于对商务模式的主导控制，创造新的价值，形成新的有效市场。

④ 拍卖（正向拍卖或逆向拍卖）：卖家能通过网络经纪平台以正向拍卖或逆向拍卖的方式吸引买家。

网络经纪型企业的长期优势来自于将市场做大的能力和促使客户提高市场占有率的能力，而不是简单地帮助某一两个商家去抢同一行业市场的能力。要建立长期持续增长的网络经纪型模式，一个持续增长的买家市场（终端采购商），网络经纪型企业面向终端采购市场的营销能力（网络平台在行业市场份额上的比例足够高），网络经纪平台客户（卖家）能够实现较高的投入产出比，这三点缺一不可。

3.2　典型案例分析：阿里巴巴的网络经纪模式

3.2.1　阿里巴巴介绍

阿里巴巴集团是全球电子商务的领导者，是中国最大的电子商务公司。1999 年，本为英语教师的马云（现担任阿里巴巴集团董事会主席）与另外 18 人在中国电子商务之都——杭州市创办了阿里巴巴网站，为小型制造商提供了一个销售产品的贸易平台——阿里巴巴。其后，阿里巴巴茁壮成长，成为主要的网上交易市场，让全球的中小企业透过互联网寻求潜在贸易伙伴，并且彼此沟通和达成交易。阿里巴巴于 2007 年 11 月 6 日在中国香港联合交易所上市，在中国大陆超过 40 个城市设有销售中心，在中国香港、中国台湾、英国伦敦和美国设有办事处。阿里巴巴集团经营多元化的互联网业务，包括促进 B2B 国际和中国国内贸易的网上交易市场、网上零售和支付平台、网上购物搜索引擎，以及分布式的云计算服务，致力为全球所有人创造便捷的网上交易渠道。2012 年 7 月，阿里巴巴集团将其核心业务调整成为 7 个事业群，分别为阿里国际业务、阿里小企业业务、淘宝网、天猫、聚划算、一淘和阿里云，以促进一个开放、协同、繁荣的电子商务生态系统。阿里巴巴集团由私人持股，现服务于来自超过 240 个国家和地区的互联网用户。阿里巴巴集团及其关联公司在大中华地区、印度、日本、韩国、英国及美国 70 多个城市共有 24000 多名员工。

阿里国际业务（www.alibaba.com）（见图 3-1）为阿里巴巴集团七大事业群之一，主要协助全球小企业通过电子商务拓展海外业务。2012 年 7 月，原阿里巴巴国际站信息平台和全球速卖通平台整合升级，组成阿里国际业务，旨在打造以英语为基础、任何两国之间的跨界贸易和购买平台，帮助全球中小企业拓展海外市场。截至 2012 年 6 月 30 日，阿里国际业务注册用户数为 2940 万名，企业商铺数量 250 万个，服务覆盖超过 240 个国家和地区。

图 3-1　阿里国际业务网站

阿里小企业业务（www.1688.com）（见图 3-2）为阿里巴巴集团七大事业群之一，主要经营服务中国小企业的电子商务平台。2012 年 7 月，原阿里巴巴中国事业部升级为阿里小企业业务，在原有企业间信息发布、订单采购和大额批发市场的基础上，为从事内贸的中小企业提供更完善的电子商务服务。截至 2012 年 6 月 30 日，阿里小企业业务注册用户数为 5480 万名，企业商铺数量为 840 万个。

可以说，阿里巴巴是全球企业间（B2B）电子商务的著名品牌，是目前全球最领先、最活跃的商务交流社区和网上交易市场。创建至今，阿里巴巴不断地随着市场及客户的需求来调整发展布局，我们借助表 3-1 可以重温它的发展历程。

图 3-2　阿里小企业业务网站

表 3-1　阿里巴巴的历史和重大事件

年份	事　件
1999 年	马云带领下的 18 位创始人在杭州的公寓中正式成立了阿里巴巴集团
1999～2000 年	阿里巴巴从软银、高盛、美国富达投资等机构融资 2500 万美元
2002 年	阿里巴巴 B2B 公司开始盈利
2003 年	依然在马云位于杭州的公寓中，个人电子商务网站淘宝成立 发布在线支付系统——支付宝
2005 年	阿里巴巴集团与美国雅虎建立战略合作伙伴关系。同时，执掌中国雅虎
2006 年	阿里巴巴集团战略投资口碑网
2007 年	1 月：以互联网为平台的商务管理软件公司阿里软件成立 11 月：阿里巴巴网络有限公司在香港联合交易所挂牌上市 11 月：阿里巴巴集团成立网络广告平台阿里妈妈
2008 年	6 月：口碑网与中国雅虎合并，成立雅虎口碑 9 月：阿里妈妈与淘宝合并 9 月：阿里巴巴集团研究院成立
2009 年	7 月：阿里软件与阿里巴巴集团研究院合并 8 月：阿里软件的业务管理软件分部注入阿里巴巴 B2B 公司 8 月：作为"大淘宝"战略的一部分，口碑网注入淘宝，使淘宝成为一站式电子商务服务提供商，为更多的电子商务用户提供服务 9 月：阿里巴巴集团庆祝创立 10 周年，同时成立阿里云计算
2010 年	3 月：阿里巴巴集团宣布成立大淘宝战略执行委员会，其成员来自淘宝、支付宝、阿里云计算和中国雅虎的高管，以确保"大淘宝"战略的成功执行 11 月：淘宝商城启动独立域名 Tmall.com
2011 年	1 月：阿里巴巴集团宣布将在中国打造一个仓储网络体系，并与伙伴携手大力投资中国物流业 6 月：阿里巴巴集团将淘宝网分拆为三个独立的公司：淘宝网（taobao.com），淘宝商城（tmall.com）和一淘（etao.com），以更精准和有效地服务客户
2012 年	1 月：淘宝商城宣布更改中文名为天猫，加强其平台的定位 6 月：阿里巴巴网络有限公司正式从香港联合交易所退市 7 月：阿里巴巴集团宣布将现有子公司的业务升级为阿里国际业务、阿里小企业业务、淘宝网、天猫、聚划算、一淘和阿里云 7 个事业群

3.2.2　阿里巴巴的运营

阿里巴巴网站的目标是建立全球最大、最活跃的网上贸易市场，通过发展新的生意方式创造一个截然不同的世界，让天下没有难做的生意。它从一开始创建就具有明确的商业模式。阿里巴巴集团的成功取决于"良好的定位——为中小型企业服务，为出口企业服务；稳固的结构，优秀的服务"，主要表现在以下几个方面。

（1）专做信息流，汇聚大量的市场供求信息

阿里巴巴在充分调研企业需求的基础上，将企业登录汇聚的信息整合分类，形成网站独具特色的栏目，使企业用户获得有效的信息和服务。阿里巴巴主要信息服务栏目包括以下几点。

① 商业机会　有 27 个行业 700 多个产品分类的商业机会供查阅，通常提供大约 50 万条供求信息。

② 产品展示　按产品分类陈列展示阿里巴巴会员的各类图文并茂的产品信息库。

③ 公司全库　公司网站大全，目前已经汇聚 4 万多家公司网页。用户可以通过搜索寻找贸易伙伴，了解公司详细资讯。会员也可以免费申请自己的公司加入到阿里巴巴"公司全库"中，并链接到公司全库的相关类目中方便会员有机会了解公司全貌。

④ 行业资讯　按各类行业分类发布最新动态信息，会员还可以分类订阅最新信息，直接通过电子邮件接受。

⑤ 价格行情　按行业提供企业最新报价和市场价格动态信息。

⑥ 以商会友　商人俱乐部。在这里会员交流行业见解，谈天说地。其中咖啡时间为会员每天提供新话题，为会员分析如何做网上营销等话题。

⑦ 商业服务　航运、外币转换、信用调查、保险、税务、贸易代理等咨询和服务。这些栏目为用户提供了充满现代商业气息、丰富实用的信息，构成了网上交易市场的主体。

（2）阿里巴巴采用本土化的网站建设方式

针对不同国家采用当地的语言建站（见图 3-3），简易可读，这种便利性和亲和力将各国市场有机地融为一体。

Language Option:Español - Português - Deutsch - Français - Italiano - Русский - 한국어 - 日本語 - اللغة العربية

图 3-3　阿里巴巴网站的语言选项

（3）初期以免费会员制吸引企业

在起步阶段，网站放低会员准入门槛，以免费会员制吸引企业登录平台注册用户，从而汇聚商流，活跃市场，会员在浏览信息的同时带来了源源不断的信息流和创造无限商机。以诚信为本，与客户切实搭好沟通的桥梁。阿里巴巴的目标是为绝大多数中小企业的贸易往来提供一个平台，把他们与全球供应商连到一起，打造电子商务市场。通过借助互联网，阿里巴巴创立了自己独特的经营模式：一是向全球买家展示中国企业；二是向中国企业提供国际商家，将中国企业长期以来的商业习惯向更高一级的行为阶层推进，使他们迅速地迈向电子商务，从而为海外企业所熟悉。

（4）为会员提供增值服务

阿里巴巴通过增值服务为会员提供了优越的市场服务，增值服务一方面加强了网上交易

市场的服务项目功能，另一方面又使网站能有多种方式实现直接赢利。阿里巴巴的赢利栏目主要是：中国供应商、委托设计公司网站、网上推广项目和诚信通。

"中国供应商"服务主要面对出口型的企业，依托网上贸易社区，向国际上通过电子商务进行采购的客商，推荐中国的出口供应商，从而帮助出口供应商获得国际订单。其服务包括独立的"中国供应商"账号和密码，建立英文网址，让全球 220 个国家逾 42 万家专业买家在线浏览企业。中国供应商的会员费是每年 6 万~8 万元人民币。

"诚信通"更多针对的是国内贸易，通过向注册会员出示第三方对其的评估，以及在阿里巴巴的交易诚信记录，帮助"诚信通"会员获得采购方的信任。诚信通的会员费是每年 2300。

（5）适度但比较成功的市场运作

阿里巴巴所创 B2B 模式实际上是主要面向中小企业的平台意义上的电子商务市场（中介网），它是由中介机构即阿里巴巴建网，主要面向中小企业提供产品的采购、信息和销售等方面的服务，阿里巴巴在交易中并不是普通的"卖家"或"买家"身份，而是扮演着中间人的角色。它可以协助企业采购人员和供应商直接见面，并能够追踪供应商品的种类和价格的变化，从而大大简化企业间的业务流程。阿里巴巴还摆脱了传统仅向买家收费的形式，全球首创向卖家收取会员费。阿里巴巴知道，在商业活动中，买家才是决定成交的关键，而抓住了一大批买家的心，自然就有卖家上门，这才是其向上游收费的真正原因。基于互联网的 B2B 电子商务将传统的商务过程推进到一个社会化的、廉价的系统当中，从而使中小企业进入这种简化的业务流程领域成为现实。此商务模式突破了地域的局限，拉近了买卖双方的距离，并极大地减少了传统商务模式下产品营销过程中的耗费。同时，商人有个心理，买方总是要找到最好的卖家，卖家也总是想找到最好的买家。客户管理成本的降低和采购决策方面的充分信息更可以为企业带来长远的长期效益。B2B 模式把企业及供应商、制造商和分销商紧密联系在一起。阿里巴巴凭据其可行的、具有说服力的商业模式在快速增长的电子商务市场中处于领先地位，成功地缔造了被誉为经典的网上交易市场。

参加福布斯评选，提升了阿里巴巴的品牌价值和融资能力。阿里巴巴网上交易市场的发展并不是照搬美国的商业模型，它主要针对亚洲特别是中国的情况制定自己的发展战略。阿里巴巴根据目前中国网络发展现状，集中力量做好信息流来构筑网上贸易市场，避开了资金流、物流这些近期国内电子商务现实状况暂时无法解决的问题。

3.2.3 阿里巴巴的管理

（1）"六脉神剑"打造阿里巴巴最稳固的团队

作为全球最出色的电子商务公司之一，阿里巴巴对很多优秀人才都具有吸引力，那么阿里巴巴挑选人才的标准是什么？"阿里巴巴选人的标准非常高，但又与一般企业有所不同。"阿里巴巴集团首席人力资源官彭蕾的回答是："我们首先看的是他的个人取向与阿里巴巴的价值观是否匹配，然后才是个人能力、履历。如果不能融入阿里巴巴的企业文化，再强的能力、再漂亮的履历我们都不会考虑。"

以"六脉神剑"考核员工，价值观与业绩各占 50%。彭蕾所说的价值观，在阿里巴巴被归纳成为"六脉神剑"，即客户第一、团队合作、拥抱变化、诚信、激情、敬业（见表 3-2）。什么都可以谈判，只有价值观不能谈判。

表 3-2　阿里巴巴被归纳成为"六脉神剑"

客户第一	关注客户的关注点,为客户提供建议和资讯,帮助客户成长
团队合作	共享共担,以小我完成大我
拥抱变化	突破自我,迎接变化
诚信	诚实正直,信守承诺
激情	永不言弃,乐观向上
敬业	以专业的态度和平常的心态做非凡的事情

与一般企业只不过是把口号挂在墙上不同,阿里巴巴的价值观是真真切切地落在实处的,因为在阿里巴巴的考核体系中,个人业绩的打分与价值观的打分各占 50%。也就是说,即使一个业务员拥有很好的业绩,但是价值观打分不达标,在阿里巴巴依然会面临淘汰。阿里巴巴把比较虚的价值观用一些具体的方法做出衡量,比如把价值观分解成 30 小条,每小条都对应相对的分值,采取递进制,纳入到考核之中。

在早期的阿里巴巴,存在泾渭分明的管理线和业务线。一条"官路",由 Head、Manager、Director、VP、Senior VP、CEO 组成。另外一条是"学术线",鼓励学术、研发和创新,来到阿里巴巴第一阶段转正以后变成勇士,经过 3～6 个月,跳过 3 级,升为骑士、侠客;侠客以后是 Hero。达到 Hero 很难,Hero 里面又分 A、B、C 3 级;然后到 Master(大师);大师之后才是 Chief,共分 5 档,每档又分 3 级,一共 15 级。2004 年,在阿里巴巴人力资源副总裁邓康明的建议下,阿里巴巴重新梳理了员工的晋升通道,设置了 M(管理)和 P(专业)两个序列。管理序列设置了 M1 到 M8 共 8 个节点,专业序列则设置了 P1 到 P6 共 6 个节点。2006 年,随着阿里巴巴五大事业部的正式组建,原有的职级也进行了调整:阿里巴巴的 M 序列又增加了两个节点,马云"官升两级",成为 M10;而 P 序列也在连续两次调整后,从 P6 扩编到了 P14。

在阿里巴巴,无处不在地强调着快乐工作。马云说:"我们阿里巴巴的 LOGO 是一张笑脸,我希望每一个员工都是笑脸。"阿里巴巴打造的工作气氛是外松内紧。以结果为导向,非常讲究执行的公司,这是内紧。营造一种很宽松的环境,让员工快乐地工作、快乐地生活,这是外松。

阿里巴巴会在双重层面激励员工,因为物质层面和精神层面的双重因素都很重要。在阿里巴巴,任何资历、背景都不重要,只要你具有相应职位的能力就会得到提拔。无论以后阿里巴巴的员工增加到多少,"六脉神剑"的价值观必须执行下去。

(2)做好客户服务是阿里巴巴成功的关键

笔者参考一份阿里巴巴国际平台运营规划的部分内训资料,其中强调:从与客户联系开始,在交易的整个过程中,头脑中就应该始终有一个清晰明确的目标:这不仅仅是简单的一笔交易,要将客户发展成长期的合作伙伴。只要一开始就有很明确的方向,那你就能像朋友一样对待客户,大洋彼岸不是距离,专业、热忱、高效就能为客户带去真正意义上的零距离接触,这才是促成交易的关键所在。在网上推广的运作中,单纯的网上询盘数量和质量并不完全是关键,积极用心地处理并跟进这些买家询盘才能有效地利用好网络资源,而且网络贸易所带来的利益不仅仅是最终的海外订单,同时也可以利用它来做海外市场的产品调查、新产品的回馈测试等。公司要对电子商务和每个询盘有足够的重视,才能带来较大的收获。联系过的客户不管是否成交,整理记录下来,继续保持联系,每当有新产品或新的公司动态,都马上通知所有来询盘的国外买家。知道如何把客户进行分类管理。在与客户的联系中要特别注重邮件的及时回复，每天至少要收四五次邮件，"选择与贵公司合作，就是因为你们是回复最快的供货商"这是客户经常说的。由于时差的原因，外贸人员可能需要在办公室工作到很晚，目的就是让客户得到及时有效的回馈。及时筛选买家询盘，主要凭借以往的经验，还有根据各个区域的买家采购习惯加以判断。舍得寄样品，寄过样品后还要加强后续跟踪，打电话确认、咨询等。可以要求客户支付样品费，如果对方是真正的有意向的买家，他不会介意支付样品费。从这个角度分析，我们既可以分辨客户的可信度，又可以降低商业风险。为了提高工作效率，设立回复模板，一些常用的信息和语句都做到固定的模板中，这样给客户的回复比较快，而且质量也不错。及时的回复就是为自己争取更多的时间和机会，这是买家评判供货商非常重要的条件之一，及时的答复才能塑造一种高效率运作的企业形象。研究出公司产品的独特卖点，然后针对独特卖点来回复询盘，把卖点送出去。做出一份完整的公司产品的电子目录，当买家针对一个产品发送询盘时，可以把整个电子目录都发送过去。在任何形式的贸易中，除了"及时"，"诚信"也是至关重要的。言出必行，"答应过客户的必须做得到"，比如说承诺给客户的时间内提供样品、报价等，都能体现供货商的专业度。制定一份可以让买家做出多样选择的报价单……阿里巴巴强调的是将培训内容运用到日常工作中，真正站在客户的立场上考虑问题。

此外，阿里巴巴加强会员服务，给会员提供更深入的服务。服务是最重要的一块，同时也是成本比较高的一块，针对现在更多企业需要的是个性化的服务，我们更需要加强服务，提供个性化的服务，进行市场地区化分割和团队化服务等特色服务。阿里巴巴是把各个企业分开来服务和宣传的，比如江西上饶市地区的企业，做服装的企业较多，可以集中给他们进行服务。另外，扩大服务内容，增加更多的免费服务，把服务做得更加细腻。针对很多小地方的企业根本就不知道什么是网络营销，什么是电子商务，就算他们加入了阿里巴巴的网站开展网络贸易的话，他们也不知道如何操作，所以阿里巴巴要给他们进行电子商务和网络营销方面的免费培训，多开展一些网络营销培训。

（3）创新才是做百年企业的必经之路

阿里巴巴在短时期内一跃成为全球最大、最活跃的网上交易市场，这与他们的创新理念密不可分。2003年5月，投资1亿元人民币建立个人网上贸易市场平台——淘宝网，凭借对中国国情的了解，给出免费开店的优惠，一举打败了ebay，完美演绎了"蚂蚁撼大象"的故事。2004年10月，阿里巴巴投资成立支付宝公司，面向中国电子商务市场推出基于中介的安全交易服务，解决了长期困扰交易各方的支付安全问题。2013年1月，阿里巴巴宣布已经同银泰、复星、富春、四通一达、顺丰，以及相关资本市场的领军机构、银行和金融机构达成协议，计划联手组建"中国智能物流骨干网"，支持数千万家新型企业成长发展，让全中国任何一个地区做到24小时内送货必达……我们有理由相信，阿里巴巴还将创造许多神话般的奇迹。

（4）扁平化的组织结构实现高效决策

阿里巴巴在组织结构上实现扁平化，减少信息流通环节，达到快速高效的决策目标。阿里巴巴的企业各个机构权责清晰、职能明确，阿里巴巴设立首席执行官、首席运营官、首席财务官和首席技术官，他们的职权和责任是非常明晰的。25个事业部使阿里巴巴的结构极其扁平，扁平化的组织结构使权力上收、要求提高、责任下放。阿里巴巴在人力资源管理上也有自己鲜明的特点：一是不从竞争对手中挖人；二是员工随时可以离开公司，公司永不留人；三是请进来的人要对他负责，来之前对他狠一点，来之后对他好一点。阿里巴巴建立了科学的激励机制，实行内部 271 战略，20％是优秀员工，70％是不错的员工，10％的员工是必须淘汰掉的。阿里巴巴注重对员工的培训和提拔，鼓励员工进行尝试和创新，建立人才成长的良好环境。

3.2.4　阿里巴巴的新发展

3.2.4.1　盈利超预期

2008 年 3 月 18 日，阿里巴巴（1688. HK）发布了上市以来第一份财务报告，给投资者交出第一份答卷，一份让阿里巴巴自认为相当满意的答卷。2007 年，阿里巴巴实现营业收入约 21.63 亿元，上年同期约 13.64 亿元，增加 59％；净利润约 9.68 亿元，上年同期约为 2.20 亿元，增长 340％，每股盈利（港币）20.41 元，上年同期 4.46 元，增加 358％。

阿里巴巴业务分为国内业务与国际业务，两块业务均大幅增加。其中国际交易约 15.48 亿元，上年同期约 9.92 亿元。中国交易市场约 6.15 亿元，上年同期约为 3.72 亿元。收入的增加一是来自会员费部分涨价，二是付费会员数量增加。

阿里巴巴的财务报告显示：阿里巴巴付费会员达 31 万家，上年同期为 22 万，增加 41％；其中金牌供应商（Gold Supplier）会员 27384 名，上年同期 18682 名，增加 47％；国际诚信通会员 12152 名，上年同期 10843 名，增加 12％；中国诚信通会员约 27 万名，上年同期 19 万名，约增加 42％。财务报告还显示：阿里巴巴注册用户约 2760 万，上年同期为 1976 万，增加 40％；其中国际交易市场注册会员数达 441 万，上年同期约为 312 万，增加 41％，中国交易市场注册会员数 2319 万，上年同期约为 1665 万，增加 39％。2007 年年底，阿里巴巴企业商铺达 296 万家，上年底为 207 万家，增加 43％；国际交易市场企业商铺达 70 万家，上年同期 50 万，增加 40％；2007 年年底中国交易市场企业商铺达 226 万家，上年同期 156 万家，增长 45％。注册会员数量、企业商铺的增加证明越来越多的企业通过阿里巴巴做生意，他们都是付费会员的潜在用户，这表明了阿里巴巴的增长空间。

3.2.4.2　成长动力

阿里巴巴的迅速增长缘于四个原因：一是中国经济的强劲增长，2007 年，中国国内生产总值获得 11.4％的增长，而中国出口一直领先于国内生产总值的增长。根据中国国家统计局数字，中国的出口量增长 23.5％。阿里巴巴旗下的金牌供应商、国际诚信通会员多为出口商。二是中小企业快速发展，在政府的大力支持下，阿里巴巴的客户，即中国的中小企业已经成为国家经济增长的强劲动力，阿里巴巴当然会受惠。据发展改革委员会（发改委）的资料显示：截至 2006 年 12 月 31 日，中国中小企业数量已经超过 4200 万家。截至 2007 年 6 月，中小企业对国内生产总值贡献约 60％，占中国税收的 53％，聘用超过 75％的城市劳动人口。三是互联网用户不断增加及宽带上网普及，电子商务基础设施获得极大改善。据 CNNIC 的数据，2007 年中国互联网市场持续增长，达 2.1 亿人。同时，中国宽带用户达 1.6 亿人，普及率达 80％。四是越来越多的用户使用电子商务平台，根据 i-Research 的数据，2007 年使用第三方 B2B 平台的中小企业数目较 2006 年增加 34％。

在海外市场方面，阿里巴巴在 2007 年进行了一系列布局。2007 年 4 月，阿里巴巴在香港地区开始推销金牌供应商（Gold Supplier），阿里巴巴将会把金牌供应商推广至台湾等其他地区，以加强中国大陆以外的营业收入。2007 年 12 月，阿里巴巴推出了更新后的日本阿里巴巴网站（www.alibaba.co.jp），将公司的业务伸展至中国第二大贸易伙伴日本。2007

年 10 月，阿里巴巴在日内瓦正式成立第一家欧洲分公司。与时同时，阿里巴巴将在印度等新兴市场发力，寻找发展机会。

3.2.4.3 超强的"耐寒性"

面对 2008 年世界经济增长可能放缓的趋势，中国为了减少贸易顺差的调控政策等出口不利因素，外贸出口企业将面临严峻形势。中国 2007 年国民经济增长速度达到 11.6% 左右，2008 年仍能继续保持较快的增长，但国内经济增长速度过高，也带来食品、原材料等价格上涨的压力。国内贸易内需提升的机遇和竞争及成本加剧的挑战并存。大家都对经济可能出现的"寒流"感到担忧。

2008 年 8 月 27 日阿里巴巴公司（1688.hk）发布的 2008 年中报却让这种担忧一扫而空。阿里巴巴再次展现其超强的"耐寒性"。据阿里巴巴公司发布的这份颇为漂亮的中报显示：其总营业收入增至人民币 14.152 亿元，较 2007 年同期增长 47.8%；净利润为 6.972 亿元，较 2007 年同期增长 136.2%。

阿里巴巴的业绩主要得益于中国交易市场（中国站和诚信通业务）的迅速增长，表现良好，其年度成长率高达 87%。中国市场销售占总营收的 34%，相对于 2008 年第一季度上升 30%。其中诚信通用户在第二季度增长超过 38000 名，超过以往任一季度，这部分要归功于诚信通个人会员的服务。此外，在流量方面，阿里巴巴流量的市场占有率不断增加，2008 年 1 月以来，其在线流量激增 60%～70%，目前阿里巴巴的流量是其 4 个竞争对手流量总和的 5 倍。即使在出口减缓的情况下，2008 年阿里巴巴上买家询盘仍比去年同期增加了 40%。阿里巴巴已经为目前的"冬天"做了充分的准备。在 2008 年第一季度，阿里巴巴公司重组其销售团队，以加强销售力量，获取新的客户及降低客户流失率，这种结构调整已经在 4 月份完成。同时，阿里巴巴推出诚信通个人版，这是一种个人的在线信用评级系统，旨在降低用户进入电子商务的壁垒，到目前为止，已吸引超过 1 万名新会员。阿里巴巴 15 个新分支机构的收入增长 1 倍，占总收入的 15%～20%，减轻了出口疲软，同时买家数量增长几乎没有下降，20% 以上的收入来自增值服务。阿里巴巴付费会员数增长依然看好，其利润依然稳步增长，同时显示出比其他竞争者如环球资源更加有弹性。国外投资银行高盛认为：低迷的宏观经济将继续扩大阿里巴巴相对于其他竞争者的领导地位，因为中小企业将趋向于拥有最大网络效果的网上市场，而不是传统媒体。

阿里巴巴能够提供更加具备成本效益的营销和分销渠道。2008 年 8 月，阿里巴巴推出服务"出口到中国"，因为超过 50% 的阿里巴巴会员有进口需求，该服务让全球企业可以向中国买家直接销售产品，而不仅仅依赖国内出口或者是内销。截至目前，有超过 1700 家的国际供应商已经签署该服务。事实上，为了应对出口放缓，阿里巴巴还积极扩展到其他海外新兴市场，包括 2008 年 4 月与印度最大的黄页公司 Infomedia 缔结长期伙伴关系，5 月与日本软银公司成立合资企业，帮助日本中小企业接通全球的买家和卖家，7 月成立中国台湾分公司等。目前阿里巴巴在中国台湾已经发展了 2000 家付费会员，但是这个不到中国台湾外贸企业的 1%，还有很大的发展空间。

3.2.4.4 阿里巴巴未来的发展重点

电子商务是最高效、成本最低的营销和采购手段，经济越困难的时候，越能帮助中小企业寻找商机渡过难关。

（1）全球化发展策略是目前全球经济形势下阿里巴巴发展的重点之一

"让天下没有难做的生意"，这是阿里巴巴的使命。在新的国内外经济形势下，阿里巴巴认为中小企业面临的新困难就是阿里巴巴的困难，在未来的日子里，阿里巴巴将更好地帮助更多中小企业利用电子商务来克服困难抓住新的机遇。

阿里巴巴关注到美国经济增长放缓的风险，从最新的数据可以了解到欧洲的经济发展还健康，日本经济增长相对比较平稳。以印度为代表的一批发展中国家在全球贸易中的地位日益重要。为了更好地帮助中国的出口企业或计划拓展海外市场的企业面对新的外贸形势，阿里巴巴于 2007 年年底已推出全新的日文网站，大力发展日本市场；继 2007 年 10 月阿里巴巴欧洲办事处正式成立后，阿里巴巴计划选择合作伙伴，发展印度等新兴市场。在所有上述市场中，阿里巴巴力推中小海外买家。另外，中国正成为全球最大的进口市场之一，随着中国人民币升值、国家政策的鼓励，2008 年阿里巴巴帮助国内中小企业直接从海外进口，降低生产成本或代理海外优质产品，找到新的"蓝海"。阿里巴巴的高管知道，前途将更加艰险。因此，阿里巴巴为了减少对国内市场的依赖度，积极向全球市场扩张。

阿里巴巴全球扩张的第一站是日本，日本是中国最大的贸易伙伴。阿里巴巴在 2008 年 7 月份与股东软银集团合资组建了一家公司。它在同年 8 月份又与韩国的三家合作伙伴签订了一份谅解备忘录，将在韩国推出一项韩语服务。它还在 2008 年 5 月份与孟买的 Infomedia India 建立了合作关系，以吸引印度的中小型企业用户。

（2）大力发展电子商务的基础建设

为了帮助更多中小企业以极低的成本开展电子商务，阿里巴巴将为国内的中小企业提供更先进的企业网络展现平台、优质的企业级网络通信服务、性能卓越的商机搜索服务等，牢牢抓住内需市场爆发性增长的契机，并投入更大的精力用于中小企业电子商务的培训，以及电子商务人才的培养。同时已与数百家全国优秀的展会公司结成联盟，在 2008 年近千场各行业的展会中推广阿里巴巴的会员。

2008 年 5 月 12 日，阿里巴巴与英特尔达成战略合作，阿里巴巴携手英特尔发起主题为"助力中国"的电子商务推动计划，目前，在中国 4000 多万的中小企业当中，只有 85 万的中小企业在中国有自己的网站。在本次计划中，阿里巴巴将在这款电脑中植入最新推出的战略级产品"中小企业电子商务基础平台"，解决中小企业网上贸易起步难的问题，让中小企业可以通过这一平台轻松实现企业形象及产品展示、企业间信息沟通和企业网络营销决策。同时由于平台与阿里巴巴网站信息的互通，所以将会共享阿里巴巴领先全球的网上贸易市场上的商业信息，让企业在网络世界里不再是信息孤岛。

2013 年 12 月 3 日，杭州市政府与阿里巴巴签约，电子商务成为重点发展方向。重点围绕阿里巴巴西溪园区（淘宝城）、西溪谷园区、滨江园区和国家跨境电子商务试点城市产业园区、"菜鸟网络"、阿里云和大数据业务、阿里巴巴集团网络信用体系和杭州公共信用体系等领域进行合作，共同打造电子商务服务业、现代智能物流、跨境电子商务、云计算和大数据等产业集聚区，推进"信用杭州"诚信体系建设。以后，"菜鸟网络"打造通畅物流方便企业，降低企业运行成本；"大数据"也会落地杭州，和"智慧杭州"相结合，提高杭州的竞争力，同时为企业进行个性化定制，加入创新元素，按需定制，增加产品的附加值；"云计算"也会和市政府有更多合作。日后，政府部门给予阿里巴巴的"绿色通道"会大大增加，除了大力支持阿里巴巴在杭州打造电子商务全球总部及相关产业带等，政府资源将优先考虑阿里巴巴的研发项目，包括现在淘宝城等企业所在的周边交通配套以及基础设施，都会开设绿色通道审批。

阿里巴巴有一个耳熟能详的段子：阿里巴巴在 1999 年创建之初，设想自己在 20 世纪存活 1 年，在 21 世纪存活 100 年，22 世纪再活 1 年。迄今为止，在阿里巴巴公司 14 年的创业路上，不断创新，顺应客户的需求，了解市场的变化，坚持企业制订的新的发展计划，上下齐心，共创辉煌。

（3）阿里巴巴将以开放、协同和繁荣的原则与合作伙伴共同打造电子商务的生态环境，深入发展多种与营销推广平台贸易相关的商务服务、创业加盟、中小企业融资等服务

开放阿里巴巴平台，鼓励第三方服务商共同满足国内中小企业的物流、快递、进出口代理等商务服务需求；除了帮助中小企业获得贸易机会和商务服务之外，继续和各银行合作，推动中小企业网络联保联贷服务，逐步推广到全国范围，从而解决中小企业融资难的问题。2006 年 5 月 23 日中国工商银行与阿里巴巴在杭州签署整体合作框架协议，双方将在电子商务领域开展多项合作，这是中国最大商业银行与最大电子商务网站之间颇引人注目的一次"强强联手"。根据协议，今后中国工商银行将为阿里巴巴提供其颇具知名度的"U 盾客户身份认证"服务，这种身份认证的合作在中国国内还是首创。同时，双方还将就电子商务以及相关的安全认证、资金托管、市场营销、产品创新等多个领域开展广泛合作。

（4）打造电子商务基础建设以及电子商务生态链

在 2008 年 2 月份的阿里巴巴集团年会上，阿里巴巴集团董事局主席兼首席执行官马云透露了 2008 年阿里巴巴集团的发展战略，其中提到将为全世界的中小企业打造电子商务基础建设以及电子商务生态链。而据了解，阿里巴巴所提到的电子商务基础建设及电子商务生态链所涉及的范围相当广阔，一切对中小企业开展网上贸易有利的领域在未来都有可能被纳入其中。

在经过过去几年的艰难市场培育，中国的电子商务环境已经初步具备全球化供应体系特征，但很多企业仍然仅仅把基于互联网平台的交易流程视为一种技术手段，而不是必要要素。一个直观的现实是，很多企业仍然没有自己单独的网站，而仅仅是将自己的产品放置于阿里巴巴之类的电子商务平台上，这显然不符合电子商务的基本特征：平台专属化、交易渠道化以及产品流动共享化。目前有一半以上的中小企业没有自己的网站，同时在已有网站的企业中，近 50% 的企业认为目前所使用的企业网站营销效果不理想、后续维护麻烦，无法为企业的经营带来有效的帮助，更无法使企业通过网站真正实现从传统贸易到电子商务的根本转变。时至今日，企业网站这一市场仍然鱼龙混杂，而且发展相对缓慢，这和中国 4000 多万中小企业强大的信息化建设需求非常不吻合。产业分析者认为：这说明中国的中小企业要想进入真正的全球化电子商务竞争领域，必须要告别固有的路径依赖，而是在强调自身硬件完善的前提下进入统一的交易平台，而限于中小企业的自身发展需要，这一部分的硬件构建将有可能通过"分包"或者第三方架设的方式完成。

值得强调的是，阿里巴巴多位高管在公开场合均强调，阿里巴巴的未来将会取决于更好地建设完整的供应链以及共生渠道，这从侧面证实，阿里巴巴必然要在完善更全面的电子商务供应链上做出更多尝试，但凡其依赖的中小企业存在某种需求，阿里巴巴必须要对此进行解决，阿里巴巴试图从根本上改变目前企业网站的局面，为中小企业打造与电子商务平台以及各种网络营销工具紧密结合的生态型企业需求供应链。

（5）"将 4000 万企业串成珍珠项链"的马云猜想

1995 年，当中国大多数人还不知道互联网为何物的时候，马云创办了"中国黄页"，为企业铺就通往互联网的第一步路——建设企业网站。然而对于当时的形势来说，马云的这一思想过于超前，几经波折，马云最终选择放弃"中国黄页"，转而创办了中国最大的电子商

务平台阿里巴巴。业内分析人士认为：在阿里巴巴的电子商务帝国版图中，当年"中国黄页"的放弃也不是真正的放弃，企业网站仍然是企业通往互联网道路的基石。只不过当年马云聪明地意识到，在电子商务的大市场还没有形成之前，企业网站就如同散落一地的珍珠无法串联起来而无法发挥实质性的作用。于是马云转而先去创建电子商务市场，如今整个电子商务市场的培育已初见规模，企业电子商务供应链也找到了依托的基础。阿里巴巴并不是想简单统领这一市场，而是将从根本上改变目前企业网站的局面，为中小企业打造与电子商务平台及各种网络营销工具紧密结合的"生态型"电子商务供应链，而这将是中国中小企业进入电子商务市场的关键一步。业内观察人士认为：对于阿里巴巴来说，凭借其 2400 多万中小企业会员的客户基础，凭借其庞大的电子商务生态链，统领目前整个域名注册及延伸服务市场可以说是非常轻松的。阿里巴巴的这一"生态型"企业商务供应链将依托阿里巴巴电子商务平台的大市场，如果说以前的企业网站在互联网上如同置身茫茫沙漠找不到目标客户、也很难被目标客户寻找到，阿里巴巴的"生态型"企业网站却将企业置身在全球互联网繁华的商贸都市，买家与卖家都可以轻松地找到对方的"商铺"——企业网站。预计，阿里巴巴的"生态型"供应链还将囊括一系列的网络营销工具，如搜索与统计分析等，并且阿里巴巴的这一项目并不是只对阿里巴巴会员开放，而是面向所有中小企业。

（6）要帮助中小企业过冬，帮中小企业产业升级

2007 年 7 月爆发的美国次贷危机，在随后几个月中从金融领域逐渐扩散到经济全局，严重拖累全球股市，目前仍没有终局的迹象。有分析机构发布报告称，受全球宏观经济运行不景气、国内货币紧缩政策、传统产业遭受原料和能源价格上涨双重压力、商品出口受阻等因素影响，此次中国互联网企业的"寒冬"，要比 8 年前的互联网泡沫来得还要猛烈。银监会的统计数字显示，2008 年第一季度各大商业银行贷款额超过 2.2 万亿元，其中只有约 3000 亿元流向中小企业，仅占全部商业贷款的 15%，比去年同期减少 300 亿元。数据表明，中小企业融资面临前所未有的困难。阿里巴巴要帮助中小企业过冬，建议中小企业：一是收缩经营，把非核心的业务全部砍掉，节约资金集中发展优势产业，把现金牢牢抓在手里才是硬道理；二是反思自己的商业模式，适时转型。为帮中小企业渡过难关，阿里巴巴采取了种种行动：2007 年 6 月推出的"e 贷通"就可以在一定程度上满足企业的融资需求。这种满足，目前仅旨在于提高客户的忠诚度，吸引更多的潜在客户，属于"赔本赚吆喝型"；但他日一旦市场成熟，就极有可能成为阿里巴巴新的利润增长点，或者成为阿里巴巴的转型契机。

考虑到现阶段中国企业减少出口、增加进口的现实，阿里巴巴在 2008 年 8 月推出全新服务"Export-to-China"，让全球企业家及中小企业可以向正在不断增长的中国买家直接销售产品，帮助中小企业开展全球进口贸易，而不仅仅依赖国内出口或者是内销，在全球经济危机中帮扶中小企业自救。

阿里巴巴方面也表示，中国市场的巨大潜力和对世界经济的积极影响力将会在未来世界经济体中发挥越来越大的实质性推动作用，电子商务前景光明，并能够真正地帮助广大中小企业客户改变不利的经济格局。

（7）带动一个企业阶层

中国企业界有种观点认为：阿里巴巴可能是中国唯一溶入世界顶级企业圈的企业，这从马云经常成为中国企业界的为数几个代表应邀参加诸多国际论坛就可见一二。今天我们谈到中国企业的海外成就，动辄海尔、联想，但是事实是阿里巴巴从 1999 年成立之时就已经是

一家受到海外推崇的中国企业，阿里巴巴网站早就是许多中国驻外使领馆向驻在国企业、美国商业部向其本国的中小企业、欧洲中小企业联合会向其会员推荐的网站。如果说这种说法还有些许个人因素在里面的话，另外一种观点却无可否认：有相当多的人，尤其是中国大大小小的中小企业家认为，作为新一代企业的代表，并且很早就参与到世界经济新一轮的增长中，阿里巴巴最大的成就是拉动了整整一个企业阶层的发展和成熟，这是其超越其他互联网企业和传统企业的所在。

（8）旗下各个子公司正茁壮成长

阿里巴巴旗下的阿里软件通过开发一些企业常用的软件，如财务软件、销售管理软件、库存软件等嵌入阿里巴巴个人会员后台，让付费企业使用，满足企业个性化需求。支付宝也已经实现盈利，雅虎中国、口碑网、阿里妈妈都渐渐成长起来。

3.2.5 存在问题与建设性提议

阿里巴巴目前是全球最大的 B2B 综合类网站，流量大，信息全面，并形成了一定的品牌知名度，会员的增多、知名度的提升、品牌的树立使阿里巴巴的供求信息越来越多，这也促使了更多的人使用阿里巴巴，为此，阿里巴巴应在前进的过程中，不断解决存在的问题，完善自己的服务。

（1）只介入交易机会中的交易信息

阿里巴巴对电子商务市场的运行规律和发展趋势都理解得较透彻，对用户的需求也有一定的理解，推出的产品更受青睐，不足之处是只介入交易机会中的交易信息；交易过程一概不管。会员信息量很大，信息越来越细分化，但商品错杂，提供给有关会员的信息，要具有针对性和有效性，要始终保证信息的高质量，否则，这将成为制约其发展的最大障碍，且平台越铺越大，竞争越来越激烈，服务能不能跟得上是个难题。

阿里巴巴可以想办法给企业提供更好的服务、更有生命力的信息。阿里巴巴每天有很多的资讯，但是这些资讯有些对于企业来说不是很及时和贴近实战的，所以阿里巴巴应该自己成立专家团，收集和采编阿里巴巴会员第一手的实战商业资讯，以商人的眼光和手法去采编，重点突出商业实战的真实问题，并第一时间及时地反馈给企业，让企业少走弯路，尽快成长，在信息网络日益全球化的进程中，中国 B2B 网站必须把握中国独特的本土化竞争优势资源，信息服务与本地特性相结合，才能打造自己的核心竞争力。

（2）会员结构显得鱼龙混杂

阿里巴巴初期的全开放、免费加入的形式，导致会员结构显得鱼龙混杂，有实力的大企业与小企业无法分辨，这样面临的问题是怎样给实力企业更多符合实力的服务，也就是说有针对性地运用差异化营销服务实力企业，创造价值。

阿里巴巴如果改变企业的年费收费方式，改成效果付费方式，那样的话，短期收益可能会降，但针对长远来讲也许会有一个新的发展。

（3）要处理好客户满意度和客户数量增长之间的矛盾

阿里巴巴的服务和产品很多很完善，但是，不是所有的企业需要的服务和产品都相同，也许很多企业只是需要其中的一种或者几种，所以在未来的发展当中，针对企业的个性化需求越来越明显，而企业个性化需求将是一些中小型电子商务企业竞争的焦点和发展点，阿里巴巴要从真正促进交易的效率和交易深度中实现自己的价值，提供更多能让会员赚钱的多种服务，要处理好客户满意度和客户数量增长之间的矛盾。阿里巴巴同行业的厂商竞争加剧会导致厂商难以赚钱，并导致部分付费厂商的需求无法得到满足，同时，厂商之间的激烈竞争，会使得厂商之间的激烈价格战导致厂商利润的下降。电子商务的利润点一定不是聚焦在信息量多少和提供多少信息上，而是在附加值上。

阿里巴巴还可以提供政策法规、关税、报关、商检、航运、保险、进出口业务、外汇换算等咨询代理服务，以及一些网下的网上贸易培训，丰富市场中介功能，实现网站增值收益。阿里巴巴可通过增加越来越多的东西和服务，一步一步地把企业牢牢捆住在阿里巴巴平台里，以便一统天下所有企业，培养企业会员对阿里巴巴的依赖性。

以后随着电子商务技术的普及，阿里巴巴可逐步提高自身的技术壁垒，要求进入网上交易市场的企业必须获得一定的资格，这个资格就是企业内部必须先有一套合格的电子化生产管理系统，并且这套系统能与外部信息流进行无缝对接，从而实现企业生产、采购、销售全过程的整合信息化。网上交易市场准入规则的设定必须遵循由低至高的规律，才不会把客户都吓跑。

（4）应该向内地，尤其是中西部和东北发展

阿里巴巴目前在国内大部分的市场份额在沿海一带，而在中国内地很多地方对阿里巴巴还了解使用得不够。阿里巴巴成功上市募集来资金后，将会进入二三级城市或者中西部市场去争抢客户，会和 B2B 行业内的企业发生一些直接竞争，这将导致中国今后的 B2B 市场竞争更加激烈，阿里巴巴应将根据地从沿海地区，尤其是浙江和广东，开始向内地，尤其是中西部和东北发展。

（5）面临供应商客户数量和供应商满意度之间的矛盾

由于阿里巴巴的网络经纪模式中，供应商的身份是"客户"，模式的主要风险也就来自于一方面要帮助自己的客户提高盈利能力，而同时又要给一个让采购者能进行比价的平台，所以这种"客户"（供应商）的不满意必然会埋下巨大的潜在风险，导致供应商客户达到一定阶段之后就必然要面对供应商客户的持续增长与供应商客户满意度之间的矛盾冲突，基于这种分析，最终随着客户的持续增长导致大量的供应商有可能发现赚不到预期的钱。另一方面，当大量中小企业不懂得网络营销的时候，可以靠阿里巴巴的鼓动性宣传保持阿里巴巴的快速发展，但一旦他们越来越了解网络营销，他们最终可能会更多地利用搜索等其他手段做推广而不是到阿里巴巴开辟的平台上去参加一场血腥的价格拼杀。而在宏观环境不景气的情况下，这种血腥的价格拼杀对供应商也就将变得异常惨烈。而要解除这两者之间的矛盾，一个必要的条件就是网络经纪平台上终端采购者的增长速度要大于供应商客户的增长速度。所以，对于网络经纪平台型的企业，持续保持终端采购者的快速增长（至少不低于供应商端的彼此竞争的产品厂商数量的增长速度）就将成为模式长期持续成功的必然条件。要保持终端采购者的快速增长，意味着网络经纪平台型企业必须要在推动终端方面付出更多的关注和投入，同时，从产业链竞争的理念出发，网络经纪平台型的模式提供者，应该是在帮助一条产业链去与其他的产业链竞争，而不是仅仅帮助一个产业链内的供应商去从同一个产业链的另一个供应商手中去争抢客户，这个挑战会更高，难度会更大。

（6）阿里巴巴面对 B2B 行业网站的竞争会越来越激烈

中国的 B2B 网站其实已经非常多，但从区域、行业、类别等细化角度来看，B2B 的发展呈现出了不平衡的态势，这也是最近两三年，一些公司和网站看到阿里巴巴做得不太到位的地方，出台一些新的改良方案便逐步介入 B2B 行业，现在所熟知的网胜科技、中国化工网、中国制造网等网站，就是针对行业进行了细分，能做到信息的对称和客户需求的进一步

明确，这对阿里巴巴来说无疑是一个挑战。

阿里巴巴除了面对 B2B 行业网站竞争之外，还会受到宣布进入电子商务领域的百度的影响，百度公司在 2007 年 10 月 18 日宣布正式进军电子商务领域。基于独有的搜索技术和强大社区资源，百度将建立全新的网上个人交易平台。百度的优势在于内容与商业模式的有机融合，与阿里巴巴相比，虽然不是同一种商务模式，但百度的加入，无疑会加剧中国整个电子商务领域的竞争。以后电子商务市场竞争会越来越激烈，并且电子商务网站之间的差异化缩小后，电子商务网站的竞争优势逐渐改变方向。针对这样的情况，电子商务网站的出路就是合作，同行业的细分竞争应通过网站之间的合作，来提高竞争力。电子商务网站之间的合作，电子商务网站和企业之间以及政府和国际公司等各个部门和行业协会的合作，变得越来越重要。只有合作才能使大家达到共赢的地步。阿里巴巴应通过组织商业联盟，整合资源，扩大自身竞争优势和影响力，真正的让商业联盟发挥他的作用。

（7）信用也是制约电子商务发展的一大难题

信用一直是电子商务发展的壁垒。如何建立用户网上交易安全性的信心，还需要进一步对环境规范、技术保障和观念的培养。而很多企业或者消费者对于网上交易的认识还有待提高，因为很多人不肯轻易相信网上摸不着、感觉不到的东西。阿里巴巴 2002 年第一个提出了加入商务平台要进行身份认证，坚持与客户一起成长，打造中国企业的诚信体系。同时，自主研发和运行了支付宝安全交易体系，进一步完善网络安全，提高了会员的可信度和安全性。但目前还没有一个很好的方式来从根本上解决这个问题。

（8）阿里巴巴上市后带来更多的是变数

从香港上市的阿里巴巴股权结构来看，雅虎和软银分别是阿里巴巴第一大股东和第二大股东。从股权比例构成看，雅虎持有集团公司 39％股权，集团公司占网络公司 83％股权，雅虎间接持股 32.37％，认购 1.2％，共持股 33.57％；软银持有集团公司 29.3％的股权，通过集团间接持有公司股权比例为 24.32％；两家合计 57.89％。由于有了形形色色的持股人，阿里巴巴势必须以更大的市场份额和更高的利润额努力赢得股东的信赖，阿里巴巴对国内的市场，已经不存在担心，更多的是要把握国际市场的脉络，毕竟在其所有的交易额当中国际交易结算占据了一半以上的数量，而国外的电子商务环境也较国内更为成熟，那里有更多的机会与资金，与其说阿里巴巴到了上市的时机而上市，不如说马云利用上市给自己加大了压力，或者说利用上市促使自己的团队迈向真正的国际化。

（9）没有把企业的专业搜索做好

未来电子商务市场一定朝两个方向发展：一个是大型化，电子商务门户化发展，企业的专业搜索加上现在的 B2B 形式；另外一个就是专业化和行业化发展。一个是综合电子商务网站，一个是行业垂直门户网站。一种是有实力的电子商务网站也许就是朝大型化和门户化发展的，比如阿里巴巴等就是朝大型化和门户化发展，他们包括各个行业以及各种信息等。另外一种就是没有多少实力的电子商务网站就是朝专业化和行业化发展，我们现在所熟知的网胜科技、中国化工网、中国制造网等网站，这些网站专门给某个行业的企业提供服务，有比较专业的信息和服务。以后也许只有这两个方向的电子商务网站才能存活，才有属于自己的市场和利润，这两个方面是孑然不同的方向，各自有各自的特点和优势。目前，大型化的门户电子商务网站也许没有精力来提供某个行业专业的服务信息，而专业化行业电子商务网站也无法提供大型化门户电子商务网站的服务，他们之间是互补互利互助的。他们是差异化的竞争和共存之路。但从长远看，单独的行业网站或单独的综合网站都不是长久之计，融合行业与综合的电子商务门户才是发展的潮流,即:综合性网站向行业深度拓展,行业网站整合后变身为综合网站。中国的电子商务目前毕竟还集中于信息流上,而不是物流和资金流方面。无论电子商务朝什么方向发展,企业专业的搜索还是需要的。阿里巴巴现在还没有把企业的专业搜索做好,虽然阿里巴巴已经意识到了企业的专业搜索是一个很大的市场,企业专业的搜索是很有潜力的,市场是很大的,是中国未来电子商务市场的发展方向。未来中国的电子商务一定是企业专业的搜索加上现在电子商务的模式,一半是搜索,一半是现在电子商务的模式。电子商务最大的发展潜力就是附加值的提供,电子商务以后的竞争焦点和利润点就是在附加值上,所以企业专业搜索必然是一个未来的重点和发展方向。并且搜索是一个很重要的未来发展市场:专业的企业搜索可以分为地方企业的搜索和行业企业的搜索,以及公司性质的搜索,同时还有销售和促销企业的搜索,以及采购信息企业的搜索等各个方面的企业专业的搜索。

3.3 分组研讨的案例

3.3.1 案例 1:全球采购网的网络经纪模式

中国全球采购网(www.cg688.cn)是依托世界华商总会而建立的国际大型综合电子商务平台(首页如图 3-4 所示),是中国最大的电子商务采购信息第一门户网站,是电子商务

图 3-4 中国全球采购网首页

网站 500 强之一。其面向全球企业提供全方位的电子商务解决方案及提高企业信息化应用能力，致力于通过互联网将中国产品推向国际市场并同时为全球采购商在华采购搭建商务平台，以促进国际贸易的发展，以信息化提升企业的国际市场的竞争能力。

中国全球采购网已拥有巨大的商品供应信息数据库、商品采购信息数据库及企业信息数据库，汇集了亚洲、欧洲、美洲等全球一百多个国家的企业和 1100 多个行业数百万种产品供求信息，已为全球供应商和采购商之间建立起快捷、方便的互动电子商务交易平台。

目前，网站服务包括公司信息、产品供应信息、求购信息、网上商城、综合服务等主要栏目，提供详细的产品分类展示、产品供应商资料、产品采购商资料、全球供求信息等内容，为中国产品进入国内国际市场开启了方便迅捷的电子商务之门。

作为国内外中小企业互联网营销推广的有效工具，中国全球采购网的主打产品采购通，已经为诸多国内外企业带来了大量的采购订单，目前采购通拥有一百多万的注册用户，每天通过采购通发布采购、供应、招标、代理等重要信息，诸多供应商通过这里完成了交易的前期工作，并获得了来自采购者的长期采购订单。

中国全球采购网拥有一支强大的专业队伍，使中国全球采购网的行业新闻、市场动态和商品供求信息更快捷、全面、准确、及时、专业，它为全球企业提供了全面优质的电子商务服务。企业的理念为 6 个词：专业、高效，即解决客户实际问题，第一次就要把工作想好做好，为客户降低成本，提供高附加值服务；团队、服务，与员工及客户保持良好的沟通，团结才是力量，满足公司内外客户的需求，得到客户的信赖，是每个部门或工作岗位的最高目标；学习、创新，客户给了我们最好的学习机会和方法，每天都要努力，每天的工作都是从零开始。

研讨问题 1：对比阿里巴巴，谈谈中国全球采购网的优缺点。

研讨问题 2：指出中国全球采购网的服务内容，提出你的建设性意见。

3.3.2 案例 2：eBay 易趣的网络经纪模式

eBay.cn 是 eBay 的全资子公司，致力于推动中国跨国交易电子商务的发展，帮助中国的小企业和个人用户在 eBay 全球平台上进行销售，为他们开辟直接面向海外销售的新渠道。eBay 全球领先的交易平台结合领先的在线支付工具 PayPal，已经成为全球中小企业和个人用户从事跨国贸易的首选。PayPal 是全球在线支付标准，拥有 1.84 亿注册账户，支持全球 190 个市场、23 种货币的收付款，是网络跨国交易的最佳支付工具。

为了更好地帮助中国卖家在"eBay 平台/eBay Marketplace"上进行销售，eBay.cn 还成立了专业的跨国交易服务团队，提供从跨国交易认证、业务咨询、疑难解答、外贸专场培训及电话培训、在线论坛外贸热线，到洽谈物流优惠、协同 PayPal 提供安全、快捷、方便的支付解决方案，帮助中国卖家顺利开展全球业务（http：//www.eBay.cn/，其首页如图 3-5 所示）。

eBay 易趣目前已开展 3 种交易方式，即个人物品竞标、网上直销和商家专卖，以前以竞标（即拍卖）为主，但近年来网上直销和商家专卖的方式得到了很大的发展，即它也提供一个交易平台，大量的商家在平台上建立了虚拟的门店。目前其收入来源主要有：商品拍卖服务费、商品登录费、交易手续费、广告收入、网上直销收入等。

eBay 易趣网以"五重"保障打造全方位安全交易平台。一是实名认证：它着眼于用户身份的唯一性识别，通过身份证、手机号、信用卡号码等个体唯一信息，对所有卖家都进行

图 3-5　eBay 首页

严格筛选，从而实现对不良卖家的过滤，防止潜在交易纠纷的发生。二是信用评价体系：让买卖双方在每次交易后都能相互评分，留下真实的信用记录，并按评分的高低对所有用户进行分级，用真实可信的数据为交易提供对照和保障；同时每次交易后，一方只能对另一方做一次评价，并且非认证用户的好评无效，从而有效规避了通过虚假交易增加信用度的行为发生。此外，在 eBay 的信用评价体系中，易趣原有的信用记录在 eBay 全球 33 个市场同样得到认可，继而把用户国内信用体系等量复制到国际市场，为用户国际交易奠定基础。三是安付通的使用：对于网上交易来说，买家双方向来是对立的，安付通服务则巧妙地为交易双方搭建了诚信中介平台，实现先验货后放款。买家不是把付款直接汇给卖家，而是先汇给安付通，由其一直保管买家所付的款项，直到消费者收到、检验并核准过物品后，eBay 易趣才会通过安付通把货款转到卖家账户上。对于卖家来说，eBay 易趣会帮其确认买家的付款并且代为安全保管，卖家就可以放心发货。安付通还可以与 eBay 的全球领先的在线支付服务 PayPal——贝宝进行对接，为买卖双方提供即时、方便的支付服务。四是交易保障基金：实现了对买卖双方的全额赔付，成为国内提供买卖双方保障基金的购物网站。五是网络警察：eBay 全球拥有数千人的"网络警察"队伍，由专业的资深客户服务人员组成，他们通过使用技术工具结合自身多年积累的专业经验，对在线交易的情况进行针对性监控。eBay 易趣网强大的平台优势及业内领先的防欺诈系统，似在网上布下"天罗地网"，全面筛查交易流程，能有效防止恶意竞拍等网络诈骗行为，为买卖双方提供交易安全保障。

　　eBay 易趣的发展也存在一系列问题，正是因为如此，才使淘宝和 eBey 易趣的较量，生动地演绎出"蚂蚁撼大象"的故事，可以留给同学们丰富的讨论话题。

　　研讨问题 1：从 eBay 易趣网上了解一下它的发展过程，讨论它所采取的资本运作方式为其带来了什么？

　　研讨问题 2：讨论在中国本土上，eBay 易趣被淘宝打败的原因，从而分析一下 eBay 易趣发展存在的问题？

3.3.3 案例 3：慧聪网的网络经纪模式

慧聪网（www.hc360.com，首页如图 3-6 所示）成立于 1992 年，是国内领先的 B2B 电子商务服务提供商，依托其核心互联网产品买卖通，通过专业服务及先进的网络技术，为中小企业搭建诚信的供需平台，提供全方位的电子商务服务。2003 年 12 月，公司实现了在香港创业板的成功上市，为国内信息服务业及 B2B 电子商务服务业首家上市公司。目前慧聪网注册用户超过 500 万，买家资源达到 800 万，覆盖行业超过 60 余个，俨然成为国内最有影响力的互联网电子商务公司。目前慧聪网每天均有十万个以上的企业发布供应、采购、招标、代理等重要信息，日均商机发布量达数十万条。诸多供应商通过这里完成了交易的前期工作，并获得了来自采购者的长期采购订单。慧聪网在商务服务领域拥有 15 年的丰富经验，经过多年辛勤耕耘与积累，目前已经将其服务范围扩展至全国上百个城市，在十几个城市拥有分公司。慧聪网为用户提供的丰富的产品线，可以满足中小企业用户全面的营销推广需求，在网络交易平台的背后，慧聪网还通过商情广告、行业资讯大全以及市场研究等产品，最大限度地扩大服务的深度和广度，使国内尚未上网的企业同样可以参与商业信息的全面互动。

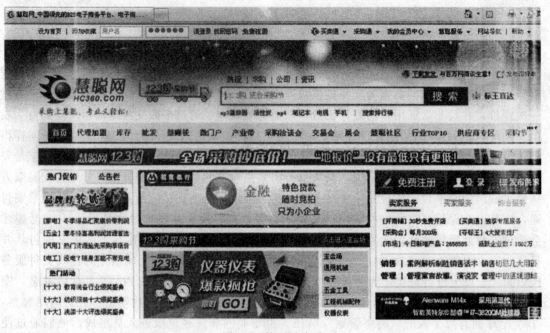

图 3-6　慧聪网首页

凭借过去 20 年来在各行业市场积累的专业经验和技能，慧聪集团不仅以采用互联网技术为基础的产品买卖通为中小企业提供全面的营销解决方案，还通过传统的营销产品——《慧聪商情广告》与《中国信息大全》为客户提供多渠道的、在线与线下相互配合的全方位服务。透过强大的媒体资源及客户基础，成功举办涉及约 50 个行业界别的十大企业评选，帮助中小企业树立品牌和促进业务交易。这种优势互补、纵横立体的架构，使慧聪集团在中国 B2B 行业的快速发展下，打造出一条独特的发展道路，不再是慧聪国际的重要股东。从此看出，慧聪网在经营管理方面存在一些问题，给人感觉总是做不过阿里巴巴。它的不足表现在：不专一、主次不分明、定位不明确、层次不明了、没有市场积累和沉淀等。

研讨问题 1：与阿里巴巴相比，慧聪网有什么优缺点？

研讨问题 2：你认为慧聪网与阿里巴巴的经营发展状况与各自的 CEO 及其团队的牵连关系有多大？影响程度有多大？

思考习题 3

1. 试指出网络经纪模式的优势及发展前景？
2. 你能举出书本上没有提到的成功的网络经纪模式案例吗？
3. 你认为网络经纪模式应该随着市场的变化做怎样的调整？

链接资源 3

1. 阿里巴巴管理模式（http：//auction1. paipai. com/E7C3204100000000004010000142D23B4）。
2. 环球市场（http：//www. globalmarket. com/）。
3. 关于易趣（http：//www. eachnet. com/abouteachnet. html）。
4. 赛迪网（http：//www. ccidnet. com）。
5. 新浪科技（http：//tech. sina. com. cn/）。
6. 网易科技报道（http：//tech. 163. com）。

拓展训练 3*

1. 了解阿里巴巴国际网站（www. alibaba. com）。
2. 尝试应用阿里巴巴小企业业务（www. 1688. com）。
3. 尝试使用阿里巴巴的支付宝（https：//www. alipay. com/index. html）。

第4章 网络广告模式案例分析

4.1 网络广告模式简介

4.1.1 网络广告

4.1.1.1 网络广告的概念

通俗地讲,网络广告就是在网络上做的广告,是广告主利用一些受众密集或有特征的网站来摆放商业信息,并设置链接到某目的网页的过程。

网络广告活动是企业以促进产品销售为目的,支付一定费用,利用网站上的广告横幅、文本链接、多媒体的方法,在互联网刊登或发布广告,通过网络传递到互联网用户的一种高科技广告运作方式。

4.1.1.2 网络广告的类型

(1)横幅广告

横幅广告又称旗帜广告(Banner),是以 GIF、JPG、Flash 等格式建立的图像文件,定位在网页中大多用来表现广告内容,一般位于网页的最上方或中部,用户注意程度比较高。同时还可使用 Java 等语言使其产生交互性,用 Shockwave 等插件工具增强表现力,是经典的网络广告形式。图 4-1 就是一个横幅广告。

图 4-1　横幅广告示意图

(2)竖幅广告

竖幅广告是位于网页的两侧,广告面积较大,较狭窄,能够展示较多的广告内容,如图4-2 所示。

(3)文本链接广告

文本链接广告是以一排文字作为一个广告,点击链接可以进入相应的广告页面。这是一

图 4-2 竖幅广告示意图

种对浏览者干扰最少,但却较为有效果的网络广告形式。有时候,最简单的广告形式效果却最好。

(4)电子邮件广告

电子邮件广告具有针对性强(除非你肆意滥发)、费用低廉的特点,且广告内容不受限制。特别是针对性强的特点,它可以针对具体某一个人发送特定的广告,为其他网上广告方式所不及,如图 4-3 所示。

图 4-3 电子邮件广告示意图

(5)按钮广告

按钮广告一般位于页面两侧,根据页面设置有不同的规格,动态展示客户要求的各种广告效果,如图 4-4~图 4-6 所示。

图 4-4　按钮广告（一）

图 4-5　按钮广告（二）

图 4-6　按钮广告（三）

（6）浮动广告

浮动广告在页面中随机或按照特定路径飞行。

（7）插播式广告（弹出式广告）

访客在请求登录网页时强制插入一个广告页面或弹出广告窗口。它们有点类似电视广告，都是打断正常节目的播放，强迫观看。插播式广告有各种尺寸，有全屏的也有小窗口的，而且互动的程度也不同，从静态的到全部动态的都有。浏览者可以通过关闭窗口不看广告（电视广告是无法做到的）。

（8）屏保广告

能在计算机空闲时以全屏的方式播放动画，并且能够配上优美的音乐。可以说屏保是计算机上最好的广告载体。许多知名品牌都制作了自己的屏保程序放在网上供用户下载，并且用户也会使用 E-mail 来传递屏保程序。好的屏保可以得到相当广的流传，企业可以用很小的投入换来极佳的宣传效果。

（9）其他新型广告

如视频广告、路演广告、巨幅连播广告、翻页广告、祝贺广告、来电付费广告等。

4.1.1.3　网络广告的优势

与传统的四大传播媒体（报纸、杂志、电视、广播）广告及近来备受垂青的户外广告相比，网络广告具有得天独厚的优势，是实施现代营销媒体战略的重要部分。Internet 是一个全新的广告媒体，速度最快效果很理想，是中小企业发展壮大的很好途径，对于广泛开展国际业务的公司更是如此。

网络广告具有传统媒介广告所有的优点，又具有传统媒介无法比拟的优势。网络的种种优势使其成为一种具有巨大商业潜力的传播媒介，为网络广告的发展带来巨大的契机，为人们的生活和经济发展带来极大的变化。

（1）传播范围更加广泛

网络联结着世界范围内的计算机，它是由遍及世界各地大大小小的各种网络按照统一的通信协议组成的一个全球性的信息传输网络。因此，通过互联网络发布广告信息范围广，不受时间和地域的限制。从广告角度看，作为广告媒体，其传播信息的范围越广，接触的人越多，广告效应越大。从广告用户市场角度看，用户市场遍及世界各个角落，即使是一家小企业上网，都有可能一夜成为国际性公司。

（2）可直达产品核心消费群

因网络面向公众，并且能与大众互动，当某部分人群登录互联网后，因某种需求集中登陆一些网站后，就出现了许多行业网站、专业网站。在这些专业网站投放广告，就非常有针对性。网络广告的准确性包括两个方面：一方面是广告主投放广告的目标市场的准确性，网络实际是由一个一个的团体组成的，这些组织成员往往具有共同的爱好和兴趣，无形中形成了市场细分后的目标顾客群，广告主可以将特定的商品广告投放到有相应消费者的站点上去，目标市场明确，从而做到有的放矢，而信息受众也会因广告信息与自己专业相关而更加关注此类信息；另一方面体现在广告受众的准确性上，上网是需要付费的，消费者浏览站点的时候，只会选择真正感兴趣的广告信息，所以网络广告信息到达受众方的准确性高。

（3）具有强烈的互动性

企业与消费者直接在线实现信息的交换与传递，传统广告只能是广告主单方面传递信息，而不能直接收集消费者信息，但网络可以直接实现，比如网络调查等。

（4）非强迫性传送资讯

传统广告中的报纸广告、杂志广告、电视广告、广播广告、户外广告等都是强制性的广告。在传统广告中媒体很少考虑消费者的意愿，不管消费者愿不愿意一律强行灌输。如果说，在传统广告时代是广告主在寻找消费者，在网络时代则是消费者寻找广告。大量的各式各样的广告信息按照分类挂在网上，如果消费者感兴趣，可以轻启鼠标进行浏览；如果不喜欢，那就不理它，没有谁来强迫网民。即使是以广告主意志为转移的电子邮件广告，如果消费者不喜欢，照样可以不看而直接将其删除。所以广告主对广告受众的控制力在逐渐减弱。

网络广告是一种以消费者为导向，个性化的广告形式。消费者拥有比在传统媒体面前更大的自由。他们可根据自己的个性特点，根据自己的喜好，选择是否接收，接收哪些广告信息。一旦消费者作出选择点击广告条，其心理上已经首先认同，在随后的广告双向交流中，广告信息可以毫无阻碍地进入到消费者的心理中，实现对消费者的 100％的劝导。

（5）价格经济，更加节省成本

传统广告发布主要是通过广告代理实现的，即由广告主委托广告公司实施广告计划，广告媒介通过广告公司来承揽广告业务。广告公司同时作为广告客户的代理人和广告媒体的代理人提供双向的服务。而在网络上发布广告对广告主来说有更大的自主权，既可以自行发布，又可以通过广告代理商发布。

（6）信息传送具有很强的灵活性

信息传送的灵活性主要表现为传送时间的灵活性、传送方式的灵活性、传送内容的灵活性、传送区域的灵活性以及传送不传送的灵活性等。网络广告可以在任何时间发布，一天24 小时，广告主根据需要随便在哪个时间发布均可，不受任何限制。这一点传统传媒无法相比。网络广告可以选择各种传送方式，如电子邮件形式、网幅广告形式、电子刊物形式或者直接参与现场讨论等，广告主可根据自己产品和消费群体的特点选择最适合的广告传播方式。在传统媒体上广告内容一旦确定，在一段时间之内不会变动。如果市场发生了变化也只能等到广告合同期满后才能改变。所以，传统传媒广告相对于瞬息万变的市场显得变化太慢，不适应现代商业形势。而网络广告通过与消费者的交流和市场调查之后，可以相应地调整广告内容，紧跟市场，及时为消费者服务。网络广告可以通过技术措施控制广告的传送范围。针对国外用户的广告可只在国外传播，针对国内消费者的可只在国内传播，这样极大地降低了广告成本。最后，一旦发现网络广告出现错误，可以及时停止广告的发送，挽回损失。对于传统传媒来说，则只能等到下一次刊登或者播发刊误声明了。

4.1.1.4　我国网络广告的发展

追本溯源，网络广告发源于美国。

中国的第一个商业性的网络广告出现在 1997 年 3 月，比美国晚起步了大约 4 年的时间，传播网站是 Chinabyte （www. chinabyte. com），广告表现形式为 468×60 像素的动画旗帜广告。Intel 和 IBM 是国内最早在互联网上投放广告的广告主。

我国网络广告一直到 1999 年初才稍有规模。历经多年的发展，网络广告行业经过数次洗礼已经慢慢走向成熟。1998 年中国网络广告支出为 0.3 亿元人民币，而在 1999 年则达到 1 亿元人民币，增幅达到 200%，2000 年更是达到了 4.5 亿元人民币，增幅为 289%。2001 年受网络股泡沫破灭的影响，网络广告增长趋缓，当年网络广告收入为 4.2 亿元人民币，同比增幅为 20%，接近当年广告业的平均增长速度。1999~2003 年的中国网络广告支出数据如表 4-1 所示。

表 4-1 1999~2003 年中国网络广告支出 （来源：www. eMarketer. com）　　　　　单位：亿元

年份	1999	2000	2001	2002	2003
支出	1	4.5	4.2	18	45

中国网络广告经过艰难的孕育和成长逐渐成熟，开始进入平稳发展时期。主要的发展趋势有以下几个。

① 网民继续快速增长，推动网络营销产业快速发展。据中国互联网中心 （CNNIC） 公布的数据：2012 年底中国网民总人数已达 5.64 亿。

② 中小企业成长成为网络营销的中流砥柱，搜索引擎变为最大的网络媒体。百度变为中国最大的网络媒体，2013 年 4 月，百度宣布旗下的百度移动搜索日人均活跃用户超过了 1 亿。搜索引擎市场飞跃氏发展，尤其是联盟为搜索引擎带动的增值业务也有快速发展。

③ 品牌广告主投放向网上整合营销方向发展。以前大多广告主以买 Banner 为主，现在越来越多地使用综合手段。通过数据可以看到视频已经成为网民越来越能接受、越来越能流畅的服务形式，视频广告从品牌主的广告来讲，成为越来越主流的形式。

④ 社区营销从概念变成应用，成为越来越常见的营销形式。不管是国外还是大企业，越来越多的营销公司都选择通过社区营销。

⑤ 网络媒体、电脑媒体多元化。软件也在提倡 SAS，很多软件都变成了网络软件，网络软件也承载了播放广告的功能，像迅雷等这样的软件工具，其广告收从 2008 年 1186 万美元上升到 2010 年的 2497 万美元。包括网吧在线等，有很多非常优秀的网吧媒体都展现出它的价值，我们的定义不只是这些网站，包括软件本身、操作系统本身都成为越来越重要的网络广告营销媒体。中国的有些机构研究发现，网络浏览、即时通信、下载工具、电脑游戏这些用户都越来越多，在服务器中，影音下载、即时通信等工具在网上下载的用户越来越多。

4.1.1.5　网络广告策划的原则

网络广告策划是网络广告经营中的首要环节，它是对网络广告活动的全面运筹和总体规划。网络广告策划的科学与否，关系到整个网络广告活动的效果。网络广告策划的直接目的就是网络广告计划的产生。

网络广告是不同于传统广告的一种广告形式，所以针对网络自身具有的特点，应该采取不同于传统广告的策划原则，具体如下。

（1）真实第一的原则

网络信息的泛滥、网民发布信息的随意性大大降低了网络作为一种媒体所应具有的权威性，尤其是各种虚假广告的充斥，更增加了人们对网络广告真实性的怀疑。这对于网络广告的策划者来说是一个必须考虑的问题。无论做什么主题什么内容的广告必须坚持真实第一，不能欺骗消费者，这是一个企业树立自身形象最起码的要求。否则，会出现问题，如上海可力保健品有限公司发布虚假减肥产品广告案。2004 年 2 月，该公司在一个网站上发布广告，称"一个月减肥 20 斤，两个月 40 斤"，"45 天就能减 30 斤"，并承诺少减一斤可全额退款，这些说辞无相关证明，片面夸大产品减肥效果，欺骗和误导了消费者。被相关部门责令停止发布违法广告并处罚款 5000 元。

（2）针对性原则

广告不是做给所有人看的，是面对特定目标消费者的，这是任何广告都必须考虑的问题，但对于网络广告来说显得更为重要。因为网络广告受众的数量本来就少，想要任何人都看就是不想让每个人看。没有针对性的广告是没有人喜欢看的。网络广告是交互性的广告，应通过网民的反映不断调整网络广告的内容，使其具有更强的针对性。

（3）经济性原则

任何一项经营活动，都是以营利为目的的，所以就必须考虑活动的成本。网络广告策划也不例外。以最小的支出获得最大的收益是广告策划的一个重要原则。

4.1.2　网络广告模式

网络广告模式是指网站的所有者提供了一些内容和服务来吸引访问者，通过在其网站加入标志、按钮或其他获得访问者信息的方式向广告客户收取广告费用来获得利润的商业运作模式，这种模式的前提是需要大的访问量。

根据艾瑞咨询（iResearch）发布的 2012 年度中国互联网广告核心数据显示，2012 年度中国网络广告市场规模已达到 753.1 亿元，较去年增长 46.8%，网络广告市场进入相对平稳的增长期。2011 年，电视广告仍然稳居中国广告市场的首位，但是互联网广告的市场规模则超过了报纸广告规模，位居第二位，易观智库数据显示，预计 2014 年中国网络广告的市场规模将达到 1640.0 亿元。

目前网络广告市场又出现了新的模式，除了以自由交易平台为基础，以搜索引擎为主的模式以外，新出现了第三方广告交易平台，如"阿里妈妈"。第三方广告交易平台的用户可自由选择投放地点，提供按次、按时、按月的多种计费形式，并且采用支付宝解决了支付瓶颈，使得收入更加透明。观察人士还指出：第三方广告交易平台使得众多中小网站、个人博客都能从中获益，这些大量的网上"散客"以前往往无从找到广告价值，而现在，"阿里妈妈"的优质活跃合作网站及伙伴已达 50 万家，日均覆盖 PV（Page View）超过 50 亿，展现优质商品数达 3 亿，为 600 万家国内外品牌商家提供服务。2012 年，平台共产生分成 30 亿元，帮助合作媒体轻松流量变现。

4.2　典型案例分析：网络广告我最大——好耶广告网络

4.2.1　好耶广告网络介绍

好耶广告网络（www.allyes.com，首页如图 4-7 所示）前身系上海好耶计算机有限公司，是由四名刚刚毕业的大学生组建，成立于 1998 年 10 月。公司经营中国大陆第一个付费的商业广告网络，是一家集网络广告技术服务、线上营销服务和效果营销服务为一体的专业

图 4-7　好耶广告网络首页

网络互动营销服务公司，在当时的互联网行业中掀起了很大一阵波澜。

　　好耶于 2000 年初获得国际著名风险投资商 IDGVC（IDG 技术创业投资基金）的投资，进入了商业化运作的飞速发展期。在之后的 5 年里，好耶保持了每年超过 50％的高速增长。2005 年 9 月，IDGVC 与 OAK 投资合伙基金对好耶投资 3 千万美元，更是加快了公司快速扩张其经营规模的步伐。好耶总部设在中国上海，并在北京、深圳、天津、武汉及重庆分别设立了分公司或办事处。在《互联网周刊》2010 年度的中国网络广告公司 TOP50 排行榜中，好耶排名第一。

　　好耶广告网络以实现和提升网络营销效果为己任，在各项业务上均在国际国内保持领先的地位，具体说明如下。

　　（1）中国网络广告技术服务以及搜索引擎营销技术服务的先行者

　　好耶是国内最早，也是目前最大的从事网络广告软件研发的企业，对 AdForward 软件系列产品拥有自主产权、商标权、软件企业认证和软件测试证书，并涵盖了广告投放、监管、创意、定向和效果评测等。该软件系列，正在被数百家商业网站和广告公司使用，并保持世界领先广告软件之一的地位。好耶能够为客户的网络广告投放提供全面、专业、准确的第三方技术增值服务，保障客户网络营销目标的实现。

　　秉承技术服务的传统，好耶在搜索引擎营销方面正逐步推出涵盖关键词管理、监测以及投资回报优化的相关技术，帮助企业加入搜索引擎营销的行列，并使其搜索广告投放更加合理有效。好耶致力于以技术服务推动中国搜索引擎营销的发展。

（2）中国最大的专业网络广告公司

好耶是目前中国网络广告行业中最大的网络广告代理商，是专业的全面互动营销解决方案提供商。好耶拥有网络营销资深的策划和服务团队，以全心的服务和创新的精神，为客户提供互动营销咨询、策划、创意、投放、监测等服务。好耶努力地倡导创新、顺应潮流，不断地整合网络资源，开发网络营销工具，为不同的企业、品牌和产品的市场目标服务。

（3）中国最大的效果营销服务提供商

智易营销连锁——SmartTrade，是中国领先的按效果计费的线上营销网络。它以广告投放为起点，以营销活动的目标效果的实现为终点，按营销效果的实际完成数量结算费用。它使广告主在"按效果计费"的原则下，通过拥有千万互联网访客的智易平台灵活自主地开展以广告投放为起点的线上营销活动，完成自己的营销目标；它使网站主能灵活自主地从大量广告主的多样化的广告活动中选择适合自己网站的一个或多个广告活动，最大化地将自己网站访客流量转化成营销效果进而转变为自己的收入。

4.2.2　好耶广告网络的经营

上海好耶广告有限公司是好耶广告网络旗下经营互联网广告代理业务的全资子公司。好耶广告网络是隶属于分众传媒集团旗下的互联网业务旗舰品牌。集团的业务范围包括网络广告管理系统及网络营销全程监测及分析系统等技术产品业务、网络整合营销策划及网络媒体代理业务、按效果付费的网络广告联盟业务、富媒体广告发布业务、比较搜索引擎业务及宽带视频广告联播业务等。

好耶广告网络是目前具有世界领先水平的、中国最大的网络营销技术提供商和国内最大的网络营销策划服务提供商。公司成立于 1998 年，因自主研发了国内唯一通过中国软件测评中心认证并授予优秀软件证书的 AdForward 系列网络营销技术产品而于 2000 年 10 月获得美国国际数据集团（IDG）的风险投资，并成为国际互联网广告局（IAB）行业标准制定的中国唯一代表。2007 年 3 月 1 日，分众传媒以 3 亿美金收购好耶广告网络全部股份，并使分众传媒由此成为继 CCTV、上海文广之后国内第三大媒体集团。2009 年好耶净营收达 1.07871 亿美元，占分众传媒当年总营业收入的 21.4%。2010 年 7 月分众传媒以 1.24 亿美元向私募股权投资基金银湖出售好耶 62% 股权，银湖拥有好耶控股权并以投资人身份全面支持好耶在技术和管理上独立运营。

目前，好耶广告网络直接为国内外各大知名品牌提供基于互联网的营销策划、创意设计、策略制定、媒介执行、营销管理、客户关系维护等各项专业服务，2002～2005 年连续 4 年成为营收排名第一位的中国网络广告公司，以及连续多年成为国内各大门户网站最大的广告代理商。同时，包括新浪、网易、MSN 中国、TOM、21CN、新华网、金融界、携程、51JOB、盛大、上海热线等在内的绝大部分知名商业网站均购买使用好耶的 AdForward 系列网络广告传运和监测系统。

2005 年，公司与 Microsoft 签约，成为 MSN 中国网站的网络广告传运和监测独家技术服务商，并独家运营 MSN 中国的媒体广告业务及 MSN 中国自身的推广业务；同年，公司还与 INTEL 签约，负责审核和监管中国 PC 厂商的涉及 INTEL 的互联网广告。同年，公司与欧洲最大的网络营销服务公司 Media Contacts 成立了合资公司，将业务触角伸向了海外。2005 年，公司还在中国广告节上荣获网络广告最高奖项。2006 年 6 月荣获"21 世纪未来之星，2006 年度最具成长性新兴企业"称号。

公司业务区域由北中国区、南中国区及公司总部所在地华东大区组成。南中国区总部设在深圳，具体负责涉及两广、湘鄂、云贵川、福建等地公司的所有工作。

现如今，好耶将公司定位为"领先的数字互动营销综合解决方案提供商"，意味着好耶将在网络营销技术、数字互动营销、精准广告网络、移动广告营销、电子商务营销及社会化媒体营销等各个数据营销层面为数字网络参与各方提供综合的解决方案与服务。

好耶是目前国内最大的网络广告技术和服务公司，占有国内互联网广告市场的垄断地位，经营模式新颖，主要利用互联网广告管理技术，进行互联网广告代理，并根据效果收费。

好耶在对网络广告形式、广告点击率等进行监测统计的同时，也对网民的网络习惯进行统计分析。通过 AdForward 统计数据，帮助广告主或广告代理公司了解网民的网络访问习惯，以制订较合理的媒体投放计划。同时。好耶在互联网络领域开创了 SmartTrade 平台，如图 4-8 所示，将 5000 家小型网站和国内知名个人网络的流量集合。在 SmartTrade 平台上，广告主可采用 CPA（Cost Per Action）付费模式，按效果付费，提升广告主进行网络广告投资的效益。此外，好耶还开创了 Rich Media 富媒体广告联盟，推动基于宽带上极具成长空间的视频广告业务发展。

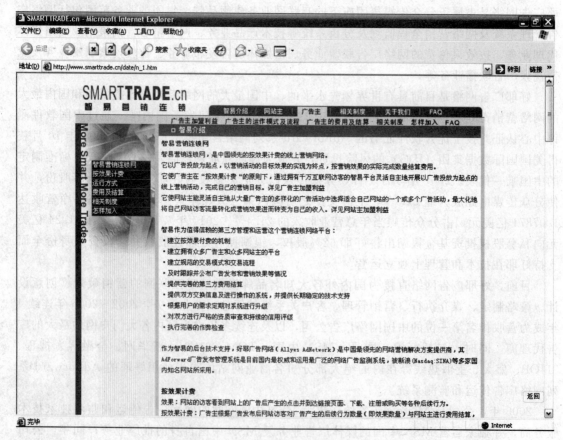

图 4-8　好耶的 SmartTrade 平台示意图

好耶业务包括三个方面：一是互联网广告的发布技术，在中国包括新浪在内的中国大部分互联网媒体，采用的是好耶的技术来发布和监督自己的广告库存、广告投放和广告报道，在用第三方的广告公司广告媒体中好耶占据了 80％的市场份额；二是互联网广告的代理，2003 年以来，好耶在中国互联网广告的代理上一直排名第一；三是基于效果收费的互联网营销平台。

4.2.3　好耶广告网络的发展

好耶最早是做网络广告联盟，1998 年的时候，上海热线正式上线，几个创始人就做了上海热线上面的一个网站，叫五花八门。当时赚的第一笔钱是丁磊给的，500 元钱做了一个月的邮箱系统广告。当时，国内很少有广告主去投放网络广告，根本就没有这个市场，而在国外，已经有很多广告主按点击来购买网络广告，所以他们就在网站上放国外的广告，2 角钱一个点击，但是当时他们自己网站的流量很小，就想能不能把这些广告分发到其他的网站上去，积少成多，这其实已经形成了一个联盟，他们跟国外的公司结算，再把广告费转发给放置广告的小网站。为了统计点击数，他们专门做了一个系统，这就是 AdForward 系列软件的前身。

2000 年，当时 IDGVC 看到好耶广告的软件在很多网站上得到应用，它的作用与美国的 DoubleClick 很相似，于是投了一笔钱进来，让他们专门做软件，好耶也就由网络联盟转变成了一个技术性的公司。但是，好景不长，2001 年，互联网泡沫破灭，网站没有钱支付他们的软件使用费，不得不把自己的广告位拿来冲抵，这么多广告位总要变成真金白银才能支付员工的工资，于是好耶专门成立了一个部门，销售手里积累的广告位，一来二去，网络广告代理就成了好耶最大的业务。

2003 年，好耶已经是中国最大的网络广告代理商，但互联网的复苏，让很多网站又重新开始应用他们的软件。为了跟上市场的需求，好耶一边做技术产品，一边加强网络广告代理实力，软件和广告代理逐步成为好耶最主要的两大业务。

好耶重新回到广告联盟领域是在 2004 年，当时越来越多的广告主要的不是仅仅投放广告，而且还希望这些广告像搜索引擎一样能直接带来效果，网络广告联盟无疑是一个效果不错的营销解决方案，于是好耶按照广告主的要求，推出智易营销平台，这就成为好耶目前的第三大业务。

2011 年，中国数字互动营销全价值链的领袖企业——好耶广告网络宣布其在美国旧金山硅谷的技术研发中心正式成立。作为第一家在美国建立技术研发中心的国内数字互动营销企业，此举表明好耶意在延揽全球优秀技术人才，感悟领先创新氛围，保持并扩大其在中国业内的领先优势，并逐步迈向国际化。建立硅谷研发中心可谓逾 10 年历史的好耶广告网络企业发展历程中的里程碑。

据悉，好耶在 6 年中建立了一个庞大的网络受众浏览行为分析系统及数据库，并开创了 Rich Media 富媒体广告联盟和 SmartTrade 平台，前者推动基于宽带的视频广告业务发展，后者则将 5000 家小型网站和国内知名个人网站的流量聚合。在 SmartTrade 平台上，广告主可采用 CPA（Cost Per Action）付费模式，按照产生的效果来进行付费，这使广告主进行网络广告投资的效益大为提升。在艾瑞公司的调查报告中，好耶一直保持着中国互联网广告公司广告营收第一的位置。好耶 CEO 朱海龙说："富媒体广告在宽带互联网时代一定会成为主流，而互联网广告与传统广告最大的区别在于实现一对一投放和互动性，因此好耶推动的定向式一对一广告投放，和完全借助互动的特性按效果付费的 CPA 模式都是网络广告展现其自身独有价值的方式。"

4.2.4 好耶广告网络的产品

好耶网络广告的产品主要有以下三个部分。

（1）技术方案

作为国际领先的网络营销全面解决方案供应商，好耶针对中国用户自主研发了一系列的软件产品，并根据解决方案的不同分为 AdForward 系列及 Smart 系列两大软件产品线。分别为广告主、网站媒体提供基于 ROI 的全面网络营销业务支持，产品涵盖广告调查、广告监测、广告创意、定向广告、网站分析等功能，目前在中国的网络广告软件市场占有超过70％的份额。在宽带富媒体广告、无线互联网广告等方面，好耶保持着领先的研发和产品优势。同时，好耶参与了美国互联网广告局的全球广告发布指导及其监测标准的制定。

① AFA　Agency（Version 6）（AFA6）是适合大型广告公司互动部门、专业网络广告公司的网络广告管理系统。AFA6 提供网络广告的管理、播放、定向、报告等服务。系统智能的设计将优化媒介计划，节约媒介投入，提升广告效果。

② AFM　AdForward Mail（Version 5）（AFM5）是一个互联网电子邮件营销的系统平台。AFM5 通过电子邮件把产品和服务信息告知用户，同时跟踪、收集、分析收件用户的操作行为，得到邮件效果分析报表。AFM5 可帮助企业科学地创建、执行和监测大规模电子邮件营销活动，节约企业营销成本，大规模地挖掘潜在客户，实现低成本、高效率的市场营销推广。

③ SmartSite　SmartSite 帮助网站（特别是电子商务类网站）分析受众来源、浏览和交易习惯，以做出调整网站市场推广策略、优化网站结构、提高网站效益的系统平台。通过分析网站访客的日志文件，得到 6 大类 200 多种报表，为网站的经营决策提供数据依据。SmartSite 系统的强大功能，使之成为电子商务网站进行用户数据分析的最佳选择平台之一。

④ AFP　AdForward For Publisher（Version 6）（AFP6）是适合大、中型网站进行网络广告管理的系统，从广告的播放到定向、后期报表，智能的系统设计将网站媒体资源的广告效果最优化，从而有效增加网站主的广告营收。AFP 系列产品获中国软件评测中心优等软件证书，软件的架构和数据已经获得美国 ABCI 公司的 Ready For Auditing 确认。

（2）媒体服务

媒介服务团队的任务就是为他的客户创造、维护和优化整合的网络营销信息系统。好耶广告网络的媒介服务团队是中国互联网媒介服务的翘楚。2001 年至今，一直保持互联网广告投放量第一的地位。在历次互联网广告大赛中屡获殊荣。

媒介服务团队成立于 2000 年，在北京、上海和深圳设有分公司，拥有 130 多个专业人员。好耶视员工为公司核心竞争力的一部分，为他们提供专业的、综合的培训。

好耶的客户涉及各种领域，从 IT 业、电信业到快速消费品和零售业，为客户提供互联网营销传播规划、媒介策划和执行、创意和制作以及广告效果的评估和优化服务。

① 策略方案　好耶能帮助企业掌握网络营销信息、环境、用户、竞争对手、网站平台和相关运用的变化，来创造、维护和优化整合的网络营销信息系统，并与线下营销信息相结合提供真正的整合营销信息。

② 创意制作　好耶能帮助企业将网络技术与创意能力相结合，在互联网空间中生成品牌体验。通过对用户在客户品牌网站上的在线体验的鼓励、维护和优化，达到丰富数字品牌作为线下品牌延伸的目的。

③ 媒介策划购买　好耶能帮助企业探寻所有杠杆调节、广告空间、投资赞助和社论式广告的机会，并作为有效的媒介来综合直接的品牌广告或直接的响应活动。对用户的在线习惯、网站效率和效果付费的不断研究将能够优化活动的结果。

（3）效果营销

智易营销连锁网，是中国领先的按效果计费的线上营销网络。通过整合超过 5000 家优秀网站的广告资源，形成一个日广告显示量超过 3 亿次的超大型互动广告联播网络。在"按效果计费"的原则下，SmartTrade（智易）可根据广告主的营销目的灵活地采取 CPM（Cost Per Mille，每千人成本）、CPC（Cost Per Click，每点击成本）、CPA（Cost Per Action，每行动成本）等方式进行广告投放结算，有效地控制广告预算，规避风险，通过拥有千万互联网访客的智易平台灵活自主地开展线上营销活动，完成自己的营销目标。它为网站主提供了一个高效智能的广告平台，使得网站主能灵活自主地从大量广告主的多样化的广告活动中选择适合自己网站的一个或多个广告活动，并通过 SmartTrade 独有的广告优化选取引擎（SmartZone）最大化地将自己每个广告显示转化成营销效果进而转变为自己的收入。

在广告优化选取引擎中，只有当广告为广告主带来了广告主希望发生的广告效果时，广告主才需要为该效果付费。效果：网站的访客看到网站上的广告后产生了包括点击到达链接页面、下载、注册或购买等各种后续行为。按效果计费：广告主仅需确定每个广告活动希望达成的营销效果要求以及单位效果的结算价格。SmartTrade 将根据广告发布后产生的 Desired Action 的数量（即效果数量）与广告主结算，并分别根据每个网站所生成的效果数量与每个网站主进行费用结算。

通过对超过 5000 家优秀网站的广告资源的整合，SmartTrade 成为一个日广告显示量超过 3 亿次，覆盖中国最多网民的超大型网络广告联播网。对于广告公司或营销人员，无论您希望通过广告达到的是扩散品牌知名度、提高用户订阅数、生产商或者是提高销量，SmartTrade 总能为客户提供度身定制的高投资回报率（Return On Investment，ROI）的解决方案。

同时将广告投放到超过 5000 家经过选择的优秀网站；专业的客户服务人员协助建立和维护在线营销体系；按营销的效果付费，营销效果要求及单位效果结算价格由广告主事先设定，成本可控；全程监控整个广告-营销的过程，通过完善的报表可随时了解最新营销进程和每个营销环节的情况；通过先进的优化工具，帮助 marketer 在营销过程中分析和优化广告及营销策略（如价格/创意/营销过程等），从而最大限度地提高 ROI；全面采用国内最权威的 AdForward 广告发布监测系统，保障系统稳定运行，保障数据真实可靠；对各种广告形式的全面支持；全程的客户经理服务、技术培训与支持，丰富的线上广告和营销经验。

Smarttrade 的网络能够健康发展的关键在于始终将如何提高网站主的收益放在最重要的位置，因此，Smarttrade 一直致力于不断发掘最好的广告机会以及不断对广告效果进行优化，从而不断提升网站主的收入。

可以收到大量的经过资质审核的广告主的多样化的广告投放邀请，并由网站主根据广告项目要求和结算方法等，自主地选择接受或拒绝播放某个广告主的广告活动。通过国内最权威的 AdForward 广告系统进行广告投放管理，通过及时准确的报表系统直观地了解自己正在播放的各个广告活动的营销效果完成情况，以及由此带来的收入。

可根据各个广告活动的流量/收入比（即报表中的 EPM、EPC 指标），结合独有的广告智能选取引擎"SmartZone"对正在投放的所有广告进行自动地轮播优化，从而最大化地实现自己的广告收入。

可以通过智易对广告主的资质审核制度、预付款制度，以及各种规范的模式及流程，有效保障自己的权益。

可以得到智易作为第三方进行的费用结算服务，每月定期收到自己的应得收入。另外，还有完全免费的加盟、完全免费的定期培训和技术支持、简单易用功能强大的系统及友好的界面。

4.2.5 存在问题与建设性提议

网络广告市场的急速膨胀催发了代理市场，好耶作为其中的佼佼者，经过十几年的发展，已经成为中国最大的网络广告代理商之一。2007年3月，分众传媒以3亿美元收购好耶也肯定了好耶的价值，更肯定了中国网络广告的前景。

中国互联网在商业领域的应用已经有近20年的时间，而互联网的广告从1997年左右开始。2012年中国互联网广告营业额超过753亿元人民币，占整个广告行业4000亿元的比例约为18％多。从全球范围看，2012年美国互联网广告增长15％，达366亿美元，相当于中国的3倍。在中国这个巨大的互联网市场中，好耶决心不仅是应用更多的创新、创意把自己做得更大、更强，而且希望把网络广告行业做到真正与传统体相抗衡。

作为富媒体广告的推动者，好耶公司则提出了"精确锁定目标受众群，精确监控广告到达频次"的口号。由于可以加入对消费者的监控，同样以视频为表现形式的多媒体广告对传统的电视广告形成了竞争威胁。

好耶的发展更理性、更强调商业价值。好耶的发展，跟互联网的发展有很大的关系。从时间上说，传统的媒体、广播媒体的认可和应用，人们用了38年，电视的认可和应用用了13年，而互联网进入到人们的生活却非常之短。经历过互联网低潮期后，人们开始理性地思索网络经营的商业模式到底是什么，到底能提供哪些更有效的价值。这是互联网重新焕发活力的一个重要原因，在这个过程中，理性是主导因素。

互联网广告的成长也是技术的成长。互联网络技术支持了互联网广告的发展。互联网广告发展的根本是它有很高的时效性，这是跟传统广告发展所不同的地方。它的发展速度是要"快"，发展速度快的根基是要看产品，有了好的产品才能够很好的发展，除了商业模式就是技术扎实，这样它的产品在市场中才更有竞争力。在这个过程中，对于广告来说，互联网技术更重要。从目前互联网的整个情况来讲，好耶广告就是以技术为根基成长起来的。严格意义上说，好耶广告是以核心技术为先导来完成的。

当然，好耶在解决客户建立品牌形象的需求方面还存在不足。

就建立品牌形象来讲，首先就是要满足它能够在一个特定的人群中建立品牌信任和追随。好耶更擅长的是帮中小型企业建立品牌。好耶就是利用了对一些人群及他们点击网站时的行为分析，来帮助客户在这些人群中建立品牌。同时，建立品牌可能有几种方式，包括图像、图形以及文字形式。好耶的客户有好多是中小企业，他们还没达到被公众所熟知，不是大众型品牌。通过好耶的广告形式进行推广，帮助他们在特定的行业中快速建立品牌。好耶对客户来讲最好的一点就是省钱，能根据IP地址分析地域来定位，能够分析客户喜欢什么，想要什么，然后在客户要的目标人群当中，把品牌建立起来。互联网都是能够让一个品牌在细分后的市场领域内快速成长的一个方式。

其不足还是与互联网的形式有关，更多的时候跟人群的构成有关，有许多产品的受众达不到这方面的素质要求。还有一个问题就是互联网的发展与应用，更多的是在沿海地区。西部地区虽说在发展，但是上网人群不如沿海地区广泛，受众范围就小，这是跟地域有关联的。然后还有很多人在问，通过互联网能不能快速建立起自己的品牌，很多人都在讲品牌的建立是需要时间的积累，实际上也并非这样。如 Google 是一个十几年的企业，如果没有互联网这个途径，不可能让这么多人在短短几年时间里知道这个品牌，超过可口可乐、沃尔玛等企业。在互联网时代，确实有一定的可能性——让我们的品牌快速成长。而线上线下的有机结合，让更多的品牌在更多人群中能够传播。

4.3　分组研讨的案例

4.3.1　案例 1：窄告网的网络广告

互联网是一个广泛的媒体，越来越多的人会上互联网，以后互联网会成为越来越多的广告主所选择的主流媒体之一。目前搜索引擎是做得最好的，他能够把目标受众从上千上万的网民中筛选出来，但搜索引擎从某种意义上来说还是等着网民来搜索，是被动方式，那有没有主动方式呢？窄告是一种尝试，说它成功还为时过早，但毕竟现在有人去做这种尝试，通过其他的方式把用户过滤出来，窄告是一种方式，数据库营销也是一种方式。这种过滤如果做得好，互联网就不仅仅是一个广告媒体，还是一个销售渠道，目前搜索引擎已经是中小企业的销售渠道之一，要想更多的企业进入这个渠道，就需要我们把互联网广告做得更精准。

窄告（www.narrowad.com，首页如图 4-9 所示）于 2004 年 9 月宣布成立，它是一个集窄告客户、窄告代理商、窄告联盟网站为一体的多方共赢平台，为中国 2000 多万家中小

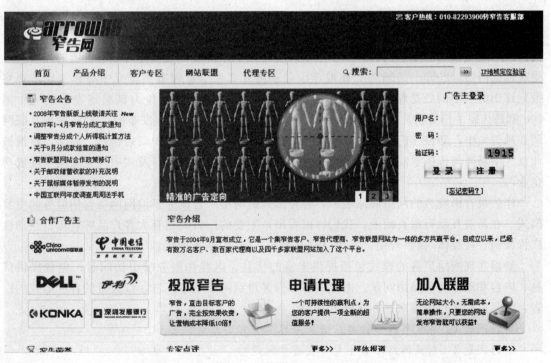

图 4-9　窄告网首页

企业提供了一种用很低的费用，就能在包括新浪、新华网等全国4000多家网站上同时精准投放广告的商业模式。窄告覆盖95％以上的网民，目前客户已经超过50000多家。

窄告就是网络定向广告，它能通过分析网页内容、辨别网民所在地，按广告主要求和设置，将广告有针对地投放到4000多家网站目标客户面前。这种新型网络广告模式更加有效地节约了广告成本，提升了广告效率。窄告被誉为网络广告的"响尾蛇"导弹，它能通过定位技术，能准确锁定目标客户，直接发布到目标客户面前。

窄告就是"窄而告之"、"专而告之"，指客户投放的窄告直接投放到与之内容相关的网络媒体上的文章周围，同时窄告还会根据浏览者的偏好、使用习性、地理位置、访问历史等信息，有针对性地将窄告投放到真正感兴趣的浏览者面前。窄告是一种新型的网络广告模式，不仅适合于各行各业推广宣传品牌、产品等，也适合各种规格的网络广告发布商。

研讨问题1：窄告网的基本模式是怎样的？

研讨问题2：你觉得窄告网有哪些值得借鉴的地方？

研讨问题3：分析窄告网的功能及其优越性。

研讨问题4：你能对窄告网的经营提出哪些合理化的建议？

4.3.2 案例2：新浪网的网络广告

新浪（www.sina.com）是有名的门户网站。它是一家服务于中国大陆及全球华人社群的领先在线媒体及增值资讯服务提供商。新浪拥有多家地区性网站，以服务大中华地区与海外华人为己任，通过旗下五大业务主线：新浪网（SINA.com）、新浪无线（SINA Mobile）、新浪热线（SINA Online）、新浪企业服务（SINA.net）、新浪电子商务（SINA E-Commerce），为广大网民和政府企业用户提供网络媒体及娱乐、在线用户付费增值/无线增值服务和电子政务解决方案等在内的一系列服务。它的广告服务就是新浪互动行销（http：//ads.sina.com.cn，网页如图4-10所示）。

新浪在全球范围内注册用户超过6亿，日浏览量最高突破6亿次，是中国大陆及全球华人社群中最受推崇的互联网品牌。在多项调查评比中，新浪也均被称为最有价值的品牌，最受欢迎的网站。2003～2006年，新浪连续荣获由北京大学管理案例研究中心和《经济观察报》评出的"中国最受尊敬企业"。2006年，在世界企业品牌竞争力试验室发布的《中国100家最佳雇主排行榜》中位于第61名。中国互联网协会2007年发布的《2007中国互联网调查报告》中，新浪在门户和博客两大领域的用户年到达率指标中高居榜首，同年，新浪被北京大学新闻与传播学院、信息产业部分别评为"十大创新媒体"及"中国互联网年度成功企业"。

作为最有影响力的网络媒体之一，各种形式的网络广告成为新浪网网络营销服务的主要模式。在新浪互动行销页面上，我们可以看出，主要的广告类别有大客户品牌宣传、互动性广告营销、富媒体/视频营销、无线/WAP营销、定向/精准型营销等。

新浪实现网络广告的模式包括提供丰富的信息、内容和服务吸引访问者；免费提供信息、内容和服务实现高访问量。由此吸引广告客户到网站发布广告，以大量的各种形式的广告，满足广告客户的需求，并获取可观的广告费。

研讨问题1：你觉得新浪网络广告未来发展有哪些趋势？

研讨问题2：新浪网络广告主要存在哪些问题？

研讨问题3：新浪网络广告的主要业务包括哪些？

图 4-10　新浪互动行销网页

4.3.3　案例 3：百度的网络广告

　　百度（http：//www.baidu.com），2000 年 1 月创立于北京中关村，是全球最大的中文网站、最大的中文搜索引擎。2000 年 1 月 1 日，公司创始人李彦宏、徐勇从美国硅谷回国，创建了百度。创立之初，百度便将"让人们更便捷地获取信息"作为自己的使命，并为此始终如一、不懈地努力奋斗。

　　2000 年 5 月，百度首次为门户网站——硅谷动力提供搜索技术服务，之后迅速占领中国搜索引擎市场，成为最主要的搜索技术提供商。2001 年 8 月，发布 Baidu.com 搜索引擎 Beta 版，从后台技术提供者转为面向公众独立提供搜索服务，并且在中国首创了竞价排名商业模式，2001 年 10 月 22 日正式发布 Baidu 搜索引擎。百度为企业提供的竞价排名的服务网页（http：//jingjia.baidu.com/）如图 4-11 所示。

　　百度每天响应来自 138 个国家超过数亿次的搜索请求。用户可以通过百度主页，在瞬间找

图 4-11　百度为企业提供的竞价排名的服务网页

注：日常所说竞价排名，在百度中的服务即"百度推广"

到相关的搜索结果，这些结果来自于百度超过百亿的中文网页数据库。百度一直致力于倾听、挖掘与满足中国网民的需求，秉承"用户体验至上"的理念，除网页搜索外，还提供 MP3、图片、视频、地图等多样化的搜索服务，率先创造了以贴吧、知道、百科、空间为代表的搜索社区，将无数网民头脑中的智慧融入了搜索。"百度一下"已经成为了人们进行搜索的新动词。同时，用户不必访问百度主页，也可以搜索信息。超过 20 万个搜索联盟网站，通过各种方式将百度搜索结合到自己的网站，使用户在上网的任何时候都能进行百度搜索。百度还提供 WAP 与 PDA 搜索服务，使用户可以通过手机或掌上电脑等无线平台进行百度搜索。

百度还为各类企业提供竞价排名推广业务，以及精准广告服务。每个月有上万家的企业通过百度获得商机，十数万家企业使用百度竞价排名服务，数百家大型企业使用百度搜索推广及广告服务。2005 年 8 月 5 日，百度在美国纳斯达克上市，成为 2005 年全球资本市场上最为引人注目的上市公司，百度由此进入了一个崭新的发展阶段。

研讨问题 1：你觉得百度未来的发展方向是什么？

研讨问题 2：登录百度网站，分析百度的主要模式是什么？

研讨问题 3：分析百度关键字广告的盈利模式，并说明其成功与不足之处。

思考习题 4

1. 你能否举出书本上没有提到的成功的网络广告模式案例？
2. 比较好耶、窄告、新浪、百度的网络广告服务的特点。

链接资源 4

1. 新浪网（www. sina. com）。
2. 新浪搜索引擎竞价排名服务（http://bizsite. sina. com. cn/newbizsite/docc/index-2jifu-01-01. htm）。
3. 百度（www. baidu. com）。
4. Google 广告解决方案（http://www. google. cn/intl/zh-CN/ads）。
5. 阿里妈妈（http://www. alimama. com）。

拓展训练 4 *

1. 登录百度网站，分析百度网络广告的主要业务。
2. 登录谷歌，了解它的关键字广告。
3. 登录阿里妈妈，看懂全球领先的中文网上广告交易市场的广告模式。

第 5 章　内容经营模式案例分析

5.1　内容经营模式概述

5.1.1　内容提供商

互联网的发展和成熟使网络日益具有了平民化的特征，上网变得异常方便和容易，人们的信息交流方式步入了一个新的时代，ICP 在互联网的快速发展中扮演着重要的角色。

（1）内容提供商的定义

内容提供商（Internet Content Provider，简称为 ICP）是指拥有自己的主页，通过互联网定期或不定期地向上网用户提供信息服务并以此为业的服务主体（网站）。ICP 通常通过选择和编辑加工自己或他人创作的作品，将其登载在互联网上或者通过互联网发送到用户端，供公众浏览、阅读、使用或者下载。

还有一些意思相近的说法：网络内容提供商是利用互联网接入提供商 IAP（Internet Access Provider）的线路，通过设立网站提供信息服务的经营者，ICP 为用户提供发布信息和查询信息的服务、提供实时交流信息服务、提供搜索引擎服务等，比如我们常见的 BBS 或者聊天室的经营者，新浪、雅虎、搜狐等门户网站以及提供 Web 网页的个人网站都属于此类服务。

（2）内容提供商的法律责任

① 网络内容提供商是网络从业商之一，因此其在网络社会中的地位异于网络用户。网络用户不是网络从业商，而是指那些通过注册，在 BBS 上发布信息，在聊天室聊天或在论坛发表意见、畅所欲言的人。

② 网络内容提供商以创造、采集和传播信息为业，以网络内容建设为本，因此与其他的网络从业商有别。根据提供服务的内容，可以将网络从业商分为提供连线服务的网络服务提供商和提供内容服务的网络服务提供商，前者仅提供连线、接入等物理基础设施服务，后者主要从事信息的传播。两者不仅提供的服务不同，而且在侵权行为的构成、责任的承担和免责要件上都存在差异。

③ 网络内容提供商的成立必须经过法定程序，非经法律程序设立，不得从事信息服务。根据从事的业务不同，网络内容提供商分为经营性 ICP 和非经营性 ICP，经营性 ICP 主要从事通过互联网，向上网用户有偿提供信息或者网页制作、硬盘空间出租等服务活动的业务；非经营性 ICP 主要通过互联网向用户无偿提供具有公开性、共享性信息的服务活动，前者一般实行许可制度，后者实行备案制度。

5.1.2　内容经营模式

5.1.2.1　内容经营模式的含义与特点

（1）内容经营模式的含义

内容经营模式是指内容经营商通过互联网向上网用户有偿提供信息内容的服务活动。信息内容包括知识产权的各种形式。知识产权又称为智慧财产权，指人们对其智力劳动成果所享有的民事权利。根据《世界知识产权组织公约》第二条规定，知识产权包括下列各项有关权利：一是文学、艺术和科学作品；二是表演艺术家的表演以及唱片和广播节目；三是人类一切活动领域的发明；四是科学发现；五是工业品外观设计；六是商标、服务标记以及商业名称和标志；七是制止不正当竞争；八是在工业、科学、文学艺术领域内由于智力创造活动而产生的一切其他权利。具体说来，比如数字化音乐、影视、网络游戏、电子书籍、电子期刊等。有偿提供信息内容的方式通常是互联网用户事先或事后向内容经营商交纳一定费用才能通过互联网浏览或下载语音、文字、数据、图像等形式的信息内容。

（2）内容经营模式的特点

从内容经营商的角度来看，内容经营模式主要具有两个特点。

① 经营商以生产、提供信息或数字化产品为主要赢利手段　在内容经营模式中，经营商所经营的产品主要是信息或数字化产品，而非实物（有形）产品，因此，对于内容经营商来说，需要加强内容的开发和建设、网络平台的建设，以保证其生产和提供的内容产品有吸引力和创新点，而且能够有效地通过网络在线的方式提供给广大用户，这样才能够获取丰厚的回报。

② 经营商具有信息的原创者和出版者的双重身份　网络内容经营商通常兼具信息的原创者和出版者的双重身份。从利益最大化的角度讲，应以原创者身份为主，以准出版社身份为辅，因为网络内容提供商的从业特征决定了其应当根据眼球效应来衡量效益的多寡。谁能吸引更多的眼球，谁就将可能获得更大的利益。为了网络内容提供商的发展前景，其应当最大限度地获取网络用户的注意力，因此网络内容提供商应以原创信息为主，以转载信息为辅。

5.1.2.2　内容经营模式的分类

根据所经营的信息或数字化产品领域不同，内容经营模式可分为网络出版经营模式和网络娱乐经营模式两大类。

（1）网络出版经营模式

网络出版经营模式是具有合法出版资格的出版机构以互联网为载体和流通平台、以电子货币或信用卡为主要支付方式来进行数字化内容的出版和发行的行为，它是基于网络的新的出版和发行方式。网络出版又称互联网出版，网络出版物的内容非常广泛，包括各种媒体数字化内容：一是已正式出版的图书、报纸、期刊、音像制品、电子出版物等出版物内容或者在其他媒体上公开发表的作品；二是经过编辑加工的文学、艺术和自然科学、社会科学、工程技术等方面的作品。网络出版物是图、文、声、像并茂的电子书籍，不仅可以读电子图书，而且还可以听书、欣赏书。

网络出版经营模式根据出版物的不同，又可以细分为网络报刊出版经营模式、网络图书出版经营模式、网络杂志出版经营模式等。

① 网络报刊出版经营模式　网络报刊是基于互联网，通过计算机信息网络传输，用户在终端设备上读取的连续出版物。它起始于 20 世纪 80 年代末，兴盛于 90 年代中后期。1987 年，位于美国硅谷的《圣何塞信使报》（San Jose Mercury News）首次将该报的内容送入初创阶段的因特网，因此成为世界上第一家基于 Internet 的电子报纸，以此为标志开创了电子报刊和网络媒体的新纪元。随着万维网和浏览器的推出，20 世纪 90 年代中期报刊上网

形成浪潮，其中的弄潮儿有显赫的著名大报，也不乏名不见经传的地方小报，如《纽约时报》、《华盛顿邮报》、《华尔街日报》、《洛杉矶时报》、《芝加哥论坛报》、《时代周刊》、《新闻周刊》等。

网络报刊是传统报刊网络化，与传统报刊的最大区别在于网络报刊不是以天作为更换版面的计量时间段，而是以即时发布方式报道即时发生的事件；传统报刊的内容受篇幅限制，而网络报刊通过链接功能就可以查到事件的背景资料及相关报道等。网络技术手段带给网络报刊的优势还包括：利用网络传播的即时性提高新闻的时效性；利用网络传播的广泛性，扩大读者面；利用网络存贮的海量能力和超链接功能，提供丰富的背景资料；利用网络的存贮能力建立功能强大的各种数据库；利用交互性实现报纸与读者之间、读者与读者之间的交流；利用网络可传播多媒体数据的特点，在单纯的文字型信息外提供图片、声频和视频信息。

② 网络图书出版经营模式　网络图书，顾名思义，就是以互联网为载体的图书。具体而言，网络图书是指借助数字化技术产生并在网络上运行，拥有二进制数字编码形式的，具有独创性并能以某种有形形式加以复制的图书。网络图书与传统印刷型图书相比具有以下特殊性：网络图书具有高度灵活性，网络图书是一种数字化产品，借助数字技术的加工和编辑功能，不同的字符、图形、图像和声音在数字状态下可以任意组合、增删、修改、移动和重新排序。网络图书具有使用方便、容易普及的特性，网络技术的迅猛发展以及网络上信息的高速传输，使网络图书的复制更加迅捷、方便、廉价。网络图书还具有较强的技术性，网络图书的传播和使用需要利用数字编码的存储技术、加工技术和传播技术。

③ 网络杂志出版经营模式　网络杂志（E-Magzine）又称电子杂志、互动杂志、数字多媒体杂志。网络媒体作为"第四代媒体"，它融文字、图表图片、FLASH 动画、音频视频于一体，创造了一种全新的"多媒体杂志"传播形式。网络杂志特别是数字互动网络杂志以高分辨率、高清晰摄影图片或生动的 FLASH 动画、视频刺激视觉器官，又以音乐冲击听觉器官，使读者体验一种在阅读传统杂志时所不能享受到的独特情境和氛围。就其内容操作模式来看，至少包含三重意思：一是传统杂志的数字化，如许多线下平面杂志的网络版（QQ 网络杂志平台作为线下杂志的"集散地"也应归于此类）；二是网站精品信息的杂志化，很多网站都在其不断更新的内容中，筛选出最重要或最受关注的内容，定期以杂志形式发布；三是杂志的网络多媒体化，在网络新技术支持下给用户全新的杂志阅读体验。

网络杂志的发展非常迅速，迄今为止有多少种网络杂志，目前并没有确切的统计。互联网上还出现了许多"杂志门户网站"，这些网站就好比发行商，专门提供杂志的下载服务，如 VIKA 领先的网络杂志互动平台（www.vika.cn）等。"杂志门户网站"通常的模式为：软件下载→安装→杂志订阅→定期派送→互动阅读。

（2）网络娱乐经营模式

网络娱乐经营模式指网络娱乐产品或服务经营商通过互联网向上网用户有偿提供在线娱乐服务的网络内容经营模式。根据所提供的娱乐产品或服务的不同，网络娱乐经营模式可分为：网络游戏经营模式、网络视频经营模式、网络音乐经营模式等。目前娱乐类的网上内容收费渐成主流，内容付费作为一种互联网的发展趋势，正在为经营者们探索，为购买者们尝试。

① 网络游戏经营模式　网络游戏指通过信息网络传播和实现的互动娱乐方式，是一种网络与文化相结合的产业。信息网络是包括互联网（Internet）、有线电视网（Cable TV）、

远程通信网（Telecom）、无线通信网（Wareless）等能够实现互动的智能化网络。网络游戏经营模式是指网络游戏经营商向上网用户有偿提供其代理或自主开发的网络游戏产品的商业模式。在我国，网络游戏经营网站主要有盛大、联众等。

② 网络视频经营模式 网络视频经营模式是指网络视频经营商通过提供网络视频服务获得收入的商业模式。从内容上看，网络视频主要包括网络宽频、网络电视等。与传统视频相比，网络视频的核心特征是用户自主性，具体体现在广播方式、便携性、频道资源、节目落地区域范围等。

③ 网络音乐经营模式 网络音乐是指音乐产品通过互联网、移动通信网等各种有线和无线方式传播，其主要特点是形成了数字化的音乐产品制作、传播和消费模式。网络音乐主要由两个部分组成：一是通过电信互联网提供在电脑终端下载或者播放的互联网在线音乐；二是无线网络运营商通过无线增值服务提供在手机终端播放的无线音乐，又被称为移动音乐。网络音乐经营模式是指网络音乐经营商向上网用户有偿提供音乐产品服务的商业模式。

5.1.2.3 内容经营模式的优势

网络内容经营模式一般不存在物流问题，通过互联网技术，内容经营商可以快速、低成本地把信息或数字化的产品传递给网络消费者。另外，对于信息或数字化产品而言，其生产的固定成本很高，但复制的可变成本很低，这种成本结构产生了巨大的规模经济，表现为生产得越多，生产的平均成本就越低。

5.2 典型案例分析：新兴的互联网游戏内容提供商——盛大

5.2.1 盛大网络

盛大集团（NASDAQ：SNDA）是中国领先的互动娱乐传媒公司，致力于通过互联网为用户提供多元化的娱乐服务。盛大成立于 1999 年 11 月，公司拥有运营网络娱乐媒体的雄厚实力，通过专业化的团队及先进网络技术，最大限度地为用户挖掘网络娱乐产业的乐趣。盛大的技术及管理团队每时每刻为用户提供优质服务，保障用户的娱乐需要。盛大娱乐官方网站的中文版主页（http://www.shanda.com.cn/cs/index.jsp）如图 5-1 所示。

盛大是中国目前最大的网络游戏运营商。盛大游戏向用户提供包括大型多人在线角色扮演游戏、休闲游戏等游戏产品。盛大其他投资公司还向用户提供家庭棋牌平台、电子竞技平台、动漫、音乐等在内的适合不同年龄层次用户群的互动娱乐产品，深受广大用户的欢迎。截至到 2009 年 1 月 31 日，盛大拥有的所有娱乐内容累计注册用户数超过 8 亿。

盛大文学有限公司通过整合国内优秀的原创网络文学力量，致力于成为中国网络文学领域的领导者，做新时代娱乐的新起点。目前拥有的全资公司和投资公司有：起点中文网（www.qidian.com）、晋江原创网（www.jjwxc.net）、红袖添香网站（www.hongxiu.com）。

盛大在线通过统一的用户认证管理、广泛的收费渠道、高效的支付与计费系统、周到的客户服务等，为各类互动娱乐内容提供运营和出版平台。该平台凝聚了庞大的用户群体，各年龄层的玩家均可以借由这一平台与其他成千上万的玩家进行互动，体验网络互动娱乐带来的无限乐趣。

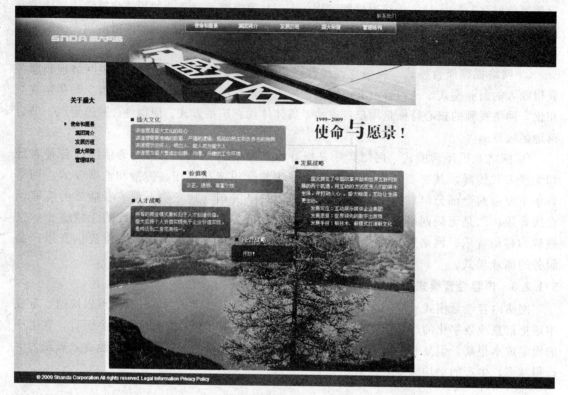

图 5-1　盛大娱乐官方网站的中文版主页

5.2.2　盛大经营状况

盛大的经营模式主要包括了盛大的市场推广、客户服务及营销模式等。在这几个方面分别建立了网络体系，体现了盛大经营理念，构成了盛大经营套路。

（1）市场推广

盛大的市场推广主要通过广告、推荐新产品、占据搜索引擎的显目位置和电子邮件推销等来实现。

① 广告　广告是传统而有效的宣传方式。盛大主要印制大幅精美的游戏宣传画，发放给各省市的网吧和游戏点卡专卖店进行宣传。随着网络广告的出现，盛大又制作了各种动画，在各个网站展示进行相关的宣传。

② 新产品推荐　在一些书刊、论坛和网站上经常有精彩的游戏内容简介，很多读者、网民都可以通过这些介绍了解到盛大的游戏动态、产品信息。

③ 占据搜索引擎　各大门户网站都为用户提供搜索服务，盛大通过与这些网站的有偿合作，换来搜索结果的醒目位置，以此提高盛大网站的点击率，既方便了用户的搜寻和查找，又提高了自己的知名度。

④ 电子邮件推销　用户在注册时被要求填上电子信箱，一旦有新的游戏发布，盛大就可以将游戏内容信息及时发送到各玩家的电子邮箱中，这种积极的推销方式十分奏效，非常有针对性，这样客户不需要搜寻就能轻松获得最新游戏信息。

另外，还有举行大型网络游戏比赛以吸引客户、参与展示会或开游戏新闻发布会等颇有成效的宣传措施。

（2）客户服务

盛大服务的核心首先是一个大服务的概念，也就是说，盛大公司首先是一个服务企业，所有部门、所有人、每一环节都是为客户服务的。企业的运转首先要满足于服务客户的概念，以服务为中心架构组织层次上的分工及人员调配。盛大的服务理念是要求全方位、全民的服务。在盛大现有的组织架构里，各个中心都是以服务为导向开展工作，并互为支撑。

① 一个服务品牌　盛大客服自 1999 年 11 月成立至今，形成了自己独有的一套完整全面又人性化贴近玩家的服务模式，并于 2004 年打响了属于自己的由七大服务方式组成的服务品牌——"彩虹服务"。它提供的七种特色服务为：橙色代表甜蜜的电话服务；金色代表阳光的论坛服务；蓝色代表随心的邮件服务；绿色代表自由的自助服务；紫色代表神秘的传真服务；赤色代表热情的接待服务；粉色代表关怀的回访服务。彩虹的 7 种绚丽的颜色被非常恰当地、贴切地勾勒出了客服中心为用户提供的全面而周到的服务上。

② 两大服务创新　2005 年 4 月，盛大网络再次推出盛大 VIP 创新服务，凭借着对忠实客户的真诚回馈，凭借着对客户群体的有效细分，盛大 VIP 在短短数月中开通数以万计的 VIP 用户，2005 年 5 月，盛大网络整合已有服务项目，以"彩虹岛"（http://chd. sdo. com/web 1.0/home/index. asp）的客户服务专区，全面整合原有盛大客户服务，用户可以个性化制订该门户网站的内容，并且仅通过一个账号就可以访问门户提供的所有服务。

③ 呼叫中心　盛大在 2002 年 4 月建立了呼叫中心，是国内网络游戏产业的第一家呼叫中心系统。盛大第一个在业内实行全天候的服务，并斥巨资装备了电信级别的 Call Center（呼叫中心），这个呼叫中心配备了先进的自动应答系统，平均每天可以接 3000 个电话，大大提高了服务的用户数量，加上盛大培养的既具备丰富行业知识又具有令人称道的接线员，大大提高了服务的质量。每一个接线员的面前都有一台电脑，里面有盛大所有规范化的制度手册，每一个游戏的疑难问题都总结在这里，接线员可以根据客户提出的问题进行非常规范、专业的回答。回答问题的每一句话都会被监控记录，监控记录分为两个方面：一是实时监控，二是录音监控。然后交由管理人员监听，做出总结，指出哪些回答是规范的，哪些是错误的，应该怎样回答。

在广大盛大玩家的支持、鼓励、鞭策下，在盛大网络玩家至上的服务理念的指引下，盛大网络客服中心屡创佳绩，荣获"2011～2012 年度中国呼叫中心最佳实践奖——最佳服务体验"等殊荣。

（3）营销模式

盛大网络的成功，很大程度上取决于他们成功地在市场的开拓中创造性地运用了"整合营销"理念，可以说产生了盛大模式的营销模式。

① 建立全方位的体验式营销渠道　2001 年 9 月盛大网络开始运营《传奇》时，盛大首先建立了游戏本身的营销渠道，游戏管理人员不分昼夜地通过游戏系统与用户交流，使得《传奇》迅速形成了用户忠诚度和用户间的传播效应。在用户迅速增加的情况下，盛大着手通过合作的形式建立分销渠道并对游戏收费。然而，缺乏控制力度和行动迟缓的传统分销渠道阻止了运营规模的扩张。面对这种现状，盛大一方面继续维护和增加其他营销渠道，如完善产品网站和合作专题网站等，巩固日益增加的用户群；另一方面充分借鉴韩国及中国台湾地区的网吧行销机制和国内电子商务的现状，创造了 E-SALE 营销模式，其核心思想是：一是通过用户需求的推动力，促使网吧成为分销渠道的销售终端；二是所有网吧安装统一的 E-SALES 客户端，与盛大形成完整的信息系统，依靠这个信息系统和网络游戏作为信息产

品无物流的特性，解决了分销渠道的信息流和物流问题，资金流则依靠传统的银行、邮政系统解决；三是依照分销数量的大小，网吧不仅享有更大的代销折扣，还可以成为当地的经销商甚至一个省份的区域经销商，并能够享受更好的营销支持。依靠上述营销策略，盛大在极短的时间里形成了遍布全国的从省到地市的三级分销渠道体系，并且依靠信息系统的一体性保证了极强的控制力度。更重要的是，作为集中了大多数网络游戏用户的网吧成为销售终端，直接为用户提供了最佳体验渠道。用户在网吧不仅是体验游戏，更是在体验盛大通过各种促销手段营造的营销渠道。盛大还建立了中国网络游戏业的首个 Call Center（呼叫中心）综合客户服务系统以及现场接待中心，其全方位的体验营销渠道使其获得了巨大的商业成功，并成为中国网络游戏业的标杆，被称为"盛大模式"。

② 与用户建立更密切的体验关系　企业致力于与终端用户建立更紧密的联系，这种联系实际上是基于网络文化产品的根本特征而建立的一种互动式的体验关系。一是贯彻以用户体验为中心的企业文化，如网络管理部门应实现更稳定的网络环境、活动策划部门应实现更丰富和更有吸引力的体验形式等，并转化为具体的工作规范。促进用户体验不仅仅是客户服务部门的事，而是网络游戏企业各个部门的事，每个员工都应当以用户体验来衡量自己的工作，充分理解自己的行为对用户体验的影响，并通过一定的方法监测用户体验的满意程度。二是充分利用用户数据库，一般地，用户数据库记录了以下内容：用户背景资料（包括用户注册账号时填写的信息）、用户游戏习惯（包括用户登录游戏后在游戏过程中产生的各方面数据）、用户购买习惯（包括用户购买的时间、频率、途径及消费水平），网络游戏企业应当积极完善用户数据库，包括促进数据一致性、标准化和准确性，并进行用户体验行为分析，从而理性地指导企业的体验式营销。用户数据库的分析人员不仅要有丰富的数理统计知识，还要有深入的游戏认知度，目前国内这方面的人才还相当匮乏。三是体验渠道的持续完善，以网吧为例，其作为重要的营销渠道而引发网络游戏企业的争夺，然而大多数企业还停留在给予网吧更大的代销优惠，或是赠送更多的促销品的分销策略阶段。

5.2.3　盛大网络的内容提供

（1）盛大游戏

盛大网络是我国最有名的网络游戏网站，主要提供大型多人在线游戏和休闲游戏。

盛大游戏为用户提供各种在线游戏产品，如热血传奇、梦幻国度、纵横天下、英雄之门等，盛大拥有丰富而且完整的大型多人在线角色扮演游戏（MMORPG）产品线，使得成千上万的玩家可以在一个个虚拟的世界中互动交流，成长发展，体验不同特色游戏带来的多彩人生。

盛大拥有丰富的休闲游戏产品线，如泡泡堂、疯狂赛车、功夫小子、超级乒乓等，吸引各个年龄层次的用户群体，在轻松快乐的游戏中体会绿色、健康的网络娱乐生活。

（2）盛大其他互动娱乐产品与服务

① 棋牌游戏　棋牌游戏产品有边锋游戏、游戏茶苑。

② 在线对战游戏平台（CS）　截至 2011 年 2 月，浩方电子竞技平台已拥有超过 2 亿的注册用户，日最高同时在线人数突破创纪录的 100 万人，占据中国电子竞技游戏市场 70%的市场份额。浩方快速成为了一个支持电子竞技游戏、网络游戏、休闲游戏，并提供包括论坛和社交等服务的大型互动游戏社区平台。

③ 无线网络游戏　2004 年 9 月，盛大网络全资收购了北京数位红软件应用技术有限公

司，数位红是中国最早的手机游戏开发企业之一，拥有国内最大、资历深厚的开发团队，开发了从 K-java、Symbian、brew 到 smart phone 等多平台的上千款手机游戏产品，是国内领先的手机游戏开发企业。每天，全球 40 多个国家的上百万手机用户在体验着数位红游戏带给他们的乐趣。

④ 家庭娱乐产品　盛大易宝是一款将普通电脑平台迅速升级为互动娱乐平台的全新产品，使用户在使用电脑时也能如电视一般的简单操作，享受后仰式娱乐带来的乐趣。

（3）盛大文学

2008 年 7 月 4 日盛大文学有限公司正式成立，继对"盛大游戏"（SDG）和"盛大在线"（SDO）两个事业部进行企业化管理之后，盛大的新业务板块——"盛大文学"浮出水面，标志着盛大正式进入集团化发展的轨道。盛大文学已经占据了国内网络文学 80％的份额，在盛大游戏与盛大无线之外，盛大的新"文学帝国"已具雏形。盛大文学真正的野心在于成为"全球最大的华语原创文学的版权中心"。那时，盛大文学将不再是盈利上的侏儒，而会成为与盛大游戏比肩而立的巨人。但在目前，盗版盗链横行、版权代理权限等问题，却极度困扰着野心勃勃的小巨人。

盛大的定位是内容提供，包括棋牌游戏、网络、小说、评书相声、MP3、电影等，盛大要做的还有为网络电视提供内容。

盛大还提供了网吧管理的软件服务，2003 年 9 月吉胜科技成为中国最大的互动娱乐传媒企业——盛大网络的全资子公司。盛大网络为吉胜科技提供了雄厚的资金、丰富的网络资源以及渠道业务发展的大力支持，对吉胜进行先进的人力资源管理、财务管理以及向吉胜提供完善的子公司服务。传承了总公司盛大网络的发展文化，吉胜科技通过自身不懈努力，凭着不断创新的理念、优质的产品与服务、丰富的业内经验，成为广大网吧业主公认的网吧管理、计费软件开发业界领跑者，产品远销日本、韩国、东南亚和西欧，覆盖全球 63 个国家，在国内占 60％以上的市场份额。

5.2.4　盛大网络的新发展

（1）盛大文学

① 起点中文网　起点中文网是全球领先的中文原创文学平台，专门从事网络原创文学及其相关业务。网站收录了数十万本玄幻、魔幻、武侠、军文、历史、都市等不同类型的原创小说；网罗了中国网络文学领域有影响力的原创作者，每天为全球用户提供全新的阅读内容。其主页如图 5-2 所示（www.qidian.com）。

起点建立了完善的以创作、培养、销售为一体的电子出版机制，并且与国内多家权威出版机构合作，成为国内优秀文学作品的版权运作中心。起点已经累计出版 2000 余万册简体图书，每年向中国港台等地区输出 100 余部作品。起点的小说还被改编成游戏、电影、动漫等多种艺术形式，成为中国文化创意产生的重要基地。起点的用户来自全球 100 多个国家和地区，海外用户占 30％。

2004 年 10 月，盛大全资收购起点网；2007 年 3 月，盛大网络向起点网追加投资 1 亿元；2008 年 7 月 4 日，盛大文学成立，起点中文网成为盛大文学的一部分。起点中文网目前注册用户超过 3000 万，日 PV 访问量已突破 3 亿。起点中文网有几千名签约作家，其中有六七位网络签约作家成为了富翁——年收入超过百万元。

起点中文网的活动很丰富，2009 年 7 月，盛大文学与鲁迅文学院共同举办了网络文学

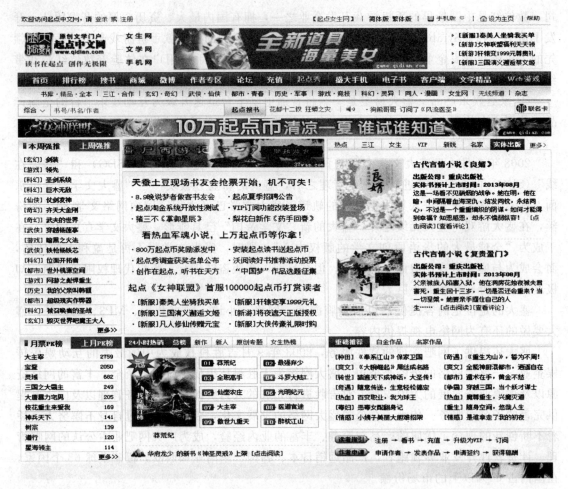

图 5-2　起点中文网主页

作家培训班，同年 7 月，盛大文学和中国作家协会联合举办了首届网络作家培训班等。

② 晋江原创网　2007 年 11 月晋江原创网成为盛大投资公司，晋江原创网创立于 2003 年，以运营女性原创文学为主，是国内领先的女性原创文学网站。2010 年 2 月，晋注原创网正式更名晋江文学城。其主页如图 5-3 所示（www.jjwxc.net）。

网站拥有注册用户 500 万，日平均新增注册数在 10000 人以上；注册作者 40 万名；小说 65 万部，并以每天 750 多部新发表的速度继续发展。网站平均每 1 分钟有一篇新文章发表，每 3 秒有一个新章节更新，每 0.5 秒有一个新评论产生。顾漫、沧月、水心沙、安宁、晴川、蒋胜男、姬泱、简暗等多位女性文学界优秀作者汇聚于此。

网站与出版社合作，实体出版的《叶落无心》、《亲爱的，我把青春弄丢了》、《何以笙箫默》、《这么远，那么近》、《一辈子的意大利在北京》、《时光只曾为你留》、《微微一笑很倾城》、《绝代芳华，倾城之恋》、《木槿花西月锦绣》、《香墨弯弯画》、《温暖的弦》等多部优秀作品，创下网络文学出版物销售佳绩。

③ 红袖添香　红袖添香是国内著名的纯文学网站，主要面向女性读者。于 2008 年 3 月成为盛大投资公司。其主页如图 5-4 所示（www.hongxiu.com）。目前，红袖添香拥有超过 340 万的注册用户，拥有包括秦嬴儿、沧海镜、之上等优秀作者。网站迄今共发表中短篇文学作品超过 300 万篇，长篇小说 7 万部。红袖与合作媒体协作出版的《我的美女老板》、《多

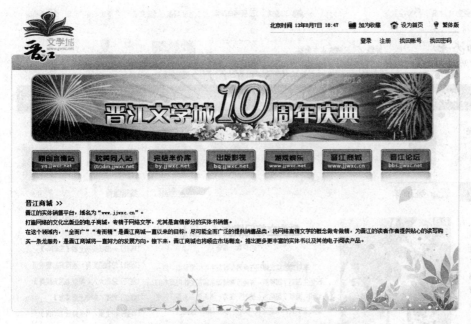

图 5-3　晋江文学城主页

情浪子痴情侠》、《爱在唐朝》、《美人如花隔云端》等长篇小说，深受读者好评。

（2）盛大要做网络电视内容提供商

网络电视是一个巨大的产业链，任何一个公司都不可能独享产业链上每个环节的丰厚利润。在网络电视上，盛大要做的是为网络电视提供内容，包括棋牌游戏、网络游戏、小说、评书相声、MP3、电影等。盛大未来对家庭数字娱乐的构想是要打造"网络迪尼斯"。

家庭数字娱乐将成为盛大网络业务发展的新焦点，随后盛大在 2004 年展开的一系列收购活动都只不过是在内容、技术以及商业模式上为盛大进军网络电视做好准备。盛大的优势在于数字娱乐内容的提供，采用 Intel 的芯片、微软的操作系统、长虹制造捆绑到电视机上销售的机顶盒、盛大提供的数字娱乐服务、广电提供的电影以及新浪提供的新闻资讯和广告平台，这些就是盛大 CEO 陈天桥眼中中国网络电视市场的未来。也许在不久的将来，通过一个机顶盒设备，用户就可以坐在沙发上，通过家里的电视屏幕，无拘无束地享受着《传奇》游戏的乐趣了。

5.2.5　存在问题与建设性提议

（1）渠道的负担

盛大在财务报告上说：易宝（EZPod）已经实现了 2250 万元的销售额。2005 年 12 月，易宝在上市的 1 个月内，便宣称已经实现了 100 万套的销量。因此，陈天桥认为，易宝的市场订单充分证明了盛大的数字娱乐概念是符合市场需求的，是盛大家庭娱乐战略推进的一个重要里程碑。但是，大手笔加大平台之后的并非是真正意义上销量的大增，也许，情况并不

图 5-4　红袖添香主页

是盛大在公开场合所宣称的百万销量,这百万销量并不能真正称为"销售量",因为,百万套的产品大多滞留在了经销商手上。曾经有易宝的经销商向媒体反映说:"英特尔包销的50万套如此,我们这些地区经销商每个人同样也压着几千套货,或者再把它们压给小门店和经销商。"他认为,这个市场的成熟还需要很长的时间。

大多数产品的滞留,说明了易宝并未能如盛大所预料的那样引起轰动,为其转型打个好头。而且,一个实实在在的问题是:巨大的存货,给易宝的渠道带来了很大压力,对某些已经进入圈子的经销商来说,他们对盛大的期望值很大,因为他们已经把自己和盛大捆绑在一起,原因是:投入成本已经太大。所以,建议盛大公司减少不必要的渠道建设投入,减少整体运营成本。

(2)理想与现实存在差距

① 盛大新战略始终没有得到有关管理部门的认可　原信息产业部电信研究院交流中心主任陈育平曾明确表示,目前正在进行 IPTV 试点,"但试点的许可证并没有发给盛大",接近广电总局的人士称,IPTV 牌照未来也只会发给那些全国广告收入排名前 5 位的电视台。看上去,盛大运作家庭娱乐战略的政策性风险着实很大。

② 当盛大将自己的目标市场人群定位于 7～70 岁的人群时,它在将自己一步一步地推向陷阱。一个为了迎合自己所谓的"家庭娱乐战略",便毫不考虑实情地将几乎所有有认知能力的消息者纳入自己的视野,毫无疑问是不明智的。中国目前的实情,还不是一个从老到小都对数字家庭痴痴以求的现实状况。而是在贫富差距越来越悬殊的前提下,很多家庭都没有普及平板电视和新一代的游戏机。要想让它的目标客户一步跨入数字家庭,实现"赶英超美"的目标,这是一种近乎于痴人说梦般的决策。再说,中国的传统文化,是中庸,是某种程度上的守旧,是对传统式习惯的惰性,当前中国消费者还是习惯在书房上网用电脑、在客

厅看电视。

③ 目前，在盗版盗链横行、版权代理权限等问题的存在下，盛大文学真正要实现成为"全球最大的华语原创文学的版权中心"的野心也是不太现实的。

（3）背有"毒害青少年"之嫌

关于网络游戏危害青少年的报道屡见不鲜，有报道少年沉迷网络游戏，竟半夜持刀砍伤母亲、抢走钱的，有报道少年因网络游戏入魔产生幻觉、从 4 楼跌落身亡的，甚至还有游戏迷用身体一夜情来交换游戏装备的……网络游戏使得青少年沉溺于网络虚拟世界，从而与现实生活产生脱离，也使得很多的青少年因此而荒废了学业，无限制地泡在网上，对日常学习、生活产生了很大的影响。同时，现在的游戏尤其是网络游戏中色情暴露内容过多，有的几近到不堪入目的状态，虽然标示了"未满 18 岁禁入"，但这等于是此地无银三百两！让青少年过早地接触这些信息，对于其身心的发展也是极其不利的。在网络游戏的虚拟世界里，青少年不需要面对现实中的挫折，不需要接受社会规范和其他人的监督，可以更加"随心所欲"，甚至"为所欲为"。时间一长，肯定会淡化现实社会规范的要求，长大后一定会给暴力犯罪埋下更多的隐患。而青少年是国家的希望，如果长此以往，必然对青少年的人生观和意识形态起一种潜移默化的作用，对于国家的政治安定显然是一种潜在的巨大威胁。作为国内最大的网络游戏提供商，盛大是否有"毒害青少年"的嫌疑，是否采取了有效的措施来减少这些负面的影响呢？

目前，我国的网络游戏市场存在诸多问题，突出表现在：韩国游戏开发商与国内游戏运营商的矛盾，如产品雷同、竞争激烈、客户服务水平低、网络游戏投资热潮导致竞争加剧等。游戏产业之所以能发展到今天的态势，正是因为有像盛大这样善于创新，并且勇于大胆尝试的行业领先者。盛大为了做大做强游戏产业，不断革新，扩展业务，对建立属于中国自己的商业模式，起着巨大的鼓舞和推动作用，这都是值得整个行业的同仁尊敬和借鉴的。

5.3　分组研讨的案例

5.3.1　案例 1：优酷网

优酷网（http://www.youku.com，首页如图 5-5 所示）是中国领先的视频网站，是国内网络视频行业的第一品牌。优酷以"快者为王"为产品理念，注重用户体验，不断完善服务策略，其卓尔不群的"快速播放，快速发布，快速搜索"的产品特性，充分满足用户日益增长的多元化互动需求，使之成为国内视频网站中的领军势力。

自 2006 年 12 月 21 日正式运营以来，优酷在诸多方面保持优势，领跑中国视频行业，业绩发展迅猛。经过 2007 年飞速发展，优酷现已成为中国视频影响力的主力代表，多次蝉联各类权威评测冠军排名，并以连续增长势头在行业领先，中国第一视频网站的"王者"地位无可撼动。2008 年，优酷月度总访问时长突破 1.1 亿小时，时长份额超过全行业 50%，根据艾瑞咨询发布的《2008 年第二季度核心发布数据》，优酷在月度覆盖人数、有效浏览时间指标再创行业新纪录，视频行业寡头垄断局面已经成形。

优酷坚持依循高端、大气的品牌路线，联手众多合作伙伴展开资源整合和内容拓展，充分借鉴跨平台媒体运作经验，利用视频媒体独特的属性开创"网台互动"传播模式，推动网

图 5-5　优酷网首页

络视频行业主流化进程，并于 2010 年 12 月 8 日正式在美国纽约证券交易所挂牌上市，于 2011 年 1 月 21 日获"中国互联网品牌竞争力排行榜"冠军，与腾讯、百度、阿里、新浪被并称为"中国互联网的五赢家"。2011 年 2 月 22 日，优酷获三项新业务许可，在视频搜索、原创影视综艺及视频直播方面进一步扩大竞争优势。3 月 23 日，优酷无线客户端完成多品牌预装，覆盖所有一线 Pad 品牌，同时实现智能手机 1000 万台覆盖。4 月 16 日，优酷、中粮斥资千万成就小人物的大梦想，启动"让梦想飞——中国最牛人"活动。

截至 2010 年 11 月，优酷网成功完成共计 1.6 亿美元的世界级风险融资，其中包括国际性投资机构 Bain Capital（贝恩资本集团）旗下的 Brookside Capital LLC、硅谷历史最悠久的风险投资公司 Sutter Hill Ventures、世界上最大的投资基金之一的 Farallon Capital 等投资机构。

研讨问题 1：优酷网目前的优势以及发展前景如何？

研讨问题 2：优酷网的首页体现了它有哪些特色？

研讨问题 3：作为网络视频经营商，优酷网的业务服务范围主要有哪些？

研讨问题 4：如何看待优酷网没有获得"首批互联网视听服务许可证"？

5.3.2　案例 2：中华网的游戏、娱乐频道

中华网公司（http：//www.china.com/zh_cn/）是亚洲最大并在全球享有盛誉的综合互联网公司，业务遍布亚洲地区，在全球设有多处分支机构。中华网公司于 1999 年 7 月在美国纳斯达克上市，是第一家在纳斯达克上市的中国概念的互联网公司。中华网公司有多个世界级伙伴支持。

中华网拥有阵容强大的编辑、软件开发、系统管理和营销队伍。在网络内容服务方面提供新闻、军事、体育、科技、娱乐、游戏、财经、教育、健康、旅游等资讯内容，同时在网络产品服务方面提供电子邮件、短信息、企业服务、交友、论坛、聊天室、搜索引擎、搜索排名和软件下载等功能完善的产品服务。中华网为企业用户提供了能满足不同需求的电子商务、网上广告和网络解决方案服务，让用户日常交流和商业沟通更加便捷和高效。

中华网在 2004 年 12 月就获得了中华人民共和国文化部颁发的"网络文化经营许可证"，如图 5-6 所示。经营范围：利用互联网经营音像制品、游戏产品、艺术品、演出（剧）节目、动画等其他文化产品，从事互联网文化的展览、比赛等活动。

图 5-6　中华网的网络文化经营许可证

在此，我们重点让学生研讨中华网的游戏、娱乐频道。

2008 年 11 月 4 日"金翎奖"颁奖典礼在北京举行，作为每年游戏产业最具影响力的奖项，"金翎奖"经过 4 年发展，以其公正性和权威性被中外游戏产业所认可，更进一步成为业界公认的产品评价体系，被誉为游戏产业的"奥斯卡"。中华网游戏集团推出的网游《指环王 OL》大放异彩，轻松捧走 2008 年金翎奖"最佳 3D 网络游戏"和"玩家最期待的十大网络游戏"的桂冠！

中华网的娱乐频道包括的内容很广，有新闻、明星、影视、音乐、图库、论坛、专题、新闻等栏目。

研讨问题 1：作为较早获得网络文化经营许可证的中华网，在游戏、娱乐频道方面做得怎么样？为什么会这样？

研讨问题 2：图 5-7、图 5-8 是 2008 年第 2 季度与 2010 年第 1 季度中国网络游戏运营商市场规模前 15 的示意图，分析中华网络游戏市场份额的变化？

5.3.3　案例 3：21CN 的网络视频

21CN 成立于 1999 年，中国十大门户之一，华南地区最大的门户网站。21CN 的媒体资讯包括新闻、财经、娱乐、体育、女性、旅游等。21CN 视频首页（http://tv.21cn.com/）

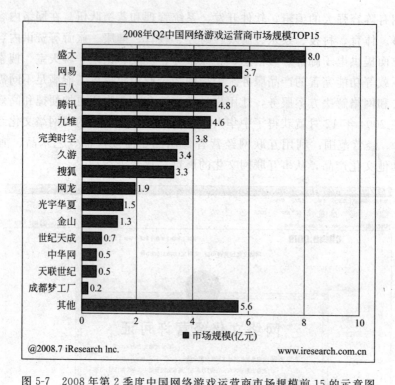

图 5-7　2008 年第 2 季度中国网络游戏运营商市场规模前 15 的示意图

注：1. 2008 年 Q2 中国网络游戏市场规模为 50.8 亿元

2. 季度市场规模以运营商网游相关营收总额计算，为预估值，仅供参考

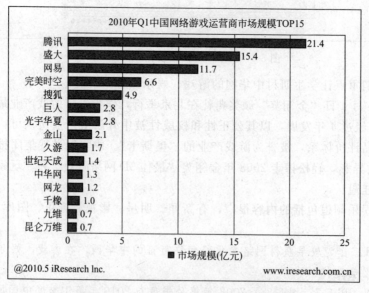

图 5-8　2010 年第 1 季度中国网络游戏运营商市场规模前 15 的示意图

Source：根据企业公开财报、行业访谈及艾瑞统计预测模型估算，

仅供参考，部分数据将在艾瑞 2010 Q1 季度报告中调整修正。

如图 5-9 所示。

21CN 是国内首家提供正版视频服务的门户网站——2002 年推出的在线宽频影院创造了

图 5-9 21CN 视频首页

上千万累计用户的佳绩。2006 年年初，21CN 战略转型"宽频门户"，中国宽带用户的迅猛增长、宽带互动娱乐趋势化、3G 的即将推出等，都为 21CN 的宽频之路创造了良好的契机和广阔的市场空间；而电信强大的技术力量和丰富的宽频业务运营经验，使 21CN 的宽频之路更加宽广。2006 年，21CN 凭借出色的宽频技术和平台，荣获"2006 中国宽频门户网站TOP10"、"最佳视频门户"和"最佳视频直播平台"三项大奖。

2008 年，21CN 成为首批获得国家广播电影电视总局颁发信息网络传播视听节目许可证的网站。2010 年，21CN 成功开发上线了基于 iPad 和 iPhone 的高清影视应用软件 VGO HD，在移动视频业务发展上又迈出了新的一步。

研讨问题 1：很多网站也在提供宽频服务的内容，21CN 所提供的宽频内容服务的特色在于什么？

研讨问题 2：对比优酷网，21CN 的宽频影院有什么异同？

研讨问题 3：查找资料，总结出 21CN 的赢利模式的特点。

研讨问题 4：21CN 的经营模式有哪些特别之处？

研讨问题 5：广东电信控股 21CN，对 21CN 的发展有什么帮助？

5.3.4 案例 4：中国知网的网络出版

中国知网是中国学术期刊（光盘版）、电子杂志社、清华同方知网（北京）技术有限公司共同创办的网络出版平台，是全球最大的知识门户网站。中国学术期刊（光盘版）、电子杂志社承担中国知网内容资源的选题、采集、合作、编辑和出版；清华同方知网（北京）技术有限公司负责内容数据库的研发和网络出版平台的技术支持以及出版产品的发行。中国知网数字出版平台（http：//www.cnki.net/index.htm）的主页如图 5-10 所示。

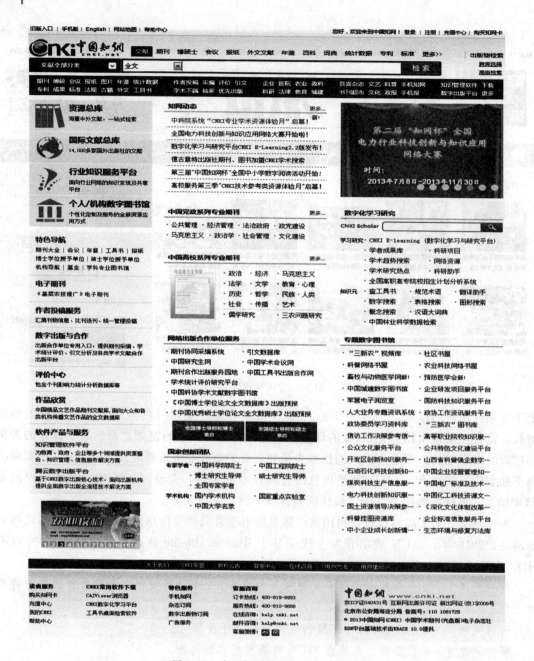

图 5-10　中国知网数字出版平台主页

中国知网的前身是中国期刊网。中国期刊网于 1999 年 6 月上线服务，到 2003 年的时候，中国期刊网发展为集期刊、报纸、博士硕士学位论文、会议论文、图书、年鉴、多媒体教育教学素材为一体的知识服务网站，是年，中国期刊网正式更名为中国知网，并确立了建设"中国知识基础设施工程（简称 CNKI）"的远大目标。中国知网以建设 CNKI 为使命，正在全方位地整合多种媒体形式、内容资源，努力构建标准化、规范化、集成化、具有国际领先水平的网络数字出版平台。

CNKI 的理念作为信息与知识服务的一种理想的解决方案，在其不断实践的进程中逐步得到了海内外专家学者和用户的广泛认同，它所描绘的知识信息在知识生产、传播、扩散、利用过程中的高度共享境界，已经成为国内外一些同行用不同的表述方式设计诸如数字化图书馆等信息服务解决方案的长远目标，成为国内外 CNKI 用户期待全面实现的需求标准。

　　研讨问题 1：讨论中国知网的网络出版服务模式的特点。

　　研讨问题 2：查找资料，写出中国知网的商业模式具有什么特点？

　　研讨问题 3：中国知识基础设施工程（简称 CNKI）有什么深远意义？

　　研讨问题 4：你认为中国知网数字出版平台的页面有哪些值得改进的地方？

思考习题 5

1. 内容经营模式的特点包括哪些？
2. 内容经营模式的分类有哪些？举例说明。
3. 盛大作为我国优秀的内容提供商，它所提供的内容服务有哪些？
4. 请评价盛大的发展进程。
5. 比较盛大游戏、中华网络游戏频道、21CN 游戏频道的异同。

链接资源 5

1. 中华网娱乐频道（http://fun.china.com/）。
2. 中华网游戏频道（http://game.china.com/）。
3. 21CN 娱乐中心（http://et.21cn.com/）。
4. 21CN 游戏频道（http://game.21cn.com/）。

拓展训练 5*

1. 上盛大网络网站，体验全方位的网路娱乐服务及客户服务。

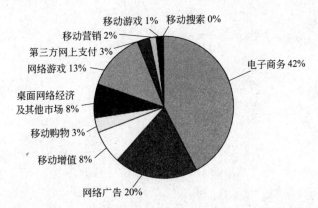

图 5-11　2012 年中国网络经济细分行业市场结构圆饼图

2. 尝试参与盛大文学网络的一些活动。

3. 尝试在优酷网上找寻自己喜欢的视频内容，挑选其中精彩的片段观看。

4. 尝试在中国知网上发布论文、小说等。

5. 图 5-11 是 2012 年中国网络经济细分行业市场结构圆饼图，请你谈谈看过该图后的体会。

第 **6** 章　网上商店模式案例分析

6.1　网上商店模式简介

6.1.1　网上商店

　　网上商店是指利用网络平台搭建起来的购物空间，它打破了时间、地域的局限性，减少了企业的运作成本，是零售企业发展的必然趋势。相对于传统的商店，人们习惯的商品开架陈列、顾客自我服务、货款一次结算、以经营生鲜食品、日杂用品为主的购物场所来说，存在很多不同，两者比较见表 6-1。

表 6-1　传统商店与网上商店的比较

比较项目	传统商店	网上商店
地点	实体存在的交易场所	虚拟的交易场所
开店资质	需要进行工商登记，交纳各种税费，并且可以注册成为法人，承担有限责任	可以登记注册进行交易，但大部分的网店暂不需要进行工商登记，不需要什么注册资金及经营场所，没有税负，不是正规的市场交易主体，所谓的交易其实还是个人与个人之间的交易，发生纠纷要承担无限责任
选购方式	可以实地观察商品以确定是否购买	不直接接触商品，只能通过网上图片及聊天系统进行咨询和了解
付款方式	一般是现金付款，一般不需要第三方介入	一般通过电子转账系统付款，需要由第三方来协助完成交易
配送方式	顾客自己解决	一般由网上商店委托第三方物流公司解决，部分无形商品直接从网上下载
实例	各大百货公司、便利店	亚马逊网上书店、淘宝网

6.1.2　网上商店模式

　　目前，网上商店有两种模式：一种是"网上开店"，经营者直接在相关电子商务网站注册一家商店，安排工作人员进货、销售，并通过网上交易形式买卖商品，如亚马逊网上书店、当当网等，或者是创业者在提供交易的平台上自立门户，即建立一个自己的商品销售网店，如在淘宝网、paipai 网上的店铺；另一种是"有实体店支持的网上商店"，即利用电子商务网站，租赁实际商业门面并取得工商营业执照，再经过专业培训签订相关协议，就可以销售网站来销售货物，销售利润按协议规定分成，如国美电器、苏宁网上商城、正佳网。

　　相对于传统的经营模式，网上商店有着成本低、时效高、风险小、方式灵活的优点。2001 年中国中小企业情况调查显示：个人在网下启动销售公司的平均费用至少 5 万元，但在网上开店，成本也许只是联网的通讯费或少许的进货费。另外，网上购物的便捷性和实用性也日益凸显，从发展的角度看，以不断扩大的网民数量为基础，随着电子商务的不断发展以及网络信用、电子支付和物流配送等瓶颈的逐渐突破，网上商店的前景必然更加广阔。据

2013 年 7 月 17 日，中国互联网络信息中心（CNNIC）发布的第 32 次《中国互联网络发展状况统计报告》显示，截至 2013 年 6 月底，我国网民规模达到 5.91 亿，其中手机网民数为 4.64 亿，互联网普及率为 44.1％。据 CNNIC 发布的数据显示，目前我国已有 294 万个网站。

庞大的人口基数、互联网的快速普及和发展为我国的电子商务提供了广阔的发展空间。但是，在电子商务的发展中还存在着不少问题需要解决。例如，企业的信息化程度低，不能及时有效地处理企业网站上收到的客户订单和客户反馈，降低了客户的满意度；物流配送的覆盖范围小、效率低下，不能按时送达，甚至有些地区因无法送货而不能交易，这些都影响了企业形象；对客户定位不明确，或者对产品定位不准，导致看的人多，买的人少，企业经营入不敷出，难以为继；没有突出电子商务的优势，以及与传统经营模式相比能带给客户的特殊价值，最终还是不能逃脱昙花一现的命运。此外，在电子商务的发展环境方面，还存在着信用制度不健全、电子支付不普及、网络安全有隐患等方面的问题。对于上述问题，不妨看看全球电子商务的先锋亚马逊公司能够提供给我们哪些值得参考的做法。

6.2　典型案例分析：亚马逊网上书店

6.2.1　亚马逊电子商务网站

亚马逊网上书店（www.amazon.com，首页如图 6-1 所示）成立于 1995 年 7 月，是世界上销售量最大的书店。今天的亚马逊提供 310 万种以上的图书以及范围大到集装箱、小到针头线脑的众多商品，顾客达 500 万人以上，拥有美国、加拿大、德国、法国、英国、日本、中国 7 个子公司。亚马逊书店的 1600 名员工人均销售额 37.5 万美元，比全球最大的拥有 2.7 万名员工的 Bames & Noble 图书公司要高 3 倍以上。而实现这一切既不需要庞大的建筑，又不需要众多的工作人员，这一切的实现，是电子商务起着关键作用。

亚马逊网上书店正式开业 3 个月后，日订单达到 100 份，1 年后，日订单超过 2000 份。一个了不起的开端大大鼓舞了杰夫·贝索斯（Jeff Bezos，亚马逊网上书店的创始人）的信心，也鼓舞了那些一直在华尔街观察的风险投资家的信心。

1997 年 5 月，亚马逊股票在纳斯达克如愿上市，最初每股仅 9 美元左右。同年 7 月，通过举办网上小说接龙活动，亚马逊逐渐引起了公众的广泛关注。10 月，在收到来自日本的从开业以来的第 100 万份订单后，杰夫·贝索斯亲自将书送到日本。当年年底，亚马逊的营业收入即达 1148 亿美元。1998 年，亚马逊先后开通了音乐频道、影视频道，斥资 2 亿多美元购买全球黄页公司与资料库建立者。建立了英国网站和德国网站，顺利进入欧洲大陆市场。2004 年 8 月，亚马逊以 7500 万美元收购了中国的卓越网（卓越当时是一家网上书店）。

2010 年 3 月 15 日，已拥有 23 大类、超过 120 万种商品的网上商城卓越亚马逊发布了"网络购物诚信声明白皮书"，主要就消费者网购普遍关心的"正品"和"退换"问题，针对售前和售后的诚信保证做出具体阐释。卓越亚马逊认为，网购诚信主要分为"售前诚信"和"售后诚信"。售前诚信指消费者对于网络商城品牌的信任度以及每件商品是否是"正品"。

2012 年 9 月 6 日，亚马逊在发布会上发布了新款 Kindle Fire 平板电脑，以及带屏幕背光功能的 Kindle Paperwhite 电子阅读器。由于亚马逊提供的亚马逊云服务在 2013 年的出色

图 6-1 亚马逊网上书店首页

表现，著名 IT 开发杂志 SD Times 将其评选为 2013 SD Times 100，位于"API、库和框架"分类排名的第二名，"云方面"分类排名第一名，"极大影响力"分类排名第一名！

6.2.2 网站内容与服务项目

贝索斯借助图书打开电子商务的大门之后，一大批传统的顾客蜂拥而入，聪明的贝索斯把书店变成百货零售店的条件就具备了。亚马逊公司目前的家族已经十分庞大，主要经营项目包括：

① 亚马逊网上书店，在线销售图书百万种；

② 因特网电影数据库，汇集了 15 万部电影和娱乐节目；

③ 现场拍卖网，网上拍卖中心，提供个人交易场所；

④ 全球黄页，基于 web 的地址簿、日历卡和提醒服务；

⑤ 健康中心，在线的健康、美容、护理、制药销售和信息中心；

⑥ 体育用品网，在线的体育用品公司；

⑦ 百货网，全面综合性的网上杂货店；

⑧ 云计算服务，亚马逊的 15.8 万台联网计算机为 1160 万家网站提供主机服务；

⑨ 电子书阅读器及电子书，提供 4000 余本经典名著免费阅读，超过 30000 种电子书低于 7.99 元，其中 7000 余本电子书低于 1.99 元。

还有网上最大的宠物公司，名牌、豪华用品网，家用生活品网，世界各地手工艺品网等。

因此，很难简单地定位亚马逊是一个什么样的电子商务角色，书店？药店？娱乐中心？还是拍卖行？宠物店？这些都不能准确地概括，唯一可以确定的是，亚马逊是以图书销售为核心的网络销售帝国。

6.2.3 营销、促销的启示

　　贝索斯的眼光并不局限于提高营业收入，他会挣钱，但更会花钱。亚马逊的扩张计划与吞并的雄心常常出乎观察家的意料。贝索斯把筹集来的钱大部分投入了扩张与兼并之中。

　　从最初的图书开始，亚马逊经营的商品几乎囊括了所有的行业，先后涉足软件、服装、花卉、电器、古董、影视、旅游、照相器材、电子图书、电脑产品等所有的市场。与此同时，亚马逊也积极进行地域扩张，进入英语、法语、德语市场。进行大量的营销广告宣传，试图树立一个全世界人人皆知的品牌形象。有人形容，亚马逊每收入 1 美元，广告营销费就需要花掉 0.36 美元，而传统的书店只有 0.04 美元。因此，尽管亚马逊的营业额以超过所有对手的比例不断增长，但是债务也正以同样的速度增长。以 1999 年为例，亚马逊的营业额达到 16.4 亿美元，但净亏损额却达到 7.2 亿美元。评论家也对贝索斯一味地跑马圈地的战略显得无所适从，来自传统行业的对手更是对亚马逊无规则的"出牌"表示难以容忍。因此，关于亚马逊的争论风起云涌。一些分析家们认为，不断扩大业务范围只会使亚马逊效率降低、无利可图，最终难逃赤字。尤其在 2000 年 4 月 14 日，网络股全球崩溃，亚马逊的股价飞流直下，亚马逊更是成为美国金融投资界的谈论话题。有人说，这是亚马逊公司作为一家看似前途无量的网络销售公司童话存在的终结。

　　一直以来，亚马逊以极富远见的策略为自己锻造坚实的客户基础。它大把花钱，更多的是用在了"基础设施"的投资上，从单纯的网上书店，到音乐、玩具、拍卖商店，以及批发商网上交易平台，亚马逊只用了短短的五年时间就开创出了一条传统零售业者几十年才能走完的长路。亚马逊书店的经营态度提供了一个重要的观念：真正的发展，不是停下脚步数着赚进多少钱。亚马逊书店在做的事就是"不断牺牲自己的获利，不断扩增品牌形象以吸引更多客户"。亚马逊书店的目标是改变消费行为，建立一个极其完善的网络系统，使网上购物的人们可以在亚马逊买到一切自己所需的物品。因而，公众认为亚马逊营销模式不对、业务范围过大的观点是错误的。亚马逊是在投资未来，它的发展是没有尽头的。贝索斯表示不管外界如何评价，亚马逊的战略不会改变。

　　2000 年 11 月，亚马逊设立日本网站，进驻亚洲市场。业务上继续建立多家分部，增加了手机等新的品种。在扩大市场的同时，努力提升服务，广泛寻求合作伙伴，包括美国的几大网站，都成为亚马逊的战略伙伴，在这些网站都可以浏览亚马逊书店的丛书目录来购书。这种结盟使亚马逊扩大市场、迈向国际化的步伐加快。事实并没有让人失望，在经过长达 7 年的亏损之后，亚马逊开始赢利。2001 年年底，实现了首次季度净赢利 150 万美元。2002 年年底，在全球经济不景气的情况下，亚马逊销售额出现强劲升势，销售业绩增长 77%，达 12 亿美元。2003 年第 3 季度，亚马逊第三次公布季度赢利，实现净利 1560 万美元。这是有史以来在非假日季节首次赢利（前两次都是出现在假日季节），可谓是一个里程碑。与此同时，公司公布 2004 年的目标销售额将达到 57.5 亿～62.5 亿美元，实现亚马逊的全线赢利。一旦亚马逊进入良性循环，费用和成本就会直线下降，相反它的规模效应就会凸现，赢利的前景将会十分可观。

　　亚马逊公司 2013 年第二季度财报显示，公司第二季度净营业收入为 157.04 亿美元，比 2012 年同期的 128.34 亿美元增长 22%；净亏损为 700 万美元，2012 年同期净利润为 700 万美元。2013 财年第三季度净销售额为 154.5 亿～171.5 亿美元，同比增长 12%～24%；运营亏损为 6500 万～4.4 亿美元，其中计入约 3.40 亿美元的股权奖励支出和无形资产摊销支出；2012 年同期，亚马逊运营亏损为 2800 万美元。

要分析亚马逊图书营销奇迹的原因，首先应该归功于方便、快捷、人性化的服务。进入书店的网址页面，让人首先感到自己是一名备受尊重的读者，而不是一个待掏腰包的顾客。产品介绍丝毫看不出推销的意思，而像朋友在循循善诱地介绍书籍以及相关故事，至于买与不买的决断权，完全交给顾客。每本书都有"超文本链接"，选中一本书，再进一步敲击鼠标，就会进入对这本书详细了解的界面，有作者介绍、读者体会，还有专家书评，当然有赞扬推荐的、也有批评的，读者可以自己判断是否购买。有时还邀请作者在线主持，引导读者进行生动活泼的辩论。任何人都可以参与其中，让其他人了解你的观点，大家坦诚交流。读者提交的书评，很快自动发表，因此，其他读者的看法都可以看到，完全不同于出版者的自我吹嘘和专业评论家的严肃评论。此外，在提供图书信息方面，版本、ISBN 号、亚马逊编号、图书尺寸和装帧、亚马逊的销量排名、读者打分等也尽可能完备详尽。在服务的快捷方便上，亚马逊也煞费苦心。通过亚马逊自行设计的搜索系统，顾客可以任意检索、预览、购买书籍。一般而言，从选中书到顾客收到书，最短 24 小时之内，最长一般也只需 7 天左右。用户只要买过一次书，其通信地址和信用卡账号就会安全地存储下来，下次购买时，顾客只要用鼠标点一下欲购之物，网络系统就会自动帮你完成以后的所有手续。他们还将顾客在购物爱好和购物历史方面的信息汇集起来，随时为顾客购买图书提供建议。亚马逊书店充分重视个性化服务，不但给企业带来忠实和稳定的客户群，也带来良好的收益。除了开展纸本书的网上订购销售外，亚马逊也开通电子图书销售。以顾客为中心的策略，为亚马逊赢得了稳定的客户群。稳定的客户群也为亚马逊带来了稳定的收入。

6.2.4　亚马逊的经营

媒体的变迁，必然会推进出版行业的转变和发展。网络媒体的崛起，对于出版界的冲击，必然表现在电子书、网络书店经营方式的变革上。

（1）快速、便利的搜索系统

① 使用 Alpha 服务器　亚马逊使用 64 位 500MB 内存的 Alpha 服务器，因此搜寻功能极为便利与快速。普通的产品介绍页面大约 38K，在 13 秒内就可以下载下来。亚马逊把读者分为"浏览者"（随便看看的逛店人）和"找书者"（有具体目标的读者），相应设计了各种各样的全方位的搜索方式，以方便这两类读者的需求。搜索方式包括对书名的搜索、对主题的搜索、对关键字的搜索和对作者的搜索，同时还提供了一系列的如当天的最佳书、畅销书目、读书俱乐部推荐书，以及著名作者的近期书籍、得奖音乐、最卖座的影片等的导航器，而且在书店的任何一个页面中都提供了这样的搜索装置，方便用户进行搜索，引导用户进行选购。除了搜寻选项之外，顾客也可以同时浏览 23 种不同的主题，为顾客提供货比三家的机会，完全迎合顾客的购物心态，同时也节省了上网的时间，提高了搜寻的速度。在亚马逊书店的主页上，精美的多媒体图片使人有身临其境的感觉，每一个细节都充满了乐趣。

② 设置搜索引擎 A9　亚马逊从建立之初，一直与搜索霸主 Google 合作。2004 年 4 月，亚马逊建立了自己的搜索引擎，名为"A9"。A9 能记录用户所有搜索过的信息，并将这些信息共享为"搜索历史"服务。例如，当你在亚马逊购买图书以后，其销售系统会记录下你购买和浏览过的书目，帮助公司获知购买者的购买喜好和接受礼物者的年纪等一系列数据，当顾客再次进入该书店时，系统识别出顾客的身份后就会根据顾客的喜好推荐"购物建议单"。搜索引擎能做出正确的导向，直接指引他们进入最可能购买的物品区，帮助顾客节约

搜索时间，提高搜索效率。

2005 年 1 月，亚马逊正式推出地区搜索服务，允许用户进入虚拟街道，开始面向用户提供详细的地图搜索和驾驶指南服务。A9 的图片数据库中已经有 3500 万张城市街区的照片，遍及全美 22 个城市。这些 A9 使用装备 GPS 的"流动摄影车"拍摄的城市照片形成了亚马逊的"独门利器"。该搜索引擎的首席执行官 UdiManber 说："我们力求使地图搜索少一些抽象，并和现实世界更加接近。"

③ "书内搜索"（Search Inside the Book）功能 亚马逊几年前推出了书籍搜索技术，用户可利用该技术来搜索书籍的具体内容。亚马逊对图书的每一页都进行扫描，这有两种用途：首先，将文字转换成 ASCⅡ码以便搜索，同时保存每一页的图片，用户搜索的是文字，但是看到的是一整页。"书内搜索"功能是为了让用户获得样品，如果书店不许读者看书，销售量就会下降，因此，为什么不许读者通过搜索读一点书呢？该技术影响力正日益扩大。目前，亚马逊网站在美国市场每售出的两本书中，就有一本是通过"书内搜索"来促成的。亚马逊已把这项技术推向英国、德国、法国、加拿大及日本等国。

④ Amazon Pages 和 Amazon Upgrade 的新型数字图书服务 据国外媒体报道，亚马逊对外宣布：将基于 Search Inside the Book 书籍搜索技术，开发名为 Amazon Pages 和 Amazon Upgrade 的新型数字图书服务。利用这两项新服务，用户既可选择取得对某本书全部内容的在线访问权，也可选择仅仅使用其中部分章节或特定页面。也就是说，用户在选择数字图书使用权时，不必像购买纸质书籍那样将整本书买下，而可选择自己感兴趣的特定章节，从而有利于降低读者费用。

⑤ "一点通"技术（One-Click）"一点通"技术为用户订货提供极大的便捷。任何人只要在亚马逊网站买过一次商品，亚马逊的专利技术就会自动储存消费者的相关资料。再次购买时，只需用鼠标点击一下，网络系统就会自动帮顾客完成之后的手续，包括消费者的收件地址，亚马逊已经把用户的家庭地址存入档案，可以提示用户以前已购的商品，甚至刷卡付费也可由网络系统代劳。顾客所有的购物行动，只需点一下"确认"按钮。采用特殊的加密程序，用户不用担心网络传输过程中的安全问题。

（2）完善的发货配送系统

B2C 物流是网络书店面临的最大挑战，它无法像信息流、商流、资金流那样被虚拟化，必须经过实实在在的运作过程，处理不好就会抵消电子商务的所有优点。零售业的秘诀可归结为 7 个以 "R" 为开头的名词，即在正确的时间与地点（Right Location and Right Time）、以适当的包装（Right Packaging）、合理的价格（Reasonable Price）、提供正确数量的（Right Quantity）、适当产品（Right Product）、给正确的顾客（Right Customer）。这正是被亚马逊的发货系统奉为金科玉律的目标。无法做到 7 项秘诀中的任何一项都有可能丢掉生意。

① 快速的订购确认 亚马逊在收到一份订单后几分钟内就给读者发出"订购确认"的电子信，内含运送的方式、运费、到达日期、书籍数量与价格。相较于传统订购的旷日费时，这种快速的响应服务，有效弥补了网络交易中无法面对面的疏离感，使人觉得安全且友善。如果读者发现订单有差错，可以及时修正。另外，在每份订单发货之时，亚马逊还会寄"发货通知"。

② 顺畅的发货流程 顾客在网络下单后，亚马逊将顾客订单数据传回配送中心（Distribution Center），通过特殊的书橱设备（Closet Facility），以红灯显示顾客订购的书籍所

处的位置，交给负责的员工从架上取货，然后放到流动的配送带上，再转送到一处斜槽，经由计算机扫描分类与人工包装后，将货物送抵顾客手中，完成交易。

③ 采用库存系统 这套系统用于防范顾客有需求但缺少商品的风险，其实质就是保证物流系统库存中有一个合理的剩余量以适应库存短缺的需要，从而使服务顾客的水平不会下降。亚马逊通过（Just in Time，JIT）库存系统实行低库存运转，实现了对库存的有效控制。亚马逊公司的库存图书很少，维持库存的只有 200 种最受欢迎的畅销书。通常情况下，亚马逊是在顾客买书下了订单后，才从出版商那里拿货并直接送往邮局。购书者以信用卡向亚马逊公司支付书款，而亚马逊却在图书售出 46 天后才向出版商付款，这就使得它的资金周转比传统书店要顺畅得多。另外，亚马逊已经实现了按需印刷，并表示已同意收购定制书籍印刷公司（Book Surge），这项举措无疑有利于降低库存。由于保持了低库存，亚马逊的库存周转速度很快，并且自 2001 年以来越来越快，2002 年第三季度库存平均周转次数达到 19.4 次，而世界第一大零售企业沃尔玛的库存周转次数也不过只有 7 次。

④ 在全球建立配送中心 网络书店的目的不是要在物流中心的仓库中储存商品，而是要通过仓储保证市场分销活动的开展，同时尽可能降低库存占压的资金，减少储存成本。因此，提供社会化物流服务的公共型物流中心需要配备高效率的分拣、传送、储存、拣选设备。JIT 库存系统会导致库存成本降低，但是库存的降低同时会导致日益增多的脱销，最终减少销售量。为了赢得顾客的满意度和忠诚度，更快捷的运输方式带来的成本常常会抵消库存节约。在某种意义上讲，库存节约必须多于运输成本的增加，整个物流系统才能进入良性循环。

因此，亚马逊兴建大规模的储物仓库并在全球分设配送中心。到 1999 年，亚马逊在国内及欧洲和亚洲共建立了 15 个配送中心，面积超过 33 万平方米，其中在乔治亚洲的配送中心占地 7.4 万平方米，机械化程度很高，这是亚马逊最大的配送中心。因为有这样完善的配送中心网络，订货和配送中心作业处理及送货过程更加快速，这样亚马逊减少了向主要市场上的用户送货的标准时间，提高了配送中心的作业效率。为了加强亚马逊物流、配送系统的规划与管理，亚马逊 1998 年 7 月任命世界上最大的零售商 Wal-Mart 的前任物流总裁怀特（Wright）为亚马逊的副总裁，而怀特在 Wal-Mart 时管理的配送中心有 30 个，总面积达 353 万平方米，雇员 32000 人。这说明亚马逊的配送中心的高层管理人员具有极高的素质和丰富的经验。网络书店发展的状况是否良好，其标准就在于其物流供应链是否流畅，以及供应链管理理念是否领先。作为 B2C 的先驱者，美国的亚马逊网络书店一直是电子商务前进的一面旗帜。

⑤ 可供选择的送货方式、送货期限及收费标准 亚马逊为顾客提供了多种可供选择的送货方式和送货期限。在送货方式上有以陆运和海运为基本运输方式的"标准送货"，也有空运方式。送货期限上，亚马逊实行 24 小时全天候购物，即"找到订货商品＋装运时间＝所需的送货时间"，中间没有任何滞留。

亚马逊会根据目的地是国内还是国外，以及所订商品是否有现货的不同情况，采用标准送货、2 日送货和 1 日送货等方式。如果选择标准送货方式并且商品有库存，在美国国内需要 3～7 个工作日；在国外，加上通关的时间，需要 2～12 周。如果选择空运，美国国内用户等待 1～2 个工作日就可以拿到货物，国外用户则需要等待 1～4 个工作日。交货时间的长短反映了配送系统的竞争力，亚马逊设计了比较灵活的送货方案，给用户更多的选择，受到用户欢迎。顾客可根据送货方式、送货期限及商品品类的不同，选择不同的收费标准；有按固定费率收取的批次费，也有按件数收取的件数费，亦有按重量收取的费用。亚马逊在美国境内推出了一项单一收费的快递服务——Amazon Prime 的投递服务。Amazon Prime 客户只需缴纳 79 美元的年费，就可无限制地使用 Amazon Prime 的投递服务即免费的标准送货和 2 日送货服务；1 日送货每件只收费 3.99 美元。

⑥ 免费送货服务　为顾客提供免费送货服务是亚马逊最大的竞争利器。亚马逊不断降低免费送货服务的门槛，从 99 美元降到 49 美元，2002 年 8 月又降低到 25 美元，如今在中国市场则是满 29 元即免费送货。享受这项优惠的客户每个季度都在增多，这既有助于培养老客户的忠诚度，也有利于吸引新客户，从而使亚马逊的客户群扩大到了 4000 万人。亚马逊负责全球零售市场的副总裁 Diego Piacentini 说："这是替客户着想的最好方式，人们把亚马逊当作省钱途径。"

⑦ 订货跟踪（Tracking Your Package）　服务货物发出后，用户可以在"订单查询"中得到投递公司的跟踪码（Tracking Number），在网上直接跟踪货物的投递过程，确保货物快速、准确投寄。如果你曾在亚马逊书店买过书，你可能会发现在其包裹上有三个条码，它们能告诉你包裹的真实历史：它曾经在的地方、现在所在的地方以及它将到达的地方，用这种条码系统跟踪包裹每年可以为联合包裹服务公司节约 6 亿美元。条码跟踪追溯系统采用的是射频识别技术（RFID），它使用一直径不到 2 毫米的电子标签，通过传感器发射的无线电波，可以读取电子标签内储存的信息。RFID 的出现将改变物流业及相关产业的进程。

⑧ 通过"邮政注入"减少送货成本　所谓"邮政注入"就是使用自己的货车或由独立的承运人将整卡车的订购商品从亚马逊的仓库送到当地邮局的库房，再由邮局向顾客送货。这样就可以免除邮局对商品的处理程序和步骤，为邮局发送商品提供便利条件，也为自己节省了资金。据一家与亚马逊合作的送货公司估计，靠此种"邮政注入"方式节省的资金相当于头等邮件普通价格的 5%～17%，十分可观。

⑨ 外包给专业物流公司　物流外包给第三方物流公司是跨国公司管理物流的通行做法。按照供应链的理论，将不是自己核心业务的业务外包给从事该业务的专业公司去做，这样从原材料供应到生产，再到产品的销售等各个环节的各种职能，都是由在某一领域具有专长或核心竞争力的专业公司互相协调和配合来完成的，这样所形成的供应链具有最大的竞争力。亚马逊在美国本土的主要配送业务外包给联邦快递公司（FedEx）和美国联合包裹公司（UPS），将国际物流委托给国际海运公司等专业物流公司，自己则集中精力去发展主营和核心业务，打造自己的核心技术，这样可以减少投资，降低经营风险，又能充分利用专业物流公司的优势，节约物流成本。许多报告指出：与第三方物流公司合作，成本节约的最大可能在于进行流程重组，可以达到 10%～20% 的总成本节约。同时利用第三方物流极大地拓宽了企业的物流能力，提高了商品附加值的各类服务，做到及时地将商品送达顾客的手中，避免了可能面临的"物流混沌"（Logistics Chaos）的危险，以实现专业化的物流经营和管理。

⑩ 利用可回收的包装材料　亚马逊认识到包装的重要性。为了保护顾客订购的货物，亚马逊运用了各种各样的包装材料，但是亚马逊和许多顾客一样也关心环境保护，这就是亚马逊使用可回收利用的包装材料的原因。顾客可以把废弃的包装材料送到附近的回收站，也可以用来包装自己在亚马逊网站出售或拍卖的商品。亚马逊的发货系统非常完善，在其网站上，除了以上条款，顾客还可以搜寻到拍卖商品的发运、免费的超级节约发运、店内拣货、需要特殊装卸和搬运的商品、包装物的回收、发运的特殊要求、发运限制等信息。

（3）健全的退货系统

① 退货期限　亚马逊允许读者在拿到订货的 30 天内，将完好无损的书或未开封的 CD 退回亚马逊。如果属于亚马逊的操作错误而造成的退货，亚马逊将按原价退款，并将运费也退回；如果是顾客本身的原因，运费则由顾客承担。一般的退货期限是拿到订货的 30 天内，但在假期里，可以延长退货期限，开封的或者超过 30 天的货品只退还部分货款，过了退还日期而不能退还的货物，可以在亚马逊网站上卖掉。

② 方便快捷的退货服务　在亚马逊书店退货十分方便，在该公司网站上找到退货处，根据提示，从网站上打印一份带有条形码的退货单，贴在所要退回的包裹上，到附近邮局或美国联合包裹公司服务点投递即可。客户很快就会收到亚马逊公司发来的邮件通知：退货已经收到，退款将打入您的银行账户。这表明亚马逊诚信的网上销售系统、方便快捷的运输服务和先进的银行电子系统之间实现了有机高效的结合。

③ 0.25% 的退货比率　由于周到细致的服务培育了顾客的信任度和忠诚度，因此亚马逊一直保持了很低的退货比率。传统书店的退书率一般为 25%，高的可达 40%，而亚马逊的退书率只有 0.25%，远远低于传统的零售书店。极低的退货比率大大节约了退货成本，优化了亚马逊的物流管理，实现了反向物流服务（通过更加有效的退货管理，帮助零售业节约资金的服务）。

6.2.5　亚马逊的新发展

亚马逊总裁杰夫·贝索斯曾经说过："我希望在 25 年以后，亚马逊已经向世界成功证明，这是一家重要、优秀、而且永续的公司。"亚马逊自 1995 年创办以来，不断改进，始终抱着乐观的态度向前冲。

（1）2004 年收购卓越网，进攻中国市场

亚马逊以 7500 万美元收购卓越后，卓越改名卓越亚马逊网站（http://www.amazon.cn，如图 6-2 所示），亚马逊作为世界上知名的品牌，让消费者觉得这是质量保障的后盾。2011

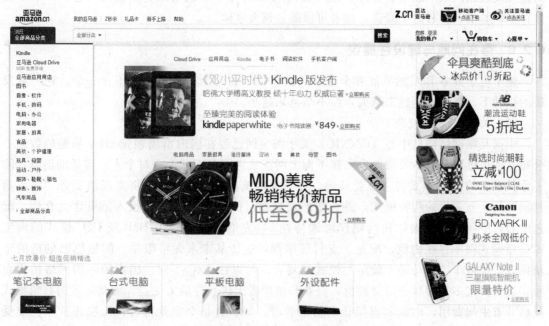

图 6-2　卓越亚马逊网站首页

年 10 月 27 日亚马逊正式宣布将他在中国的子公司"卓越亚马逊"改名为"亚马逊中国"，并宣布启动短域名（z）。原亚马逊中国总裁王汉华强调：这次改名表明亚马逊对中国的长期看好。目前，图书仍然是最大的销售品类。另外一些新种类的增长速度也非常快，包括数码产品、日常生活用品、服装等。

在过去几年中，亚马逊在硬件和软件方面对卓越进行了投资。亚马逊中国目前有 15 个运营中心，分别位于北京（2 个）、苏州、广州（2 个）、成都（2 个）、武汉、沈阳、西安、厦门、上海（昆山）、天津、哈尔滨、南宁，总运营面积超过 70 万平方米，拥有世界一流的自动化包装流水线、商品摄影棚和图片处理平台，以及先进的订单处理系统和库存管理系统。亚马逊中国现为消费者提供图书、音乐、影视、手机数码、家电、家居、玩具、健康、美容化妆、钟表首饰、服饰箱包、鞋靴、运动、食品、母婴、户外和休闲等 29 大类、上千万种的产品。贝索斯强调，亚马逊对亚马逊中国的投资是长线投资，不会看重一时的回报，十分看好的是中国的网上零售市场。现在对亚马逊中国的表现很满意，未来还会追加投资。

网上零售的成功要素在任何地方都是一样的，无非就是繁多的品种、低廉的价格、快速的送货，但是中国市场有一些不同之处。比如中国信用卡使用率比较低，像美国等其他一些国家，90％以上的消费者都是通过网上信用卡支付，而在中国 70％以上的消费者选择货到付款，这是一个很大的区别。二是中国的物流和交通状况也与亚马逊其他的站点有所不同，为了适应中国的情况，卓越组建了自有的配送队伍，采取自行车配送。

（2）用"亮火"点亮新市场

2007 年 11 月 19 日，亚马逊网站首席执行官杰夫·贝索斯宣布推出名叫"亮火"（Kindle）的电子书装置。这个设备重约 10.3 盎司，售价 399 美元，无须连接电脑，可通过 Sprint 公司提供的高速无线数据网直接下载书籍。用户可以在 60 秒内下载完一本书。贝索斯也承认市场上电子书大多数以失败告终，但坚持认为自己的产品一定能成功。用户使用 Kindle 下载新书只用 9.99 美元，并且无须连接个人电脑——Kindle 可以使用 Sprint 提供的高速无线数据网来下载书籍，用户还可使用 Kindle 缴费下载报纸、杂志或博客。Kindle 能储存 200 本书，屏幕适于阅读，读者可以随意调大字体。

6.2.6 存在问题与建设性提议

整个电子商务 B2C 的发展在全球都受到重视，在这个产业里赢家不止一个。在产业发展的推动下，饼应该是越来越大，而不是越来越小。

（1）关于 C2C 的侵袭

中国互联网络信息中心（CNNIC）关于淘宝网已经在国内市场领先 eBay 易趣的数据一公布，阿里巴巴又迫不及待地发布旗下淘宝网正式进军 B2C（企业对个人）市场的消息，除了称其推出的 B2C 模式将一改亚马逊、当当等传统模式，还称此举将实现消费者"零流通利润"从企业买货的购物模式，并再造产业流程。传统 B2C 模式需投入巨资建立仓储、配送中心，中间成本极大，利润则仅可维持在 5％左右，而融合了 B2B 及 C2C 模式的淘宝 B2C 新模式则不存在物流、配送、支付等瓶颈，这使其未来无可限量。阿里巴巴创造的全新模式，接近于"亚马逊＋戴尔"模式的复合。与以往 B2C 不同，国内国际的网络销售企业，盈利模式多为赚取进出货差价，企业和消费者无法获得最大受益。而戴尔式的直销模式虽然节省中间费用，由戴尔直接让利给消费者，却一直是个企业行为，无法让整体产业受益。类似阿里巴巴的 C2C 网站也不断发展，给亚马逊等传统的不 B2C 网站带来很大的威胁。

（2）传统零售的威胁

亚马逊网络书店在创业之初，其竞争对手只是几个龙头书店。随着亚马逊的成长，推出的产品种类不断增加，其劲敌也越来越多，来自传统零售业的威胁至今仍未减退。

但杰夫·贝索斯相信，网上零售在很多方面一定会比传统零售做得更好，这其中很关键的一点就是消费者信息的获取。任何零售商都不可能知道某个消费者在某一天是否买过东西，他在购买时会喜欢什么东西，但互联网能帮我们获取这些信息。消费者在网上看见了什么、买了什么，我们都会记录下来，用来预测他将来会喜欢什么东西，这是传统零售商没法做到的。举个例子，如果你喜欢化妆品和书，不喜欢电子产品，我们就会首先呈现给你你喜欢的产品，把你不喜欢的产品放在后面，这是亚马逊很成功的一个技术。个性化推荐是一个奇迹。

（3）差别定价试验存在严重问题

亚马逊的差别定价试验从战略制定到具体实施都存在严重问题，为提高在主营产品上的赢利，亚马逊在 2000 年 9 月中旬开始了著名的差别定价实验。亚马逊选择了 68 种 DVD 碟片进行动态定价试验，试验当中，亚马逊根据潜在客户的人口统计资料、在亚马逊的购物历史、上网行为以及上网使用的软件系统确定对这 68 种碟片的报价水平，针对不同的客户给不同的报价。例如，名为《泰特斯》（Titus）的碟片对新顾客的报价为 22.74 美元，而对那些对该碟片表现出兴趣的老顾客的报价则为 26.24 美元。通过这一定价策略，部分老顾客付出了比其他顾客更高的价格，亚马逊因此提高了销售的毛利率，但是好景不长，这一差别定价策略实施不到 1 个月，就有细心的消费者发现了这一秘密，纷纷在网上以激烈的言辞对亚马逊的做法进行口诛笔伐，有人甚至公开表示以后绝不会在亚马逊购买任何东西。

（4）与竞争对手的电子支付业务合作前景未卜

从淘宝网宣布进入 B2C 市场的那天起，包括卓越亚马逊、当当网在内的众多 B2C 网站就视其为竞争对手。而 2008 年 7 月 15 日，支付宝（中国）网络技术有限公司与卓越亚马逊达成战略合作，今后用户可以正式使用支付宝的虚拟账户在卓越亚马逊上进行在线购物。对于网购交易的安全性一直是企业考虑的首要问题，事实证明，像支付宝这样具有担保功能的独立第三方支付平台大大减少了网购交易安全中存在的问题。卓越亚马逊加强与支付宝的合作，将进一步提供自身在客户中的信誉度，同时也巩固和加强了自己的知名度。

（5）被质疑模式存在问题

马云在淘宝进军 B2C 的演讲中说道："即使美国有那么好的配送和物流基础，但是亚马逊只有 5％的利润。在中国，B2C 市场已经很成熟，但你看卓越、当当还是活得很辛苦，这说明这个模式有问题。"

（6）新型 Kindle 电子书阅读器存在供货不足问题

虽然亚马逊对 Kindle 寄予厚望，但仍然低估了它的真实需求。自 Kindle 电子书阅读器 2007 年 11 月上市以来，这一产品出人意料地受到广大消费者的追捧，在上市五个半小时内就销售一空。亚马逊表示，公司近期即将解决生产问题，满足消费者的购买需求。但亚马逊公司没有透露已经售出了多少部 Kindle。很多分析人士因此猜测：亚马逊公司人为制造了 Kindle 需求旺盛的假象。

（7）扩张投入资金，对盈利持不慌不忙的态度

高投入驱动高增长的事情，在互联网领域并不少见，不过时间之长，投资之巨，亚马逊都算的上首屈一指了。亚马逊已经在购买硬件，并购新公司等扩张业务上先后投入了数十亿

美元，这使得公司利润承受着很大的压力。

贝索斯目前追求的，是低利润和大现金流。截至 2013 年 6 月 30 日的这一年中，亚马逊运营活动现金流达到 45.3 亿美元，比截至 2012 年 6 月 30 日这一年中的 32.2 亿美元增长了 41%；在截至 2013 年 6 月 30 日这一年中，亚马逊自由现金流达到 2.65 亿美元，比截至 2012 年 6 月 30 日这一年中的 11 亿美元下滑了 76%。截至 2013 年 6 月 30 日这一年中，亚马逊自由现金流计入了去年第四季度的现金流出量 14 亿美元，这 14 亿美元用于在华盛顿、西雅图购买公司办公区和房产等。

不管怎样，到目前为止，亚马逊都可以堪称是电子商务 B2C 领域的一面旗帜，有许多地方值得同行们学习。

6.3　分组研讨的案例

6.3.1　案例 1：当当网上书店

当当网（http://home.dangdang.com，首页如图 6-3 所示）从 1999 年 11 月正式开通至今，当当已从早期的网上卖书拓展到网上卖各品类百货，包括图书音像、美妆、家居、母婴、服装和 3C 数码等几十个大类，其中在库图书、音像商品超过 80 万种，百货 50 余万种。目前当当网的注册用户遍及全国 32 个省、市、自治区和直辖市，每天有 450 万独立 UV，每天要发出 20 多万个包裹；物流方面，当当在全国 11 个城市设有 21 个仓库，共 37 万多平方米，并在 21 个城市提供当日达服务，在 158 个城市提供次日达服务，在 11 个城市提供夜间递服务。

除图书以外，母婴、美妆、服装、家居家纺是当当着力发展的四大目标品类，其中当当

图 6-3　当当网首页

婴童已经是中国最大线上商店,美妆则是中国排名前五的线上店。当当还在大力发展自有品牌当当优品。在业态从网上百货商场拓展到网上购物中心的同时,当当也在大力开放平台,目前当当平台商店数量已超过 1.4 万家,2012 年 Q3 新增 2000 家入驻商家,同时当当还积极地走出去,在腾讯、天猫等平台开设旗舰店。

在 2013 年艾瑞年度高峰会议上,当当网 CEO 李国庆表示,数字内容将成为手机上的杀手级应用。手机当当网目前流量占当当网总流量的 30%,比 2012 年增长 10 个百分点,产生的订单占当当网总订单的 12%,通过手机当当网查询订单状态的用户比通过 PC 端查询的用户高出 80%。

与国内的网上书店比较,当当网有其独特的优势。一是商品种类多。当当网经营 30 万种图书、CD/VCD 及众多的游戏、软件、上网卡等商品。二是购物方便。当当网参照国际先进经验独创的商品分类、智能查询、直观的网站导航和简洁的购物流程等,为消费者提供了愉悦的购物环境。三是顾客多。网站访问量、每日订单数量都很大,顾客覆盖中国及欧美、东南亚的中文读者。

当当网的目标顾客分析非常清晰。当当网瞄准的就是"月光族",他们年轻、高薪、舍得花钱。英语职业、计算机、生活、旅游、育儿、电视剧等产品,销售比重每年都在递增,并且有持续递增的无限可能性,当当网业绩因此急速增长。

作为国内领先的网上商城,当当网拥有深厚的供应链管理经验,与遍布全国的超过 1000 家供应商建立了坚实合作关系。当当网通过庞大的配送网络,在全国超过 750 个城镇提供送货上门、货到付款服务,这项服务深受中国消费者喜爱。除此之外,当当网也提供其他支付方式,包括在线支付、电汇、邮局汇款。当当网与 104 家物流服务提供商建立了合作关系,以增加货运范围并提升服务质量和效率。截至 2013 年,当当网已在全国 11 个城市开设了 20 间仓库,总面积超过了 42 万平方米,当日达城市 21 个,次日达城市 158 个,夜间送货城市 11 个,货到付款城市 1100 多个,使用 POS 机刷卡城市近 300 个,上门换货城市 580 个。

当当网使用了"网上智能比价"系统来进行定价,这个系统通过互联网每天实时查询所有网上销售的图书音像商品信息,一旦发现其他网站商品价格比当当网的价格还低,将自动调低当当网同类商品的价格,保持与竞争对手的价格优势。当当网在 2006 年 6 月份耗资百万元开发的"网上智能比价 1.0"系统的基础上,又推出了"网上智能比价 2.0"系统,据其内部测试,整体效率和反应速度提高了 60%。

当当网用到的支付技术有以下几种。一是联手 YeePay 易宝实现电子支付。YeePay 易宝提供的线上支付平台,可以帮助当当购物广场的用户直通 21 家银行的线上支付系统,基本上涵盖了任何一种银行卡。而由 YeePay 易宝首创的电话支付则实现了离线式电子支付,消费者通过网络或电话下订单后,即可拨通 YeePay 易宝提供的线上支付平台,可以帮助当当购物广场的用户电话银行特服号,根据语音提示完成支付。二是携手银联推出电话刷卡的"固网支付"业务。2006 年 7 月 31 日,当当网与银联在北京召开盛大新闻发布会,双方正式宣布,建立全面战略合作伙伴关系,同时,当当网全面接入中国银联和中国电信推出的"固网支付"业务平台,通过电子账单和刷卡电话,为当当网用户提供"线上消费、线下刷卡"支付服务。三是牵手第三方支付平台财付通。财付通为腾讯旗下企业,是目前全国在线支付系统中第二大支付平台,其用户年龄层级以 22~30 岁及 22 岁以下为主,分布与构成与当当网的目标群体非常吻合,是当当网理想的在线支付合作伙伴。2009 年 3 月 12 日,当当网首次和财付通进行为期 1 个月的联合促销。四是与支付宝达成合作。2010 年 9 月 19 日，当当网与支付宝正式宣布达成合作，之后消费者在当当网上购物时可以选择支付宝支付。五是牵手天翼支付公司，于翼支付客户端设立了当当网购书平台。翼支付用户只要在翼支付客户端点击加载当当网客户端，即可实现随时随地购书的愿望。下单、支付、跟踪物流，快捷轻便，真正实现了一键购书，不再错过热销好书。

当当网携手中国移动推出"手机当当网"，手机用户通过手机就可以上当当网购物，只要动动拇指，就可以轻松完成比价、询价、查询和订购等功能，确认购物和送货地址后，当当网的配送人员将直接把产品送到您手中。

近来当当网意欲进军 C2C，当当网具有多年丰富的电子商务经验，在目前 B2C 企业盈利状况不理想的情况下进军 C2C 当是顺势而为，当当网的优势在于有较为完整的配送渠道。

多年以来，当当网在 B2C 领域已经积累了丰富的客户服务经验、完整的服务网络和完善、高效的物流配送体系。以最简单的货架布置来说，当当网开发的智能系统，可根据客户的购买习惯将商品按顾客购买排序进行排序，提高交易效率，而不是按卖家支付的广告费进行排序。如果当当网将它们移植到 C2C 市场，将会大有作为。在物流配送方面，当当网目前在全国各地都设有库房，未来的 C2C 模式中，当当网可以允许市场中活跃卖家使用这些仓库进行物流配送，那么曾经困扰 C2C 交易双方的物流问题将会迎刃而解，同时物流费用会大幅度降低，交易速度会大幅度提升。这些潜在的优势，就是当当网有可能在 C2C 市场迎头赶上，甚至后来居上的关键武器之一。

网上交易的诚信与安全问题是制约网上交易、制约当当网成长的最大瓶颈。当当网副总裁王曦透露，70％以上的当当顾客喜欢送货上门、货到付款。虽然当当网有了一定的手段克服这个毛病，但在电子商务发展了多年之后，如此之多的用户选择传统的方式付款不免出人意料。另外一些用户选择网上支付、银行划账或邮局汇款。从国内外的应用情况来看，电子商务发展的速度太快，致使其安全技术和安全管理跟不上，这是一个越来越突出的问题。电子商务的快速发展需要业界，特别是信息安全业快速地作出反应，否则安全方面的问题将会制约它的发展。现在不仅仅是发展中国家，就连美国这样的发达国家，电子商务在很多领域还是没有像其他传统的商务那样发达，一个重要的原因就是安全问题。这就需要信息安全业的同行作出不懈的努力，不要因为安全问题而制约了电子商务的发展。

在有设置网点的大城市，由当地快递公司送货到家，在没有网点的城市，则由邮局把货邮寄到消费者家里。当当网在北京、上海、深圳、广州、沈阳、西安等城市有快递网点。没有这个服务的城市读者要到邮局汇款，网站再寄货物，是一件很麻烦的事情。这个问题的根源在于中国整个销售额当中，无论是网上、网下、餐馆、酒吧、酒店，信用卡完成的零售额还不到整个零售额的 1％。而美国的信用卡支付大概是 40％以上，这也是制约中国的网上书店不能和亚马逊相提并论的一个重要因素。比如在美国做网上书店，各个出版社的很多商品都有电子化的文档，在网上买的电影、音乐都会有一个 15～20 秒的精彩回放，可以点播、试播一首歌。现在网上的书籍只有封面和内容简介，以及一点推荐语，并不能使读者充分体会到该本书的味道，这些在书店里翻书的时候就可以得到。这种信息要求出版社和网站之间的合作。

研讨问题 1：根据下面一系列表格的数据，比较国内网上书店的经营规模，分析当当网经营模式的优、劣势及发展前景。

网上书店的经营范围	综合性书店	专业性书店
数量	58 家	21 家
比例	73.4%	26.6%

网上书店的经营种类	10 万种以上	1 万～10 万种	1 万种以下
数量	4 家	10 家	65 家
比例	5%	12.7%	82.3%

图书的书目信息	丰富完整	较丰富	书目简单
数量	5 家	8 家	66 家
比例	6%	10%	84%

图书的附加增值信息	丰富	较丰富	较少
数量	8 家	43 家	28 家
比例	10%	54%	36%

备注：图书附加增值信息包括书评、新书推荐、畅销书排行榜、书业动态等内容。

书店与读者的交互性	较好	一般	较差
数量	5 家	33 家	41 家
比例	6%	42%	52%

备注：书店与读者的交互性包含读书社区、读者园地、反馈信息、读者自撰书评等内容。

读者费用优惠	购书折扣优惠	免邮寄费
数量	13 家	8 家
比例	16%	10%

网上书店的支付方式	金融卡支付	会员专用账号	银行邮局汇款
数量	14 家	13 家	79 家
比例	18%	16%	100%

网上书店的配送方式	本市送书上市	邮局邮寄
数量	12 家	79 家
比例	15%	100%

研讨问题 2：2004 年，当当网联合总裁李国庆、俞渝夫妇抵挡住了亚马逊公司 1.5 亿美元收购当当的诱惑，选择了坚强地面对"自己的人生"。你怎么看待这个决定？

研讨问题 3：当当网应用了哪些营销策略？

研讨问题 4：当当网成功的原因可以归功为价格优势、渠道优势、本土化优势吗？为什么？请举例说明。

6.3.2　案例 2：国美网上商城

国美电器集团成立于 1987 年 1 月 1 日，是中国最大的一个家电及消费电子产品零售为主的全国性连锁企业。在全国 280 多个城市共有直营门店 1200 多家，旗下拥有国美、永乐、大中、黑天鹅等全国性和区域性家电零售品牌，年销售能力达 1000 亿元。2003 年、2006 年国美电器相继在香港、澳门开业，目前在两地已拥有 17 家门店，迈出中国家电连锁零售企业国际化第一步；2004 年国美电器在香港成功上市；2007 年 1 月，国美电器与中国第三大电器零售企业永乐电器合并，12 月，全面托管大中电器；2008 年 3 月，控股三联商社，成为具有国际竞争力的民族连锁零售企业。目前，集团拥有员工（含门店促销员）20 万人，每年为国家上缴税收超过 20 亿元。2011 年，开始扩张提速，计划新开 400 家左右门店。2011 年 9 月，《福布斯》公布 2011 年亚洲上市企业 50 强榜单，国美电器位列第 14 位，成为亚洲唯一入选的家电零售品牌。2012 年 4 月 17 日，国美网上商城与互联网及无线安全服务提供商 360 公司达成战略合作。国美电器网上商城正式入驻 360 开放平台，双方联手将打造家电零售网络平台。2012 年 3 月 25 日，国美正式进驻以卖书籍为主的电子商城当当网。双方合作的"电器城"出现在当当商品分类的最后一栏里。

如今，国美电器已成为中国驰名商标，并已经发展成为中国最大的家电零售连锁企业，位居全球商业连锁第 22 位。在北京、天津、上海、成都、重庆、西安、广州、深圳及香港地区拥有直营店 270 余家，成为国内外众多知名家电厂家在中国最大的经销商。加入 WTO 以后，中国企业面临更加激烈的竞争。劳资速度制胜的今天，企业在市场竞争中的成败很大程度上取决于企业的信息化程度。国美已经认识到，家电零售已经从单纯的"价格战"开始向"服务战"过渡。国美网站上的口号"国美网站，电器专家"就是这种认识的体现。2004 年 10 月，在《互联网周刊》组织的"2004 中国商业网站 100 强"评选活动中，国美电器（www.gome.com.cn，首页如图 6-4 所示）荣获"2004 中国商业网站 100 强"称号。国美寄希望于网络上的多种服务来培养对消费者的忠诚度，将国美网站变成一个"不单是卖电器"的平台，消费者还能从中获得家电知识，获得更多"软件性"的服务，从而对国美网站产生依赖性，借众多的浏览量来铺开网上购物，再借助众多的门店来实现配送，进一步成功

图 6-4　国美电器网站首页

占领电子商务市场。

国美电器有限公司自 2003 年元月份开始，在官方网站上开通了首家网上购物商城，进入网上电器销售市场，国美"网上商城"主要经营彩电、空调、冰箱、洗衣机、手机、时尚数码、电脑、影音家电、小家电、厨卫家电、办公器材 11 大类、72 小类的电器产品，涵盖国内外 480 个知名家电品牌，2 万余个家电产品型号。目前"网上商城"主要发挥树立国美形象的作用，实际销售业务并不多。在"网上商城"启动初期，消费者对网上购物还很不熟悉，近两三年来，"网上商城"逐渐迎来了发展的春天。国美在"网上商城"的运作上也有所创新，如网页内容变化，新品的更新速度更加快捷，开设了网上专区推广香港的产品。今后国美会增设更多的数码内容，包括音乐、游戏等，供客户浏览和下载。

国美的网上营销依然沿用了低价手段。消费者在"网上商城"购买的家电产品一般要比在门店便宜一些，这个差价大致在 2%～5%，总体款式比较少，但一些最新型的家电商品会先在网上销售。国美一直以低价著称，此外，"网上商城"所经营的商品与门店经营的商品在大体相同的基础上，会推出一些香港地区的家电商品，这些商品只会在个别城市的门店有所涉及，比如北京的安贞店、南京的新街口店等。

在"网上商城"购买家电产品时，消费者的支付方式以网上支付为主，货到付款的方式逐渐被提前预支货款的方式所取代，尤其是选购一些价格昂贵的商品。此外，还将推出分期付款的业务，吸引更多的消费者。国美的网上支付操作简单，从消费者网上填写订单，输入相关的个人资料和银行卡号，到国美确认银行划款的全过程仅几分钟就能完成。网上购物与门店购物的送货时间是一致的。

网络销售作为一种先进的销售模式，拥有物流半径短、中间成本低等优势，对消费者意味着实惠与快捷。就目前电子商务的普及程度而言，目标客户群依然是收入较高、易于接受新事物的人群，这也是国美将"网上商城"经营的产品定位在新款家电产品以及香港家电产品的初衷。

国美电器公布的 2013～2015 年企业战略规划中，明确提出，线上线下协同发展的核心战略。在线下实体店重点围绕一级市场优势地位巩固和开发二级市场，线上寻求可盈利电子商务渠道业务模式，与供应商合作共同优化供应链，打造低成本高效率平台等方面有序推进。就在本次国美战略会前，国美电器控股有限公司释放利好消息，预期上市公司 2013 年上半年之母公司拥有者应占利润将转亏为盈，盈利能力有明显大幅改善。受惠于 2013 年上半年上市公司销售收入比去年同期有所上升；同时预期 2013 年第二季度上市公司之母公司拥有者应占利润相比 2013 年第一季度将有超过 100% 以上的增长。

在国美看来，线上线下是两个满足不同消费需求的购物渠道，两者消费群体不同、经营的商品品类不同、消费者的体验要求也不同，这就是说不同的渠道只有充分满足不同消费需求才会有竞争力和生命力。只有在线上线下不同的渠道做到最低价、最专业，才能被消费者所认可。为此，国美高调提出"线上线下协同发展"的电子商务模式，其中，国美线上线下平台凭借信息、采购、物流、配送、仓储、体验和供应链等资源共享，发挥供应链上的多重优势，以供应链的系统力量，保证了比仅有线上平台的电子商务更具低成本的优势。

在供应链优化方面，国美与供应商之间保持紧密的捆绑式合作，通过共同营销、共同定制商品等方式合为一体。国美与上百家供应商构建了新型的柔性供需链机制，通过消费需求定制产品，与厂家共同为消费者提供性价比最优的商品。

在传统的线下实体店方面，国美通过加速网络优化和租赁成本的有效管控、丰富门店商品、积极改善门店购物体验环境，并调整工作维度以一切为满足消费者需求为导向原则的一系列措施，从而恢复到连锁行业低成本、高效率的运营水平。

成本费用率的降低是国美低价战略实施的前提。公开数据显示，2012 年国美上市公司关闭了 137 家门店，优化门店冗余面积约 15 万平方米，使国美进一步具备了低价的基础。

在网络布局方面，国美今年将持续保持稳健的开店策略，开店的重点将在二三线城市，二三线城市将在严格调研后，以中心店带卫星店的网络布局策略实施开店。在门店体验方面，将成为国美提升的重中之重，强调大店的打造。进一步实现商品多样化，满足客户商品的丰富性和竞争性的需求，通过店内陈列、网络覆盖、装潢装饰等措施满足客户购物体验性的需求。

在商品丰富性方面，为了满足客户对商品的丰富性和竞争性的需求，国美还提出了一揽子计划，从品牌完整性方面、商品结构方面、样机均衡性、样机有售率方面分别提出了不同的要求和标准。

从当前电子商务行业看，国美在线宣布的《服务宣言》正徐徐拉开整个电子商务行业服务革命的序幕。而网购服务升级需要强大的后台体系支撑，国美在线依托供应链、物流链、信息链、服务链的高度有机协同，在恰如其分的时刻正在掀起一场引领行业方向的服务大战。

对于渠道商，专家认为，"网上商城"的建设很可能成为渠道商实现两个目标的重要条件，即三四级市场的开拓和占领，以及海外扩张、全球化发展目标。近年来，渠道商一直希望自己能够在三四级市场的开拓方面有所作为，而至今还未出现突破性进展。北京、广州、上海等大城市资讯发达，网上卖场及家电连锁店分布密集，消费者可以有更多的选择。而就中小城市而言，消费者能得到的资讯和产品信息都比较有限，"网上商城"在一定程度上弥补了这种不足，是店面销售方式的有效补充。

无论网上销售还是门店销售，最终都要通过物流配送来实现，通过售后服务来保证，这是家电渠道商得天独厚的优势所在。毕竟，消费者最终认可的还是性价比更高的产品和服务。对于已具备完善的销售、服务体系和配送资源的家电渠道商而言，其优势十分明显。

研讨问题 1：传统家电零售业与网络经济的结合是大势所趋，请分析这种结合的优势、劣势以及前景。

研讨问题 2：阅读案例或进一步查阅相关资料，说说国美网上商城的成功有什么经验值得我们借鉴？

研讨问题 3：比较国美、苏宁电器的网上销售页面，说说两者有什么异同？

6.3.3 案例 3：淘宝网上商店

互联网是个神奇的地方，淘宝网（www.taobao.com，首页如图 6-5 所示）的崛起是一个神话。2003 年 5 月，淘宝网由阿里巴巴公司投资 4.5 亿元创办。创办之初，中国最大的 C2C 易趣网已经拥有中国 80％以上的市场份额，eBay 随后收购了易趣的股份，并承诺继续增加对中国市场的投入，以增强其在中国市场的绝对领先地位。但 2 年后，2005 年，淘宝网第三季度总成交金额就达到了 23.4 亿元，根据成交额衡量，淘宝网市场份额已经超过 60％。据调查，淘宝网的品牌知名度已经达到 96％，并成为了 41％消费者首选的购物网站。在品牌形象方面，淘宝网在年轻、时尚、有乐趣、新奇、进取等指标上遥遥领先竞争对手。面对品牌先行者 eBay 易趣的夹击和后起之秀腾讯拍拍网的追赶，淘宝网仍获得了 C2C 领域

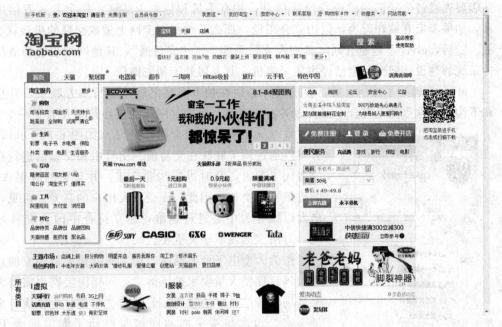

图 6-5　淘宝网首页

中第一品牌的尊重和荣耀，成功地上演了"蚂蚁撼大象"的故事。

淘宝网从 2003 年 7 月成功推出，以三年"免费"牌迅速打开中国 C2C 市场，并在短短 3 年时间内占领了半壁江山，代替 eBay 易趣登上中国 C2C 老大的交椅，免费就是淘宝网短时间内制胜的尖锐武器。2005 年 10 月 19 日，阿里巴巴宣布"淘宝网将再继续免费 3 年"，此举措也是为了保证淘宝网龙头老大的地位而实行的战略。在淘宝网的免费战略中，个人卖家不用交钱，却挣到了白花花的银子，个人买家也买到了物美价廉的商品，淘宝网也挣得了人气，可谓取得了"三赢"的结果。虽然淘宝网依仗免费牌打下了江山，但是后来的竞争者也不容小觑。拍拍网等也以巨额投资和同样的免费策略进入中国 C2C 市场，国内 B2C 老大当当网也在 2006 年杀入 C2C 市场，虽然后来因为种种原因，当当网的当当宝暂时撤出市场，但是当当网还是对 C2C 市场虎视眈眈。

曾有传闻称：淘宝网会在 2006 年 7 月开始收费，完成其创建初三年免费的承诺。但事实证明：淘宝网在此后继续打着免费的大旗，保护淘宝网打下的江山。电子商务经营的行为准则是，收费的网站不一定成功，永远免费的网站肯定失败。照此看来，C2C 网站不可能永远向商户免费，终究会有"收费时代"的到来。但是，在网上开店的以年轻人居多，他们最大的特点是财力有限，最怕听的就是"收费"两字。所以，C2C 行业必须在时机成熟时才能推行收费政策，否则事倍功半。

制约我国电子商务发展的一个重要因素就是支付问题，C2C 网站同样也面临着个人消费者支付困扰。淘宝网首先在我国推出了支付宝这一第三方支付平台并取得了广大客户的认可。支付宝支持的付款流程如图 6-6 所示。支付宝降低了 C2C 双方交易的风险，因而赢得了用户的青睐。实际上，为了保障交易安全，淘宝网还设立了多重安全防线：全国首推卖家

图 6-6　支付宝付款流程

开店要先通过公安部门验证身份证信息，并有手机和信用卡认证，每个卖家有信用评价体系，如果卖家有欺诈行为，信用就会很低，那么，他在淘宝网上做成交易的机会就会大大降低。随后，eBay 易趣也开通了其安全支付系统——"安付通"，其他网站也纷纷效仿安全支付系统的建设，但支付宝已经占领了先机，其发展处于领先地位。

eBay 易趣为了控制收费，要求买方必须在拍下商品之后才能与卖方联系，并且不支持私下沟通，这点并不符合中国人做买卖的习惯。而淘宝网却别出心裁地开通了一个类似 QQ

图 6-7　阿里旺旺

的在线聊天工具——淘宝阿里旺旺（如图 6-7 所示），买卖双方可以通过淘宝旺旺在交易前、交易中和交易后进行在线交流或者线下留言，及时进行沟通交流。并且它的应用非常简单，跟腾讯 QQ 类似。因此，深受广大用户的喜爱。可见，从顾客出发以顾客为中心进行思维，建立符合中国人交易习惯的系统，对淘宝的发展至关重要。

作为大型电子商务网站，淘宝网需要大量买家的点击以积累人气，促使大量卖家进场铺货；同样淘宝网也需要大量的卖家进场销售产品，通过产品的种类、数量、价格优势来吸引大量买家。卖家与买家的共同参与推动了淘宝网今天的快速发展。

电子商务网站的发展离不开网站营销。淘宝的营销推广可以分为三个阶段。第一阶段在淘宝网成立前期，因为易趣已经和国内的门户网站签订了排他性的广告协议，所以只能依靠口碑宣传，并吸纳了第一批会员；第二个阶段是所谓的"农村包围城市"，当时由于国家加紧了对信息的规范力度，使得一大批中小型网站和个人网站失去了利润的来源而难以为继，淘宝网针对这一群体成功地做了大规模的推广，奠定了淘宝网发展的基础；第三个阶段是在业界对淘宝网的看法已经发生了很大的转变之时，因此淘宝网也抓住契机，开始进行战略联盟，淘宝网相继跟 21CN、搜狐和MSN 建立了联盟合作伙伴关系。在不同的阶段，都能根据内外条件的不同变化来制定相应的发展策略，这就是淘宝网的成功之处。

进行网上购物的消费群中，以受教育程度较高的年轻人居多。在我国，20 世纪 70 年代末 80 年代初出生的人群开始进入消费人群的主流，他们年轻、思想开放，追求新鲜的生活方式和消费方式，教育程度高，熟练掌握计算机操作、上网频率高、时间长，是数量众多而稳定的网民群体；虽然他们的收入水平不太高，但消费水平却不低，具有一定的购买力，他们的消费倾向是购买高端、新型商品，淘宝网在商品分类上符合这类消费群体的消费需求。2013 年 7 月，第三方咨询机构发布《中国互联网广告核心数据》，淘宝网成为最大赢家，其第二季度的广告规模增长奇快，增幅为 46.1%，仅次于 360，而营收规模上，淘宝网作为广告媒体以 56.1 亿元排名第二，仅次于百度搜索。图 6-8 是有关淘宝网站 2012 年的相关数据显示图。

根据 iResearch 的调查，我国 C2C 市场今后几年平均增长率将达 80% 以上，如此巨大的市场潜力将引发更加激烈的市场竞争。对于淘宝来说，要长久地立于不败之地，必须不断改进创新。解决以下的一些问题。

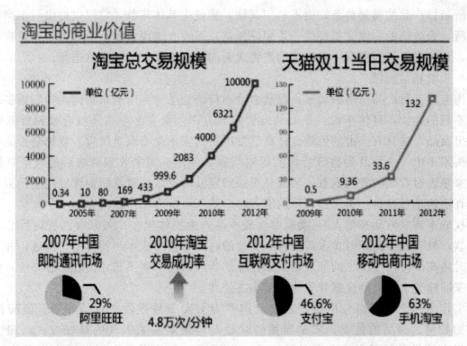

图 6-8　淘宝网站 2005—2012 年的相关统计数据及交易规模比较图

（1）分散的物流问题

个人之间交易的配送成本高低直接影响买卖双方的交易量，2006 年淘宝网的 C2C 交易仍然是以小批量商品为主，邮递费一般占交易额的 10％左右，这自然大大加大了交易成本。而买卖双方分布分散、经营规模较小、成交批量小、商品价格低等特点，无力自己解决物流问题，必须依靠第三方服务，而建立专门的物流体系作用参差不齐，导致成本耗费过高。

目前我国 C2C 网站大多采取推荐物流（即向交易者推荐某物流公司运输），目前淘宝推荐的物流公司有：网上 EMS、圆通速递、宅急送、风火天地（上海同城）、申通 E 物流、E 邮宝、韵达、天天、中通。运输费用与责任由交易双方自行承担，货物运送环节给交易者带来极大不便，耗时长而且安全无法保证，物流问题是制约行业发展的一个瓶颈。

（2）网络诚信问题

网上交易与现实交易一个最大的不同点就是买卖双方不见面，是虚拟的交易。目前，网上欺诈情况不断出现，给很多买家造成很大的心理阴影。因此，C2C 的诚信建设是一个重大问题。因此，谁能创建诚信的环境，建立可靠的诚信体系，提供给用户可完全信任的购物平台，谁就能赢得市场。

卖家诚信体系建设是所有参与电子商务交易的卖家必须关注的。电子商务作为一种新型的虚拟的交易模式，与传统的交易模式相比，常常给人一种不安全感。在这种条件下，信用是赢得信任的有效方式。淘宝网上基于买家评价建立的信任评价制度虽然有效，但显单一；后来推出的消费者保障计划，作为一种新型的制度约束无疑是向前迈进了一步，但仍显不够。

在淘宝网电子商务交易中，区别于传统零售商的最大特征之一是淘宝公司在整个电子商务交易行为中仅充当一个信息平台提供商（ISP）角色，它既不对信息内容的真实性负责，也不对所销售产品的质量负责，更不承担仓储、物流等具体环节，它仅仅提供一个网络虚拟信息场所，为传统的实体交易提供一条便捷通道，而不直接面对每个消费者。在此背景下吸引卖家，并对卖家行为进行一定程度的监管成为淘宝网未来发展的必然选择。

（3）卖家利益问题

在淘宝网进行产品销售的卖家，总是会情不自禁地感觉到与买家相比，卖家更多地处于被动与不利的地位，具体来说：在商品发货管理方面，卖家必须在还没有收到货款的情况下，发出商品，这具有一定的风险性；商品发出后卖家承受着双重风险，货物是否能够完好地送到买家手中，这涉及到物流公司的运输与服务问题；买家收到货物后的风险具体表现在，买家是否对收到的货物满意，买家是否按约定及时放款，放款后的评价问题；买家是否会客观真实地进行评价，买家在评价时能否将一些不可抗力忽略。

维权成本高（时间和精力），卖家维权成本高，主要体现在：买家收到货物后恶意不放款或退款，处理此类问题时卖家需要投入大量的时间与精力成本与物流公司沟通，并上传凭证，同时还要等待淘宝小二的处理；买家在放款后进行的一些不实评价或恶意评价，针对此问题卖家同样要上传大量证据并等待淘宝小二处理。

淘宝作为一个电子商务网站，其只承担着为买卖交易提供平台的作用。因而淘宝卖家店铺的数量、商品的种类、质量与优势就是淘宝聚集买家人气的最好方式，淘宝的进一步发展必然借助于买家、卖家人气的进一步提升，在此意义上可以说卖家是淘宝网进一步发展的基石。对卖家来说，顾客是上帝，是衣食父母。对电子商务网站来说，卖家同样是网站的衣食父母，是网站利润的主要来源和进一步发展的基石，因而必须对卖家角色进行再定位。

诚信体系的建设是网店最好的标签，也是网站自身的标签。淘宝网基于买家评价的卖家信用体系建设是有效的，它有利于卖家更好地改善服务与销售行为。淘宝网推出的消费者保障计划，作为一种自愿加入的信任体系，在卖家诚信体系建设上同样发挥了积极作用，但这种力度与广度远远不够，远远无法满足诚信店铺、诚信卖家建设的需要。

近年来，协助中小卖家进行销售是淘宝网未来经营的重点之一。淘宝网上已经积累相当的卖家和买家人气，这些人气成为淘宝网成熟度与满意度的具体表现。但另一方面，随着高信用店的大量存在，这些三钻店、皇冠店严重地挤压了后进店铺的生存空间，广大中小店铺一方面可以凭借自身的灵活经营、更优质的服务赢得市场，另外，在制度设计时，淘宝网应该给予这些正处于成长期的中小店铺更多的支持与制度考虑，因为正是这些中小店铺活跃了淘宝网交易行为，同时大量中小店铺的存在也是淘宝网未来发展的希望所在。淘宝网作为国内，乃至国际上优秀的C2C网站，在打破国外网站封锁围堵、实现快速发展方面取得了优异的成绩，但随着企业定位的转变（由电子商务企业定位转变为零售企业），卖家在企业发展的定位也应该进行相应的调整，以更好地服务于企业进一步发展的需要。

研讨问题1：以表格形式对比淘宝网、拍拍网、易趣网的差异。

研讨问题2：你认为淘宝网的优势与前景如何？

研讨问题3：淘宝网的商业模式有哪些需要改进的地方？

研讨问题4：淘宝网上的淘宝商城是怎么回事？

研讨问题5：为什么淘宝网上会出现联想旗舰店？

研讨问题6：很多企业，甚至是不少知名企业纷纷在淘宝网上开起了网上商店，这说明了什么问题？

思考习题 6

1. 网上商店有哪些优势？如何体现？
2. 网上商店有哪几种类型？请举例说明。
3. 你能否举出书上没有提到的成功的网上商店？
4. 网上商店应该如何留住顾客？
5. 亚马逊收购卓越后，对它进行了什么样的流程改造？为什么这样做？

链接资源 6

1. 苏宁电器（http：//www. cnsuning. com/）。
2. 拍拍网（http：//www. paipai. com）。
3. 易趣网（http：//www. eachnet. com/）。
4. eBay 外贸门户（http：//www. ebay. cn/）。
5. 淘宝商城（http：//mall. taobao. com/？ ad_id=&am_id=&cm_id=&pm_id=）。
6. 联想旗舰店（http：//lenovo2008. mall. taobao. com/）。
7. 中国网店偷税第一案宣判（http：//www. hidigg. com/www/200807/02-23743. html）。
8. 中国知网（http：//www. cnki. com. cn/）。
9. 中国互联网络信息中心（http：//www. cnnic. net. cn/）。

拓展训练 6*

1. 尝试应用本章介绍的 B2C 电子商务平台购置生活中的必需品。
2. 尝试在淘宝网开一间店铺，经营喜爱的商品。
3. 查阅有关资料，论述 B2C 发展的最高境界是 C2C。
4. 细细体会，归纳出 B2C 与 C2C 的异同。

第7章 网络直销模式案例分析

7.1 网络直销模式简介

7.1.1 网络直销

（1）网络直销的概念和方式

网络直销是指生产厂家借助联机网络、计算机通信和数字交互式媒体且不通过其他中间商，将网络技术的特点和直销的优势巧妙地结合起来进行商品销售，直接实现营销目标的一系列市场行为。网络直销需要有订货、支付和配送三个功能，它一般适用于大型商品及生产资料的交易。

网络直销有三种主要方式：直销企业建立网站、直接网络派送和电子直邮营销。

（2）网络直销的优势

网络直销没有营销中间商，商品直接从生产者转移给消费者或使用者，其优势可以概括为三大方面。

① 服务的便捷性　顾客可以直接在网上订货、付款、等着送货上门，这一切大大方便了顾客的需求。生产者通过网络直销渠道为客户提供售后服务和技术支持，特别是对于一些技术性比较强的行业，如 IT 行业，提供网上远程技术支持和培训服务，在方便顾客的同时，也使生产者降低了为顾客服务的成本。

② 渠道的高效性　网络直销大大减少了过去传统分销中的流通环节，免除了支付给中间商的费用，有效地降低了成本。生产者可以根据顾客的订单按需生产，做到实现零库存管理；同时网上直销还可以减少过去依靠推销员上门推销的昂贵的销售费用，最大限度地控制了营销成本。

③ 人机互动性和信息的可反馈性　网络直销能满足当前企业与消费者的交流水平方面的不足，借助于网络，厂家在网上发布有关产品信息，使用 E-mail 等工具，及时实现与顾客一对一的互动交流。企业还可以很容易地获得快速、便宜、易加工的反馈信息，跟踪消费者需求及其变化情况，根据他们的要求安排生产和销售，避免了传统企业在接到订单之前就已经完成了产品制造的盲目性，使企业能应对消费者较高的可选择性。利用互联网的交互特性，网络直销从过去单向信息沟通变成双向直接信息沟通，增强了生产者与消费者的直接联系。

（3）网络直销存在的问题

网络直销虽然令销售的过程更加便利，但它仍存在以下的问题。

① 采用网络直销的企业在实施供应链管理中的阻碍　采用网络直销的企业实施供应链管理是企业间竞争的必然选择，但目前该类企业在实施供应链管理时还存在很多阻碍。说明如下。

a. 信息化普及程度不够　在供应链管理过程中，一般会使用条形码技术、数据库技术、电子订货系统、射频技术和电子数据交换、全球定位系统等信息技术手段，因为这是推进供应链系统信息共享的关键和提高供应链绩效的根本。但是目前的信息化条件还远远不能满足供应链管理信息技术使用的要求。

b. 横向一体化与网络化实现困难　"横向一体化"利用企业外部资源快速响应市场需求，形成一条从供应商到制造商再到分销商的贯穿所有企业的"链"，这就是供应链。这条链上的节点企业必须达到同步、协调运行，才有可能使链上的所有企业都能受益。但是目前"链"脱节现象严重，比如网络直销中，消费者与销售部门、销售部门与生产部门之间的联络大多通过电子邮件手段，直邮的反馈率并不高。研究表明，电子邮件的平均回复率只有37.83%，这必然会导致响应及时性的降低。

c. 服务个性化有待加强　在网络直销模式下，企业突破了时空的界限，生产过程和消费过程达到了和谐统一，使得企业的供应链更加简洁、高效、开放和灵活，需要有完美的个性化服务。但是很多网络直销企业要做到个性化服务还有很长的路要走。

d. 信息共享性与管理高效性有待改进　网络直销要求整个交易过程实现电子化、数字化、网络化。信息流、资金流、物流之间的动态联系，是实现供应链管理的前提和基础。但当前我国正处于电子商务的初级阶段，实际状况很难达到以上要求；另外，顾客对产品可信度问题也不可忽视。在网络直销中，顾客与商家不直接接触，顾客往往会产生一种不真实不信任的心理，这种心理的存在会阻止其主动购买的动机。

② 网络直销与中间商的冲突　在传统营销渠道中，中间商是其重要的组成部分，因为利用中间商能够在广泛提供产品和进入目标市场方面发挥最高的效率。网上直销渠道的建立，使得生产商和最终消费者能直接连接和沟通，传统中间商的职能发生了改变，由过去的环节的中间力量变成为直销渠道提供服务的中介机构，如提供货物运输配送服务的专业配送公司、提供货款网上结算服务的网上银行，以及提供产品信息发布和网站建设的 ISP 和电子商务服务商，使得传统营销中间商凭借地缘因素获取的优势被互联网的虚拟性所取代，同时互联网的高效率的信息交换，改变着过去传统营销渠道的诸多环节，将错综复杂的关系简化为单一的关系。通过网络直销，生产商把他们的产品直接送到顾客的手上，交易费用降低了，利润大幅增加。消费者感觉能控制销售环境，生产商也由于能够同最终用户直接接触因而可以更有效地安排未来的营销活动，这种销售方式把传统的零售商甩在了圈外，对生产商而言，零售商的支持是不可缺少的，它需要找到一条新路，既贴近消费者又不必疏远现有的销售渠道。

7.1.2　网络直销模式

网络直销模式就是充分利用 Internet 的优势来实现企业与客户之间的信息沟通、产品定制、产品传递等功能的网络营销模式。采用该模式的企业拥有网上在线配置系统、订货系统、结算系统和商品配送系统。其中，在线配置系统是一个专门设计所需产品的数字系统，是一个互动的在线系统。客户可以利用它设计自己所需要的产品和服务，从特点、组合价格和发送等多项菜单中进行选择，客户的选择给供应商的制造系统发出信号，从而启动采购、组装和发送系统。

具体运行过程如下：网络直销企业首先将自己的产品进行模块化设计，将一个产品分为几个独立的、可以自由组合的可选部分，然后将其通过电子商务系统放置在自己的网站上供客户选择；当客户登录到企业网站以后，可以选择进入不同的细分市场，然后根据商家提供的在线产品，并根据顾客的系统配置和价格要求列出参考产品，顾客根据参考标准选择自己所需求的产品，或根据可选部件来定制自己需要的产品。如果客户对已有的选择感到满意，就可以通过在线系统向企业下订单。当企业所提供的选择不足以满足客户的需求时，客户可以告诉直销企业，企业通过与客户的沟通，将客户加入到产品设计中来，使客户的需求信息能够在产品设计中得到体现。最后，顾客提交订单，企业把订单直接发送到具体的业务部门，各业务部门根据订单进行相应的业务，顾客也可以通过网站随时跟踪查询订单的处理进程。

该模式是一种典型的根据订单进行生产并直销的网络营销模式，它使传统渠道中常见的代理商和零售商的高额价格消失了，同时库存成本也大大降低，使企业的产品具有一定的价格优势。该模式的关键点是要控制好客户与供应商的关系，如果这一关键点控制得好，企业就会获得相当大的价值。

对于企业来说，网络直销模式的优点是：第一，顾客通过互联网直接向企业提出建议和购买需求，企业能够达到关于产品、服务和竞争情况的即时反馈，并通过数据库技术和网络控制技术，可以很方便地处理每一个顾客的订单和需求；然后根据目标顾客的需求进行生产和营销决策，并从顾客的建议、需求和要求中找出企业的不足，在最大限度满足顾客需求的同时，提高营销决策效率，减少营销费用，降低成本，为企业带来更高的利润。第二，由于企业是根据订单来进行生产的，所以能使资产更好地流动，并能大大降低库存。

对于用户来说，该模式合并了大部分中间环节，并提供更为详细的产品信息，买主能更快更容易地比较产品的特性及价格，从而在产品选择上居于更加主动的地位，需求和购买行为都将更加趋向理智，购买的前期决策过程大大得到简化；由于企业通过网络直销，取消了分销渠道中各级代理商的渠道成本，使总成本及产品价格降低，顾客因此而节约开支。

但是，该模式也存在以下问题：一是网络直销模式要求企业必须具有完善的基础设施，包括订货系统、结算系统、配送系统，采用该模式的企业必须有雄厚的资金作保证；二是网络直销必然要求实现电子支付手段，那些对网上支付的安全性不信任的网民很难进行网上购买；三是对于有形产品的配送，必须要有专业的快速配送企业进行合作，但目前有些国家在这方面有些欠缺；四是在客户数量比较少的情况下，如果企业过分追求个性化服务，就会使生产成本大大提高，所以必须有大量客户作保证，以形成规模经济，企业才能获得高额利润；五是采用该模式的企业要控制住客户和供应商这一关键环节，否则将会出现产品危机。网络直销作为一种有效的直复营销策略，可以大大改进营销决策的效率和营销执行的效果。对于企业来说，网上直销不仅是面向上网者个体的销售方式，更包含了企业间的网上直接交易，它是一种高效率、低成本的市场交易方式。

7.2 典型案例分析：网络商品直销的鼻祖——戴尔

7.2.1 戴尔公司

戴尔计算机公司是 1984 年由迈克尔·戴尔创立。戴尔公司目前已成为全球领先的计算机系统直销商，跻身业内主要制造商之列。在美国，戴尔是商业用户、政府部门、教育机构和消费者市场名列第一的主要个人计算机供应商。戴尔是直销模式的开山鼻祖。戴尔官方网站（http：//www.dell.com）如图 7-1 所示。

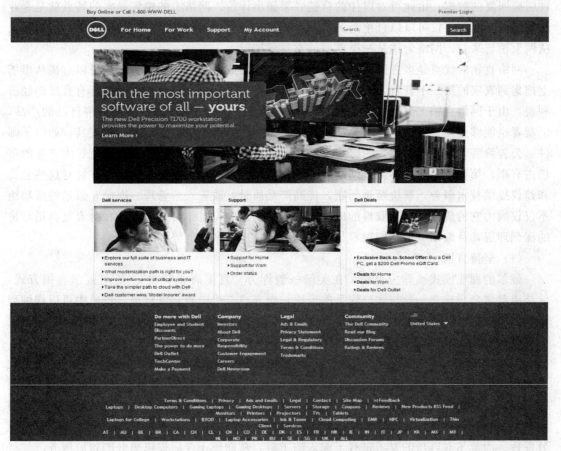

图 7-1 戴尔官方网站

戴尔公司在创始之初就坚持其"黄金三原则"：第一是摒弃库存；第二是坚持直销；第三是让产品与服务贴近顾客。这三项原则极大地降低了公司的营销费用，产生了一种新的经营方式，一种不同于企业传统营销的经营模式——直接掌握销售信息、确定销售标准、与顾客直接沟通、满足顾客的个性化设计，接受订单之后投产的生产模式。

戴尔公司是商用桌面 PC 市场的第二大供应商，其销售额每年以 40％的增长率递增，是该行业平均增长率的两倍。年营业收入达 100 亿美元的业绩，使它位居康柏、IBM、苹果和 NEC 之后位居第五位。戴尔公司每天通过网络售出的电脑系统价值逾 1200 万美元，面对骄人的业绩，总裁迈克尔·戴尔简言地说，这归因于物流电子商务化的巧妙运用。戴尔公司的日销量超过 1200 万美元，但其销售全是通过国际互联网和企业内部网进行的。在日常的经营中戴尔公司仅保持两个星期的库存（行业的标准是刚超过 60 天），存货一年周转 30 次以上。基于这些数字，戴尔公司的毛利率和资本回报率分别是 21％和 106％。

7.2.2 经营特色

戴尔公司是网络直复营销理论的实践者。仅从销售的角度来看，网络营销是一种直复营销。直复营销中的"直"是指不通过中间分销渠道而直接通过各种媒体连接企业和消费者，网络上销售产品时顾客可通过网络直接向企业下订单付款；直复营销中的"复"是指企业与顾客之间的交互，顾客对这种营销努力有一个明确的回复（买还是不买），企业可统计到这种明确回复的数据，由此可对以往的营销效果做出评价。网络上的销售最大的特点就是企业和顾客的交互，不仅可以以订单为测试基础，还可获得顾客的其他数据甚至建议。所以，仅从网上销售来看，网络营销是一类典型的直复营销。

网络直销的优点是多方面的。首先，网络直销促成产需直接见面，企业可以直接从市场上搜集到真实的第一手资料，合理地安排生产。第二，网络直销对买卖双方都有直接的经济利益。由于网络直销大大降低了企业的营销成本，企业能够以较低的价格销售自己的产品，消费者也能够买到大大低于市场价格的产品。第三，营销人员可以利用网络工具，如电子邮件、公告牌等，随时根据用户的愿望和需要，开展各种形式的促销活动，迅速扩大产品的市场占有率。第四，企业能够通过网络及时了解到用户对产品的意见和建议，并针对这些意见和建议提供技术服务，解决疑难问题，提高产品质量，改善经营管理。因此，戴尔的成功绝不仅仅因为它的成长速度和取得的成绩，它成功的经验得益于其直销模式和对直复营销理论的深刻理解，从戴尔身上我们很容易找到网络直销所带来的优势和利润。

（1）坚持直销

戴尔的商业模式被称为直销，在美国一般称为"直接商业模式"。所谓戴尔直销方式，就是由戴尔公司建立一套与客户联系的渠道，由客户直接向戴尔发订单，订单中可以详细列出所需的配置，然后由戴尔"按单生产"。戴尔所称的"直销模式"实质上就是简化、去除中间商。

① 细分市场——比顾客更了解顾客 大多数公司主要是做产品细分，戴尔公司则在此之外还加上顾客细分。随着对每一个顾客群认识的加深，则对于它们所代表的财务机会更能够精确衡量，也可以更有效地衡量各营运项目的资产运用，通过评估每个细分市场的投资回报率，并与其他市场做比较，就可以制定出日后的绩效目标，使各项业务的全部潜能得以充分发挥。而戴尔对客户的要求也有了深入的了解，从而便于今后提供更好的售后服务。

细分顾客的做法解决了戴尔公司自创立以来的困扰：如何在逐渐扩大的同时还能维持稳定而持续的成长。《哈佛商业评论》的研究显示：1994年时，戴尔公司的顾客还只有两类，即大型顾客和包括一些商业组织和消费者在内的小型顾客，当年公司的资产为35亿美元；到1996年，就从大型顾客市场中细分出大型公司、中型公司、政府与教育机构三块市场，同年公司资产升至78亿美元；而到了1997年，戴尔又进一步把大型公司细分为全球性企业客户和大型公司两块市场，政府与教育机构市场则分为联邦政府、州政府和地方政府、教育机构三块不同的市场，小型顾客则进一步分解为小型公司和一般消费者两块业务，当年公司资产攀升到了120亿美元。

成长后会与顾客脱节一直是不少大公司的通病。而戴尔每一次的业务细分，却都能更深入了解各顾客群的特别需要，确实是个奇迹。

② 研究顾客 戴尔深入地研究顾客，而不是竞争对手。有的人说，这种直销模式也许适用于美国，但在别的国家行不通。在亚洲，怀疑的声音更为强烈。戴尔公司进入中国后，戴尔又一次听到了同样的论调。联想集团总裁柳传志认为："中国消费者看到实实在在的东西才会购买。"虽然柳传志非常熟知中国电脑市场，同样许多外国企业由于坚持自己的经营方式，一味让中国消费者去适应而导致失败。但必须看到的是，戴尔公司经营的核心在企业，而不在个人消费者。

③ 网上直销　戴尔进一步推行其直销模式，建立了公司的网上销售渠道。在美国，戴尔公司的网上销售现已占销售总额的将近一半。戴尔不仅打算利用国际互联网销售产品，还想用它整合从零部件供应商到最终用户的整个供应链。

④ 直销的代价　首先，直销在广告宣传上的投入是非常大的。由于缺少面对面与客户交流的机会和诸多的销售网点，直销厂商必须加大其他方面的宣传力度。另外，从表面上看，直销越过了分吃利润的中间商，节省了可观的销售成本。但事实是，公司首先得拥有一个日益庞大和复杂的全球信息和通信网络，包括免费的电话和传真支持。如戴尔公司平均每天要处理电话 5 万个以上。同时，还要自己建立一支优秀的销售、服务队伍。其次，与一般 PC 厂商相比，需要更强大的计划、培训、投资和管理能力，而这的确是一笔不小的投入。

（2）摒弃库存

① 以信息代替存货　看直销和分销的区别，最容易想到的就是"库存因素"。在信息和技术高速更替的时代，如果说库存也有生命的话，那么就应该如同昙花开谢一般短暂。传统分销渠道代理是存贮货物的水渠，厂商的库存是压在分销渠道中的，这样来保证所谓的"零库存"。而直销模式同样不可避免地遇到"库存"的问题。戴尔所谓要"摒弃库存"，其实是说过了头，绝对的零库存是不存在的。库存问题的实质是两个方面：一是库存管理的能力；二是与零件供应商的协作关系。"以信息代替存货"，与供应商协调的重点就是精准迅速的信息。

按单生产还可以使戴尔实现"零库存"的目标。而零库存不仅意味着减少资金占用的优势，还意味着减少作为 PC 行业的巨大降价风险。直销的精髓在于速度，优势体现在库存成本。特别是计算机产品更新迅速、价格波动频繁，更使库存成本体现得淋漓尽致。库存成本为 PC 行业最大的"隐形杀手"。据调研数据，戴尔在全球的平均库存天数可以降到 7 天之内，但这是有一定下限的，COMPAQ 的存货天数为 26 天。一般 PC 机厂商的库存时间为 2 个月，而中国 IT 巨头联想集团是 30 天。这使戴尔可以比其他竞争对手以快得多的速度将最新的技术提供给用户。

摒弃库存（以信息代替存货）是戴尔模式的核心。同样做一件事，如果生产方式不同的话，那么就可能产生利润空间，这就是商业模式的魅力。戴尔模式中利用摒弃库存赚取利润的方式是用户货款与供应商货款中间的时间差——即在未来的 15 天内，别人（顾客）已经帮戴尔把钱付了（这中间产生的利润至少是公司自有资金的存款利率）。

② 摒弃库存的问题　对于供应链的存货流通速度而言，这已经显得非常完美。当然，让人感到担心的是：这种类似于临界状态的供应链一旦遇到特别的市场冲击或非市场因素的严重干扰时，能否有较强的抗风险能力。

（3）与客户结盟

① 与用户结盟　"与客户结盟"是直销模式最具优势之处。戴尔对客户和竞争对手的看法是："想着顾客，不要总顾着竞争。"许多公司都太在意竞争对手的作为，因而更受牵制，花了太多时间在别人身后努力追赶，却没有时间往前看。在国内的渠道代理群中，过度的竞争已经是一个不争的事实。

② 与供应商结盟　戴尔电脑还比其他个人电脑制造商更进一步，把"随订随组"的作业效率发挥到供应体系之中。戴尔的直销营运模式让公司更清楚地掌握实际销售量，因此，戴尔的存货量维持在 8 天以下，而 COMPAQ 则有多达 3 星期的存货。戴尔现在计划与供应商共享这样的优势，也用网络为重要的供应商提供每小时更新的资料。

戴尔与供应商原料进货之间的联结是其成功的关键。这个联结越紧密有效，对公司的反应能力越有好处。产品流通到市场的重要性主要有两个方面：第一，购买者与供应商之间的竞争价值可以共享；第二，无论是哪一种新产品，能否快速地流通到市场上都攸关公司的生死和市场份额的趋势。戴尔的需求量是由顾客需求而定，前置期通常在 5 天之内。而其手边的原料只有几天的库存。但通过网络技术与供应商之间保持的完善沟通，始终知道库存情况与补货需求。

③ 戴尔的渠道 千万不要认为戴尔没有"渠道"；千万不要以为戴尔不重视"渠道"。

对于目前渠道的发展趋势，戴尔认为，目前经销商将不得不转变经营模式，变成纯粹的服务提供者。在戴尔看来，既从服务赚钱又想靠硬件销售获利就是"脚踩两只船"，这是他不允许的。戴尔的渠道叫做"VAR"（增值服务渠道），主要为戴尔做服务和增值工作。戴尔为用户配置的服务能力相当强，但为什么用户还要请 VAR 为他们做这项工作呢？因为戴尔深深地相信，VAR 做的是戴尔的标准业务中的一部分，他们能用更专业的服务队伍来补充自己在市场覆盖面和服务精力上的缺陷。

直销这种模式具有很强的吸引力，但由于中国市场的特殊情况，戴尔在前进的道路上也面临着诸多的挑战。首先是其直销模式与中国特色销售体制之间的冲突。众所周知，中国的市场是一个特殊的市场，实力再强的厂商也不可能照顾到方方面面。因此，相应的诞生了具有中国特色的销售体制：各级代理、专卖店和分销商、零售商形成的经销商体制，他们打下了中国 PC 市场的一片天。从目前的情况看，这一具有中国特色的销售体制，至少在 3～5 年内仍将在用户和厂商之间继续发挥纽带和桥梁的作用。尽管戴尔公司一再强调，在中国现有的设施条件下，戴尔会向中国的直销客户提供和全球其他地区的客户相同品质的服务，即在订货后 5～7 个工作日内，用户便可收到所订的电脑，一旦所订电脑出现问题，戴尔将按其所谓"Next-day Service"的原则，在 24 小时内提供技术支持。但中国包括运输和通信在内的基础设施的相对落后，的确是一个不争的事实，这对于戴尔今后在中国的业务发展不能不说是一个障碍。此外，国人的"眼见为实"、"一手交钱，一手交货"的购买习惯和电子支付手段的落后也是戴尔所面临的问题。

戴尔面临中国特有的挑战的同时，国内企业不能不重视戴尔直销模式的冲击。例如，国内的 PC 制造商，如何使自己的产供销体系的运作成本最低、层次最少是亟待解决的问题。只有在生产制造等关键环节上下工夫，不断提高制造水平，使生产成本降低到国际先进水平，才能增强对直销模式的适应。同时，国内企业传统的销售体制所存在的渠道臃肿、库存弊端等在戴尔的直销模式下也会更显突出，急需改进和完善。

7.2.3 存在问题与建设性提议

直销最成功的案例都发生在 PC 行业，而其他行业不多，说明了直销所应有的一些特性，这就是对产品的要求是更新快、技术含量高的某些行业。正因为 PC 的更新换代、降价飞快，如 CPU、内存等零部件随时受降价压力，厂商对零件进货的时间、数量要求会高到以天甚至小时为计算单位，这在分销是不可能的。同时正因为这种精打细算，摒弃分销渠道，厂商以合理的利润定价，使得产品能以最快速度及最低的价格到用户手中，同时对用户的需求了如指掌。

直线销售（直销）与传统的销售模式相比，它的优势在于直线销售关注的是与顾客建立一种直接的关系，让顾客能够直接与厂家互动。通过这种互动，不管是通过国际互联网，还是通过电话，或者与销售员面对面互动，戴尔的顾客都可以十分方便地找到他们所需要的机器配置。这种优势为顾客带来的附加价值丰富，总体来说，通过直线销售模式，顾客可以直接与戴尔公司互动，可以买到具有很好价格性能比的电脑，收到很好的投资回报，因为戴尔提供的是最新技术和最完善的服务。

建立直线销售模式对技术方面有一定的要求。以戴尔为例，戴尔在中国建立了一个服务电话网络，有 94 个免付费电话可以直接打到厦门工厂。目前，戴尔每个月在顾客免付费服务电话上要花 10 万美元。在厦门，戴尔有一个 CTI 系统（电脑电话集成系统），它可以对打入电话进行整理，并检查等候时间，因为戴尔要求不让打进电话的顾客等候太长时间。戴尔每天每周都可以看到顾客的等候比，了解有多少顾客在线上。根据 CTI 报告的顾客量，戴尔确保有足够的工程师来接听顾客服务电话。尤为重要的是，戴尔建立了一个顾客信息数据库，其中包括中国所有顾客的信息。如果顾客打电话过来，只需把计算机的序列号告诉服务的工程师。他们把序列号输入电脑，便能准确查出顾客所购计算机的所有配置。这样，服务工程师在帮顾客解决问题时，就更为方便、快捷。多数时候，这些问题都是些使用上的问题。

直线销售模式是否适合中国市场？根据戴尔的分析，中国市场跟美国市场非常相似。其技术成熟度整体上可能稍稍落后于美国。但中国市场如此之大，能与美国技术同步的那部分市场依然占一个非常大的市场份额。戴尔所选择服务的也正是这一部分市场，其技术和用户成熟度与世界其他地区非常接近，而这些用户与美国市场并没有太大的不同。

以胜利油田为例进行说明，胜利油田是我国东部重要的石油工业基地，是全国第二大油田，在环渤海经济圈和黄河流域经济带中发挥着巨大作用。胜利油田是戴尔的老客户，2008年 5 月 8 日，戴尔（中国）有限公司在胜利油田成立企业级应用解决方案中心，为其量身打造 IT 解决方案。戴尔特别为胜利油田提供了企业级全线产品及解决方案的现场演示，同时为客户构建精确模拟的真实应用环境，对客户的应用程序和解决方案进行测试与验证。该中心还为客户提供完善的培训，为针对最新技术的测试提供最佳环境。这是该公司首次在客户地点建立此类中心。在石油行业尤其是油田开采系统中，终端机器比如 PC 机、笔记本的用量很大，而戴尔在其中份额超过 80％。油田有着复杂的组织结构，除 PC 机之外，还有服务器、高端存储、软件、通信、数据产品等，IT 设备的用量相当庞大。虽然油田的用户数量达到十几万，但他们在高性能方面的计算还远远没有得到开发，在油田勘探方面还很粗放，精细度和准确度亟待提高，所以对于服务器等企业级产品的需求量相当大。2008 年 5 月，戴尔公司在中国的客户所在地建立了第一家只针对能源行业的企业级应用解决方案中心（Application Solution Center，以下简称 ASC）在东营的胜利油田成立了。此前，戴尔已在北京、上海、厦门、香港和苏州开办了 5 个 ASC，分别向客户展示企业级 IT 解决方案。但这是首次在客户方开设 ASC，最大的不同就是它只为一个客户建立和设计，从应用角度来讲更贴近油田。从双方最初产生这个想法，到 2007 年 9 月开始谈基础方案、策划，直到中心正式落成，中间有半年的时间。从卖产品到卖方案，戴尔不断地扩大业务经营范围。该中心为胜利油田客户提供更加直接的服务，帮助胜利油田及所属企业更好地简化 IT。比如，提供了戴尔企业级全线产品和技术的现场演示，客户可以在此亲眼目睹戴尔端到端技术的实施，并亲自利用戴尔最新的企业硬件与软件进行互动。随着石油越来越重、越来越深，开采的难度也与日俱增。戴尔每次方案部署之前，客户都可以先到这个中心去进行运行、测试，甚至试验一些概念性的方案，看看是否可以实现最初设计的初衷。这极大地降低了大的关键性部署的风险。ASC 通过构建精确模拟的真实应用环境，对客户的应用程序和解决方案进行测试与验证，以快速评估解决方案是否能够在现实环境中正常运作，是否能够满足客户自身的具体需求以及满足的程度。在社会信息化程度不断加深的今天，单纯为客户提供产品已经无法满足客户的需求。只有结合客户的具体业务，为客户提供量身订制的解决方案，才能为客户创造充分的价值。从"卖产品"到"提供解决方案"的转变，反映了设备供应商从传统的产品提供者，向客户的信息化合作伙伴的根本性转变。戴尔正在将这一转变变为自己的策略，发挥"直接模式"与"标准技术"的优势，基于全线企业级产品，借助高水平的技术支持和售后服务，为不同层次、不同规模的客户提供高性价比的可扩展企业级计算解决方案，帮助客户更经济、更快速、更轻松地构建 IT 系统和管理 IT 系统。

多数产品都适用直线销售模式，而且在当今世界上，越来越多的人会愿意接受直销。之所以这样说，是因为直销不仅仅指面对面的销售，它可以通过其他途径，如国际互联网、电话，与顾客建立一种互动关系。所有的大众化标准产品都有机会实现直线销售模式。实现了直线销售模式，可以节省很多原本用于销售渠道、代理商、展厅等方面的开支，把这些钱转送给顾客。这样，产品就可能更便宜，或者提供更有成本效益的产品。

戴尔网上直销经营模式的缺陷主要有：第一，厂家和消费者之间缺少缓冲环节，容易形成尖锐的矛盾冲突；第二，对降低成本的过度追求，削弱了戴尔客户服务的保障能力；第三，关键服务的外包增加了服务流程的复杂性，服务质量不能保证；第四，业绩第一、重视大客户的文化使个人消费者的利益相对受到轻视，个人消费者目前只占戴尔 20% 的销售额，原本就不足的客服资源只会更向大客户倾斜、集中。

从一个生产商的角度来看，戴尔无疑是 PC 行业的佼佼者；虽然戴尔存在着一些弊端，但是它开了电子商务的先河，它的直销模式非常的成功。

7.3 分组研讨的案例

7.3.1 案例 1：索尼（中国）网上专卖店

1946 年 5 月，井深大和盛田昭夫在日本共同创建了"东京通信工业株式会社"，后于 1958 年更名为索尼株式会社，总部设在日本东京。索尼自 1999 年以来陆续在中国推出了融合电子营销与时尚生活的一批网站，形成了索尼中国网站家族。索尼不是一家百年老店，他的发家史也就数十年而已，但是在这数十年中，索尼取得了巨大的成就。2004 年 7 月 8 日，哈里斯互动调查（Harris Interactive Survey）最佳品牌评选结果在纽约揭晓，索尼连续第五次荣登"最佳品牌"评选榜首。《财富》（中文版）于 3 月 20 日发布了 2013 年度企业社会责任排行榜，索尼公司在上榜的 100 家中外企业中得分最高，连续两年位居外资企业榜首。索尼的成功是世界工业史上的一个奇迹。这其中重要的一个因素就是索尼公司善于利用最新的互联网技术和采用各种网络营销手段和策略。

（1）索尼的网络营销策略

① 仔细分析顾客的网络购买行为 由于电子商务的出现，消费观念、消费方式和消费者的地位正在发生着重要的变化，电子商务的发展促进了消费者主权地位的提高；网络营销系统巨大的信息处理能力，为消费者挑选产品提供了前所未有的选择空间，使消费者的购买

更加理性化。如何才能使消费者愿意买自己的产品呢？这就要求企业了解消费者的需求，因为消费者需求的个性化、层进性和多样化能够让企业对自己的每一个产品都精益求精，并在此基础上，对产品进行个性化设计。索尼公司明白这个道理，所以对自己每个产品都很负责，每个产品都有自己的编号，都可以在网上查到自己的这款产品，如果你是首次购买索尼的数码产品，那么在购买前索尼会给你一个链接，这个链接直接连到自己的网站，然后会提示注册，注册完成后会给你一些优惠措施，在选择索尼其余产品的时候也会得到相应的优惠措施，这在一定程度上锁定了某些顾客，培养了他们对自己产品的忠诚度。还有就是在网站的首页也会有一些活动，来奖励购买自己产品的人，比如说抽奖。这些活动都能够抓住顾客的心，获得顾客的好评，培养顾客对自己品牌的忠诚度。虽然说好多企业都这么做了，但是索尼做的比较不错。

　　② 仔细开展网络营销调查　之所以要进行网络营销调查，是因为网络信息的容量大，信息的传播速度快，可以通过网络迅速得到自己需要的资料，对网络调查者而言，只要在网上发布调查问卷，提供相关信息，借助专门的人员去进行调查就可以，方便简单，而网络调查的方式有好多。比如说某个领域的企业，会在自己的网站首页上做出调查的链接，承诺网民如果参与调查，会给予何种奖励，还有就是会在网民进行网页浏览的时候进行调查，如果不回答问题，下面的操作将无法进行，当然后者的做法很容易引起网友的反感，不利于网络营销的调查，对于索尼公司而言，他们采用第一种调查方法，对购买自己产品的顾客，引导其到自己的网站注册会员，然后进行调查，调查对自己的各个产品的满意程度，发现缺陷，弥补不足，因此取得很好的效果。

　　③ 精心设计企业网站　企业网站是企业在互联网上的窗口和名片，是通向顾客和公众的门户，因而也是企业进行网络营销的重要基础工具。越是成功的网站，就越是一个强有力的营销工具，正如一张发行量极大的报纸或者拥有大量观众的电视台。企业由于在经营性质、规模、技术和服务的客户群体等因素上的差异，决定了各自网站建设的侧重点也各不相同。在建设网站之前企业应该根据自己的实际情况，明确适合自身特点的基本类型、基本要素、网站的特色等。首先明确要做的是一个企业网站，做网站的目的是为了服务于产品的营销和销售及服务等方面，是一个与顾客服务的平台，一种新的售后服务工具。网站定位要明确竞争优势，这种竞争优势可能是更新的内容，可能是独特的网页设计，网站的定位是在浏览者中建立起本网站区别于竞争者的独特性，显而易见，这种独特性是一种优势，是顾客所注重的产品特征。那么我们来看一下索尼中国的网站是如何建设的。索尼的网站配合了自己公司的产品的特色，颜色鲜艳，醒目的各个栏目是用中英文标识的，下面有最新的公告、最新的活动、最新的优惠政策，完全是配合自己的商品来开展的。总的来说，索尼中国的网站特色鲜明，有自己独特的企业文化氛围，时尚，充满了青春气息，符合年轻人的心理，给人耳目一新的感觉。

　　④ 综合运用网络营销工具　网络营销工具是指在网络营销活动中所运用到的各种网络工具和网络手段，他们在网络营销活动中发挥着不同的功能和作用。网络营销工具分为服务支持类和引导类，事实上有些工具兼有很多功能，如 E-mail 既可以用于与顾客沟通，也可用于服务支持，更重要的是互联网提供了一种新的、强大的顾客交流工具——互动交流工具，如 BBS、新闻组等。比如说在索尼的网站注册时会要求填写 E-mail 地址，然后索尼就会利用这种资源开展他的网络营销，如通过发邮件、告知最新的产品动态、最新的活动、最低的折扣等，这些都是注册会员在平时不怎么注意的，但是如果以 E-mail 的形式发过来，

注册会员会特别注意，而且这些 E-mail 的所有者都是索尼产品顾客的受众，营销对象不必花费大量的时间寻找。还有一种沟通方式是 BBS（电子公告版 Bulletin Board System），是虚拟社区聊天的主要形式，大量的信息交流都是通过 BBS 完成的，会员通过张贴信息或者回复信息达到相互沟通的目的。比如说索尼会在自己网站上链接索尼的 BBS，这样可以让不同的顾客交流，解决使用中遇到的问题，也会链接一些别的网站的 BBS，比较知名的有百度贴吧。

⑤ 善于利用网络发掘商机采用与网络紧密相关的设备　网络上的商业信息传递，相关设备是少不了的。例如，主要用来保存、处理以及传送信息的设备，高效率的电脑主机、高速度的传输专线以及设备的维护人员，都要花不少成本。索尼公司深谙此道，考虑到本身信息处理量的大小以及使用的频率等因素而自行架设了公司网站，并不是向网络服务企业租用设备。

⑥ 添加与网络密切联系的内容　到底要让读者看到什么内容、这是个大学问。索尼公司首先分析了网络用户的结构及阅读习惯，仔细考虑网络媒体的特性，如版面设计的特色、美观及传输速度的平衡点等，从而取得了很好的效果。而很多网站刚设立时还可吸引好奇的读者上门，但渐渐地就乏人问津了，主要原因是内容影响了传输的速度。

⑦ 提高网站的曝光率　在网络的分类站上，可以看到很多企业网站的地址，但是很少有人肯花时间一探究竟。因为上网是要花费时间的，这些企业上网摆明就是"广告"或"公司简介"，当然很少有人感兴趣阅读了。而索尼公司在各个搜索引擎站点进行注册，并且在有顾客凝聚力的网络上登广告，多出自己的 LOGO，从而达到了网络营销的良好效果。

⑧ 提供互动空间　有些企业网络内容也不错，也登了广告，但仍很难引起共鸣，为什么呢？因为少了个与读者互动的空间，这是个难以形容的概念。举例说：基本上，一般读者上网的过程开始时心是不定的，就像拿着遥控器看电视，在不同的频道间跳换，总要到筋疲力尽了，才会找到一个自己喜欢、可以停留的网站。索尼公司的网络营销设计，就是让自己和这样的网站相结合，也就是让索尼产品和顾客层紧密结合，而不是让自己只成为频道跳换过程中的一个图标。

⑨ 综合运用营销组合　不同的媒体有不同的特色及功能，网络营销不能完全取代传统的电视或平面媒体。索尼公司综合运用各种营销手段，不仅采用电视、报刊、杂志等传统媒介，而且利用网络营销媒介，将两种媒介高度结合，从而产生强大的营销效果。因为真正成功的网络营销，善用这个新的媒体与传统媒体结合所产生的惊人效力。让营销的压迫力留在电视上发挥，让报纸广告继续保持有高曝光度的优势，把漂亮的产品图片印在杂志上，然后充分利用网络媒体，填补长年以来营销上的漏洞和不足，建立与消费者之间真正贴心、像朋友般的互动关系。

（2）索尼的电子商务平台——Sony Style

① 方案背景　作为索尼公司 E 化战略中实施电子商务重要的一环，索尼全球的"Sony Style"网站通过互联网在消费者中间普及索尼产品知识，推广索尼产品，举办网上和网下的各种促销活动，并提供网上购物服务等。SonyStyle.com.cn 设置有 Member 特区、数码影像俱乐部、网上购物、产品热点、动态追击、E-杂志、音乐星空漫步、游戏区、免费下载区、电子贺卡、新闻订阅等丰富的专栏，满足不同人群的需求。而由于索尼拥有丰富的产品线、产品更新快，并一直运用时尚科技领导流行趋势，SonyStyle.com.cn 需要采用具有功能强大、扩展性好、灵活而易于维护的软件产品，并集成公司业务管理系统，构建完整的电

子商务平台。其首页如图 7-2 所示。

图 7-2　Sony Style 中国网站首页

② 系统分析　Sony Style 网站作为在线平台不仅可以为索尼（中国）用户提供一系列的网上购物、服务和市场活动的便捷，并且能够对索尼（中国）公司现有的数据进行统一管理，并将产品信息、市场推广活动记录、反馈信息，以及索尼数码影像俱乐部的客户注册信息和问卷信息收集导入到系统的数据库中。目前系统中三部分的数据即用户信息、用户采购信息和用户的活动信息之间相互独立并且不能共享。对于公司和用户来说都不方便，而且使得系统维护成本高，不能充分协调各个环节间的相互协调。索尼（中国）公司希望 Sony Style 的后台数据库对会员的信息、产品信息、反馈信息，以及会员在电子商务网站所进行一系列活动所产生的用户信息进行统一管理，并能做到实时查询、在线维护，达到离线和在线业务流程相互整合。

同时，索尼（中国）公司要求 Sony Style 要尽可能多地做到个性化。当用户第一次访问网站的时候，就需要系统尽可能多地记录会员的活动信息，包括：访问者是从哪个网页进入登记页面而成为会员的；访问了哪些网页以及次数、会员的喜好等信息，即使不是会员的访问者也可以通过 Cookie 记录访问者的浏览习惯。网上购物为用户提供的就是个性化页面。它可以按照客户的喜好来排列索尼的产品目录、服务信息、FAQ、新品的发布信息、帮助信息，从而为网站访问者及索尼用户提供全新的用户体验和更好的、全面而个性化的服务。

Sony Style 不仅是市场、销售活动的延伸部分，而且，网站后台数据库所收集的信息可能作为公司内部有效的系统资源。索尼（中国）公司很早就实施了 SAP ERP 系统管理生产、库存、分销的业务，此外，还将使用 CRM 系统来管理市场、销售、服务各个环节的内容，公司希望电子商务网站数据库所管理的数据可以使用到 CRM 相关的业务中，如电子邮件列表、会员活动以及各种与客户有关的活动等，以此推动 CRM 系统在企业中更好地应用。

③ 功能概要　由于网站所涉及的数据非常多，所以就需要设计多个管理子模块针对不同的信息进行管理。其中包括会员信息维护、反馈信息处理、产品信息维护和发布、网上购物、促销及交叉销售、订单管理、市场活动、服务信息维护、直邮、积分管理和问卷调查，

以及分析、查询、统计、报表、流程控制、审核、发布和权限控制。网站管理人员和相关业务人员可以针对不同类型的用户信息，进行信息定义、查询、统计、报表汇总处理。其中，直邮管理非常有特色，它可以依据用户的需要发送多种不同格式的针对性和个性化很强的邮件，并由系统对用户反馈信息进行跟踪。如果用户是通过邮件的链接访问 Sony Style 的，系统会识别此次登录是来自于不同的直邮推广活动。直邮模块可以统计邮件发送的数量、通过邮件访问网站的数量、退信的数量，并对数据库进行动态维护，这样形成的准确而新鲜的客户数据和客户需求对于销售工作将具有极大的价值。管理界面中还包含了必要的流程控制和权限控制，保证了每次发布网页的有效性和安全性。数据迁移与统一子模块主要实现的是数据库的操作功能，它将市场活动记录、反馈信息以及其他重要的用户信息收集导入到统一的数据库，由数据库对这些信息进行分类收集。

除了数据库操作和管理界面之外，Sony Style 包含了大量访问者界面和在线数据访问，为索尼的用户及网站访问者在网上浏览中获得更为丰富、实时并颇具个性化的信息内容。访问者界面共有会员登记、个性化购物、产品信息页面、购物框管理页面、购物确认页面五个子项。这些界面同后台的数据库和管理模块都紧密地集成在一起，为登陆者提供了一系列个性化的服务，包括个性化的购物流程、个性化的产品信息浏览、个性化的购物框管理等。

研讨问题 1：请用 swot 分析法，分析索尼在中国发展的现状。

研讨问题 2：浏览 Sony Style 中国网站的产品介绍页面，给用户带来了怎样的网上体验？

研讨问题 3：比较索尼中国、Sony Style 中国网站，有什么不同？

研讨问题 4：你对索尼公司未来的发展有何预测？

7.3.2 案例 2：☆CONVERSE——正品匡威网上专卖店

电子商务的崛起，网络直销模式的盛行，令很多传统企业也纷纷建立起了自己的网上销售渠道。曾生产过世界上第一双篮球鞋的匡威（Converse）也开起了网上专卖店。匡威诞生于 1908 年，多年来一直领导以篮球鞋为主的多种专业运动鞋技术潮流。在美国，年轻人都为拥有一双 Converse AllStar 帆布鞋而引以为荣，它同麦当劳、可口可乐、福特汽车、李维斯牛仔裤一样成为美国传统文化精神的象征。正如蝉联 NBA 七届"篮板王"的罗德曼所言："AllStar 帆布鞋就像牛仔裤一样是每个美国人生活中不可或缺的一部分。"

匡威的历史远比耐克、阿迪达斯、锐步等运动鞋悠久。匡威历时近一个世纪的市场洗礼，始终都是时尚青少年首选的运动休闲品牌。20 世纪 90 年代中期，匡威进入中国市场，它在中国的发展可以说是达到了预期目标，甚至有些出乎意料。而中国运动服市场这几年的增长速度是惊人的，远远高于国民生产总值的增速。匡威作为一个百年的国际品牌，它在中国市场所取得的成就是与我们为中国市场度身打造的市场策略分不开的。☆CONVERSE——正品匡威网上专卖店网页（http：//www.conslive.com）如图 7-3 所示。

20 世纪 90 年代中期，CONVERSE 总公司委托世界最大制鞋集团中国的台湾宝成公司代理其中国区市场，并专门成立广州宝元公司（现为裕晟公司）代理 CONVRSE 从服装、配件到鞋的全线运动用品。1995~1996 年，宝元公司首次推出了 ALL STAR 帆布鞋，但出师并不如预计的那样顺利。主要原因是没有很好地根据中国市场制定强有力的推广策略，而几乎是"拿来主义"摆卖，价格等同美国 ALL STAR 帆布鞋价，每双鞋 320 元人民币（而其他国产帆布鞋只卖几十元），没有规模主题广告，鞋品款式、零售店数量也不多，只有知

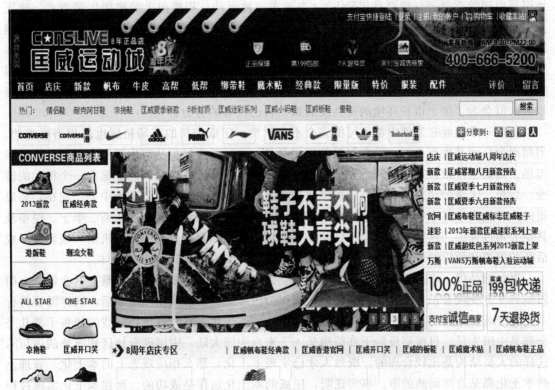

图 7-3　☆CONVERSE——正品匡威网上专卖店网页

道 CONVERSE 品牌历史和价值的资深 FANS 才会购买。1997 年后，宝元重组了市场部，新市场在研究 CONVERSE 品牌时，了解到 CONVERSE 主打产品是篮球鞋，而篮球鞋市场上有 NIKE、ADIDAS 等一线品牌占领了 50％以上的高级篮球鞋应在维持现有市场份额的基础上，有计划地推出其他有潜力的主打产品。20 世纪 90 年代，世界流行复古热潮，经典复古的 ALL STAR 在中国台湾大行其道，成为超人气鞋款。新市场部的管理层敏锐地感到这股复古风很快也会刮到中国大陆，ALL STAR 帆布鞋会成为 CONVERSE 最有上升潜力的鞋品。

　　为了使 ALSTAR 帆布鞋在中国市场一炮走红，新市场部对 CONVERSE 进行了 swot 分析，制订了整合营销的推广方案。在价格方面，根据中国人当时的消费能力和心理，全国统一零售价为 185～190 元。此价格是为中国帆布鞋类的最高价，即突显 ALL STAR 尊贵品牌地位，又能为大中城市的中等收入以上的消费者所接受。此价格一年四季不打折、不降价，消除消费者期待降价的心理，保持其品牌长期稳定价格线。产品则是挑选美国、日本、韩国销售人气最旺的鞋款，保持与世界同步的时尚潮流，再开发一些适合中国市场的款式和色彩。每年保持在 150～300 个款色的产品线，形成集大的帆布鞋王国。生产上采用进口帆布、原生优质橡胶鞋底，全球 CONVERSE 统一质检标准。ALL STAR 帆布鞋价格处于中高档，所以采用大城市辐射中小城市的战略，选择生活水平高、对潮流敏感的特大城市如北京、上海、广州等地推广，然后逐步发展成都、重庆、深圳、武汉、杭州、南京、天津、沈阳等城市。对每一城市零售通路进行分析，加强和补充售点弱的地区开店量，使每一重点城市集点达到布局合理；同时，另外开发一套专供 ALL STAR 帆布鞋售卖的渠道。CONVERSE专柜和 ALL STAR 店合计达 400 多家。匡威在中国的自身发展过程中，通过适量的公关宣传活动，不断地引导中国的消费者（特别是年轻人），去追求一种运动、积极向上的健康生活方式，这无疑对中国市场的运动休闲产业的增长起到催化作用。随着互联网的广泛运用，匡威也利用网站为自己的产品做宣传，并开辟了网上直销的新渠道。

匡威一直都是良性竞争的倡导者，也一直为中国市场走向规范化而努力。比如说，美国CONVERSE总部就设有一个专门调查全球假冒商品小组，并与公司联手作业。虽然做得很辛苦，但会为了整个市场环境的良性发展做出自己应有的努力。

任何一个企业在发展中都不可能完全不交学费，匡威当初的市场拓展也是相当艰难的。当初因为公司是生产企业，没有很强的市场背景。当时是直接把从事生产的人员调过来运作市场。而做生产跟做市场是两个完全不同的领域，无论从人才还是观念上都有一个很大的转变。后来，匡威公司意识到要用市场型的人才，让做生产的人员回到生产中去。现在，裕晟里的人都是有丰富市场运作经验的人，有从体育用品公司如耐克、阿迪达斯、李宁、锐步及其他公司过来的。这些人才都会把好的经验带过来，裕晟海纳百川的用人机制，很容易形成活跃的思想和敏锐的市场意识，中国匡威从 1997 年起，每年都保持高速增长。

再好的品牌，产品如果不根据当地的风土人情、经济状况做相应的调整，就会像南方的柑橘到北方变成苦枳一样，水土不服。匡威作为国际品牌，进入中国市场后，同样需要进行本土化经营。裕晟的本土化经营战略首先是人才的本土化，在匡威市场一线的销售干部几乎全都是中国人员。目前裕晟的干部结构是 4/5 来自中国大陆，中国港台地区和海外的占 1/5，这样的人员结构是比较合理的。既然人才已实现本土化，那么相应观念上的本土化、管理上的本土化都是自然而然的事。事实证明，匡威的本土化运作是成功的。而在本土化实施过程中发生的冲突，解决办法是：让事实说话，谁对谁错让市场说了算。裕晟的气氛是相当融合的，人员流动相对较少，而公司提倡的大家庭文化理念在其中也起到一种调和的作用。

匡威的成功有力地证明了企业"三重境界"的观点：第一个境界是做产品；第二个境界是做服务；第三个境界是传播思想。匡威是一个擅长于制订游戏规则的国际品牌。为了庆祝CONVERSE 中国官方商城的上线，CONVERSE 推出独一无二的具有社交性的收藏功能，消费者在官网上收藏产品、图片和博客故事内容的同时，还能和自己的好友以及网络上的共同爱好者进行分享、讨论和互动。

研讨问题 1：阅读案例，分析匡威在未来的发展状况。

研讨问题 2：你觉得匡威的网站如何？有什么可改进的地方？

研讨问题 3：浏览匡威特价专区，体验匡威的促销手段。

7.3.3 案例 3：雅芳的网络直销

1886 年，"雅芳之父"大卫·麦可尼（David McConnell）从一瓶随书附送的小香水中受到启发，"加州香芬公司"（the California Perfume Company）由此诞生。由于对伟大诗人莎士比亚的仰慕，1939 年，麦可尼先生以莎翁故乡一条名为"AVON"的河流重新为公司命名。经过一百多年的艰苦历程，雅芳公司跻身于全球 500 强企业之列。目前雅芳在 45 个国家和地区有直接投资，拥有 500 余万名独立营业代表，业务遍及 137 个国家和地区，年销售额达 52 亿美元，是全美最大的 500 家企业之一。现有产品 2 万余种，涉及护肤品、化妆品、个人护理品、香品、流行首饰、女性内衣 | 时装、健康食品等。到目前为止，雅芳在中国拥有 1600 多个美容专柜，100 多个仓储式的雅芳专柜，已全面进入全国各大城市的著名商厦、百货公司、大型超市和连锁店。销售方式包括专卖店销售、人员推销、互联网销售、

忠诚客户俱乐部，在互联网上建起了网站。

早在 1997 年雅芳就开始追赶网络时髦，推出自己的网站，并通过网上销售部分商品。但由于网上直销与传统直销方式存在差异，所以网络直销没有大发展。相比之下后来成立的许多新兴小网站，却在直销网络大潮中迅速崛起，在不知不觉中占领了女性化妆品网上销售市场的绝对份额。尤其是戴尔电脑和亚马逊书店的成功案例，令直销在新时代发展到较高境界。雅芳女性用品等网上直销也开始蓬勃兴起。1999 年 11 月，雅芳任命出生于美国的华裔女性 Andrea Jung 担任公司的首席执行官，雅芳公司开始拥抱网络时代。首先，向直销员保证，公司关注她们的利益。随后，投入了 5000 万巨资用于重建雅芳网，而且这个网站主要是为了方便直销员以及介绍雅芳产品系列。雅芳网站（http：//www.avon.com，如图 7-4 所示）给客户以这样的选择：她们可以从雅芳公司直接订货，也可以在网上寻找离她们社区最近的雅芳销售代表。雅芳规定，直销员只要每月缴纳 15 美元，便可以成为"电子直销员"，她们可以在网上销售雅芳产品，同时赚取不菲的回扣。如果是客户网上下订单，公司送货，她们将获得 20％～25％；如果是她们自己亲自上门送货，将获得 30％～50％。这一举措对雅芳的重大意义在于，这样使人工每份订单需 90 美分的成本费用，而在网上处理一份订单仅需 30 美分。在美国，雅芳公司现已有 11800 名直销员与公司签约，成为电子直销员。

图 7-4　雅芳网站首页

在招贤纳才方面，雅芳有自己独到的用人标准，通过 KPI 指标、绩效发展计划（PDP）、人事经理的考评等进行客观公正的绩效考核，其严谨的激励制度堪称行业的经典。而在专卖店的管理上，雅芳按照统一原则对各国市场进行细分，细分后形成的每一个区域，就是标准化管理的基本单位。

出色的供应链管理是雅芳的又一成功之处。雅芳独创了"直达配送"解决方案，即经销商通过互联网向雅芳公司下单，并在网上支付货款，雅芳收到订单信息后，将货物交由第三方物流公司在承诺的时间内送达。这套解决方案将供应商、制造商、分销商、零售商及最终消费者用户整合到一个平台上，实现了高效统一的供应链管理。

(1) 雅芳网上直销的商业模式

① 美容通路迈入电子时代，直销拥抱新经济　雅芳一直是以直销这一最古老的商品销售方式从事经营的。随着网络经济的出现，雅芳积极地拥抱新经济，为人们呈现网络时代美丽的新配方。雅芳自诞生以来都是以女人的美丽为目标，从未改变。良好的声誉是雅芳在未来继续获得成功的关键。为此雅芳建立了一套核心价值观念和道德准则作为运营的指南，而它必须远远高于常规的商业规则和目标。在世界各地，雅芳通过支持女性在经济、文化、健康和体育等方面的发展，履行它对社会、对女性的义务。"雅芳全球妇女健康基金会"的成立就是很好的例证，迄今已筹集了5000万美元的基金。

② 信任、尊重、谦逊、理念和高标准　责任感是它的核心精神，包括对员工、顾客和社会3个层次。100％顾客满意保证制度印证了雅芳与顾客之间的信任与尊重关系，而且使雅芳赢得更大的顾客忠诚度。它是以顾客满意作为执行标准。雅芳的产品质量和服务质量完全超越了常规的商业标准。这是雅芳赢利的基本点，才有了雅芳百年老店的今天，才有了雅芳在网络经济时代的飞跃。雅芳的网上直销吸收了传统直销的经验，更吸收了新的积极因素，培育出雅芳的新核心竞争力。

(2) 雅芳网上直销的技术模式

① 信息化经销管理系统助雅芳转型成功　支撑雅芳在网络经济时代梦想的重要支柱就是管理信息系统。这个庞大的终端网络顺利运行，货如轮转，实现专卖店信息流、物流、现金流在网上的直接监控并支持直达配送，雅芳的信息技术起到了至关重要的作用。在1999年中国雅芳获得了"雅芳全球信息技术杰出贡献奖"（Avon Global ITS Outstanding Award）。

从1991年开始推行信息化建设以来，信息化建立起来的"经销管理系统"支持着雅芳转型后庞大的销售网络。这是一套针对销售终端的管理系统，它将中国雅芳总部以及遍布全国各地的74家分公司的系统连接在一起，并辐射到近5000家产品专卖店中。分公司和产品专卖店可以根据自己存货情况，从网上下订单；相应的，总部也可以根据他们所掌握的总体情况，提醒分公司或产品专卖店是否应该在近期进某一类或几类产品，以防出现缺货情况。通过这样一个庞大的网络，总公司对于分公司及产品专卖店的运作及经营情况就能了如指掌。

② 自动化物流系统和顾客服务中心　雅芳新设的顾客服务中心，导入最先进的拣货物流和仓储管理系统，启用的前两个月每天订单处理量提高30％，最高产能为1.8万笔，产能和效率都是业界之冠，并大幅节省人力成本。

雅芳新顾客服务中心导入的两套先进物流作业系统，包括支援出货运输作业（SICS）和支援仓储作业（WMS）等自动化设备和系统。SICS是现代化拣货物流咨讯系统，可以配合全自动纸箱包装作业，把大订单切割为多箱运送。如同一人有3张订单，自动合并，进行订单重量检测，若重量不符即自动剔除，并自动判定拣货路线。这些功能除可节省15％的运费和材料成本，省下复检人员3人，拣货效率也提高三成。支援仓储作业（WIMS）系统的导入，使雅芳的仓储空间有效管理，可以做到先进先出，效率提高三成以上。

③ 建立网络培训系统，提升管理水平　雅芳通过它建立起来的网络，就能在1～2天的时间内把各种促销活动的具体要求以及具体的图示（如何摆放促销产品、如何张贴各种促销宣传画等）的信息顺利传送到全国的所有产品专卖店中。同时，这个网络还能作为内部培训

的平台，培训分公司人员及各产品专卖店店长，提升他们的管理水平，使其与总部的步调一致，利用网络的培训方法还非常省钱。

④ 建立个性化服务系统，更好地服务顾客　在不断完善公司内部系统的同时，雅芳的 IT 部门还不断研制新的服务软件来实现服务的个性化。在雅芳公司的产品专卖店中都装备了集高新软硬件于一体的 E-Makeup DIY（雅芳彩妆虚拟沙龙）和 SIS（肌肤检测管理系统）。这两套系统不但能利用先进的数码技术和电脑的人工智能为每一个顾客量身设计不同风格的、适合多种不同场合的彩妆，让顾客立即看到虚拟的彩妆效果，还能通过肌肤检测为顾客提供产品使用前后的肤质说明、肤质比较和产品选用建议，并提供一套合适的护肤方案。

（3）雅芳网上直销的经营模式

网上直销与传统直接分销渠道的不同之处是，生产企业可以通过建设网络营销站点，让顾客可以直接从网站进行订货。通过与一些电子商务服务机构如网上银行合作，可以通过网站直接提供支付结算功能，简化了过去资金流转的问题。对于配送方面，网上直销渠道可以利用互联网技术来构造有效的物流系统，也可以通过互联网与一些专业物流公司进行合作，建立有效的物流体系。与传统分销渠道相比，不管是网上直接营销渠道还是间接营销渠道有许多更具竞争优势的地方。

雅芳卓越的行业影响力是指雅芳在其经营发展过程中对于行业生态环境所起到一种正向的、积极的影响作用。"行业影响力"是一个企业社会影响力的重要组成部分。在中国的市场上，雅芳的一举一动从来都是业界所瞩目的焦点，以及其对行业乃至中国社会 10 余年来所做出的诸多方面的贡献，让它名副其实的称为中国直销的一面旗帜。

雅芳的自我约束机制是指雅芳在制度和文化上形成一套完善、有效的保障措施，用于指导的自律经营。网上直销对自我约束能力提出了非常高的要求，雅芳自有自律行为基础，定会有序前进。

雅芳的社会责任是指对社会合乎道德的行为，是企业承诺持续遵守道德规范，为经济发展做出贡献，并改善员工及家庭、当地整体社区、社会的生活品质，尤其是在当前"构建和谐社会"的大环境下，是否具有深厚的社会责任感。2007 年雅芳正式启动"明天更美好"项目，为中国女性定制"女性发展项目启动金"，这让雅芳以统一的形象，同一种声音激发和鼓舞雅芳周围的人。通过符合自身特点、体现自身文化特性的主题公益行动，不遗余力地服务社会、奉献社会，雅芳在实现企业经营价值的同时，也使得企业品牌形象和个性深入人心。

（4）总结与建议

如何平衡直销员与店铺的利益是雅芳推行网上销售渠道时面对的一个现实难题。按目前情况，直销员推销的产品跟雅芳店铺里的产品是一样的，但未来这两种渠道所推销的促进派线将会分开。保健品、内衣等必须在专卖店才能买到。此外，雅芳的美容项目也只能在专卖店里进行。雅芳现在比较苦恼的应该是两种系统未来的平衡。现在他们的战略还看不清楚：是要转型还是增加渠道，就要面临两种渠道的区隔，如果采用现在的产品区隔，这将让管理变得困难，如杀价、窜货等问题更难控制。同时，由于雅芳在人力资源管理上一向实行严格的"绩效管理"制度，并推行量化业绩指标，雅芳店铺销售员在转型后可能带走大量的店铺消费者，这与现有的店铺构成直接业务竞争。

不过，不论是通过产品细分来区分各自市场，还是将直销员与经销商合作，雅芳在以后如何平衡直销员与加盟经商两者的利益，都必须重新有一套对经销商的管理方式，使经销商能够与直销员处于同等的地位，如果公司管理倾向于任何一方，雅芳将会失去另一方销售渠道。而这两个不同渠道将会向两个不同的直销模式发展。

雅芳回归到网上直销，必然要完成经营模式的转型，尽管转型过程中需要承受冲出原有店铺销售体系的痛苦，但这是一个适应网上直销游戏规则的必经过程。

研讨问题1：雅芳公司如何从传统直销向网上直销过渡？

研讨问题2：阅读案例，分析雅芳在化妆品行业采用网上直销的利弊。

研讨问题3：查找资料，说明雅芳公司实现网上直销的技术措施包括哪些？

研讨问题4：你对雅芳未来的发展有何预测？

思考习题7

1. 你认为哪些产品、哪些行业适合使用网络直销模式？

2. 试归纳出传统营销渠道与网络营销渠道的区别列表，比较网络直销模式与传统分销模式各自的优势和劣势。

3. 为什么说实现"市场渗透"的最有效方法是网络直销？

4. 试述网络直销中的定价策略及适用范围。

5. 戴尔公司的商业模式有什么特点？赢利模式是什么？

6. 戴尔公司网上直销的运作过程有什么特点？

7. 目前，戴尔在中国开始与渠道合作，是不是否定了它的直销模式，为什么？

链接资源7

1. 戴尔中国（Dell China）（http：//www1. ap. dell. com/content/default. aspx？c＝cn& l＝zh& s＝gen）。

2. 索尼数码单反相机（http：//www. sonystyle. com. cn/products/dslr/index. htm）。

3. Sony Style 中国（http：//www. sonystyle. com. cn/index. htm）。

4. 匡威特价专区（http：//www. conslive. com/tejiazhuanqu. asp）。

5. 雅芳中国网站（http：//www. avon. com. cn/PRSuite/home _ page. page）。

6. 中国直销网（http：//www. zhixiaoxue. cn）。

7. 安利（中国）（http：//www. amway. com. cn）。

8. 欧瑞莲化妆品（中国）有限公司（http：//www. oriflame. com. cn）。

9. 玫琳凯（中国）化妆品有限公司（http：//www. marykay. com. cn）。

拓展训练7*

1. 尝试应用戴尔的电子商务交易平台订购电脑。

2. 查找资料，哪些产品是中国政府界定的合法的直销产品。

3. 比较安利（中国）、雅芳中国网站、欧瑞莲化妆品（中国）有限公司、玫琳凯（中国）化妆品有限公司有关化妆品的产品推介。

第 8 章　行业服务提供模式案例分析

8.1　行业服务提供模式简介

8.1.1　行业服务

随着世界经济的发展，经济学专家提出："服务是一种资本，服务＝财富"，服务实际上就是为他人做事，并使他人从中受益。大家都知晓的一句俗话"三百六十行，行行出状元"，形容的是行业数量之多，而且各行各业都有自己的特点，有自己的门道，有自己的干头！因此，行业服务就是根据自身行业的特色，提供专业性强的服务。所以，行业服务的外延很广，具体描述的话，提供优质的行业服务，要依据行业的情况来定，比如餐饮行业服务、旅游行业服务、金融行业服务、制造行业服务等，各有不一样的行业服务标准。

随着互联网的普及，各行各业都在应用电子商务来解决行业服务的问题，经过十来年的发展，一些致力于提供行业服务的网站取得了较大的成功，如中国领先的在线旅行服务公司——携程旅行网，向超过千万会员提供集酒店预订、机票预订、度假预订、商旅管理、特惠商户及旅游资讯在内的全方位旅行服务；中国内地金融证券信息服务的商用平台，中国内地在线免费实时行情最快、用户最多的提供商，中国内地在线免费实时金融证券新闻、股评、上市资料最权威、最大的提供商——证券之星等；它们都及时地利用了电子商务，为行业服务展示了电子商务发挥的能量。

8.1.2　行业服务提供模式

（1）行业服务提供模式的概念

行业服务提供模式是指能提供专业性强的行业服务，且拥有该行业资源的背景，有针对性地为业内人士提供行业内及相关行业的电子商务平台和商务信息服务的电子商务模式。近年来，随着搜房网、华体网等一批行业服务提供网站因为良好的盈利能力，受到了资本市场的青睐，相继成功上市，其深厚的行业背景、丰富的行业经验无疑为其成功提供了基本保证，同时也显示了行业服务提供电子商务模式已成为互联网上的金矿的巨大魅力。

（2）行业服务提供模式的特征

① 专业性强　行业服务提供模式体现在行业服务网站上，其特征之一就是专业，强调的是行业内的"全面、深入、具体"，要想在众多的同类网站中取胜，需要有深厚的行业背景，对行业的各个环节了如指掌，知晓业内人士的需求。因此，行业服务网站并不追求大而全，它们只做自己熟悉领域的事情，它们有吸引顾客的妙招。

② 侧重点明确　行业服务网站面对的是一个特定的行业、特定的专业领域，它们有自己的侧重点，力求做到特定的行业领域内的全面，这种特定的行业服务可以有效地把对某一特定行业领域感兴趣的用户与其他网民区分开来，并能持久地吸引住这些顾客。

（3）行业服务提供模式的分类

根据提供的行业服务内容的不同，行业服务提供模式可分为以下几种。

① 行业信息服务提供模式　在互联网这个信息的海洋中，不同行业的企业需要寻找自己需要的信息，必须上网搜索，登录各种网站，信息的分散、服务的分散给企业带来了很大的不便。行业信息服务提供模式通过整合行业及相关行业信息资源，向行业用户提供政策信息、供求信息、产品行情、信息搜索、信息发布、行业分析、行业信息咨询、相关行业信息、电子商务解决方案等信息服务。如中国纺织网（http：//www.texnet.com.cn）、搜房网（http：//www.sofang.com）、智联招聘网（http：//www.zhaopin.com）等就属于行业信息服务提供网站。

② 行业交易服务提供模式　行业交易服务提供模式是指行业服务提供商通过其网上交易平台为行业用户提供行业交易市场、网上销售、网上购买、网上支付等为主的在线交易服务，当然也会提供其他专业服务，如能源一号网（http：//www.energyahead.com/index.shtml）。这类型的网站不多，大部分已升级为行业综合服务提供网站。

③ 行业综合服务提供模式　行业综合服务提供模式是指行业服务提供商为行业用户提供包括信息服务、网上交易服务、专业咨询以及其他增值服务等综合性的服务，其他增值服务有网站建设与维护、在线推广、网络广告、网络培训等，如中国化工网（http：//china.chemnet.com/）、中农网（http：//www.ap88.com）等。

（4）行业服务提供模式的优势

行业服务提供模式由于具有专业性强、针对性强的特征，最了解客户的需求，可以说，行业服务提供网站吸引着更合格、更狭窄且经过预选的参与者，易于建立起忠实的用户群体，有着固定的回头客，而且大多数是有效客户，这种市场一旦形成，具有极大的竞争优势。

行业服务提供模式可以通过有效资源的整合，消除中间环节，提高交易效率。另外，由于行业网站面对的客户很多都是本行业的，潜在购买力强，其广告的效果也会比较大，因此，可以获取较高的广告费。

行业服务网站可以为行业受众提供"一站式"信息服务，一旦被广大客户认可，则将因此带动品牌和业务规模的扩张；同时，企业也可以通过精确的行业定位，扩大自身的销售和采购渠道，完善产业链，最终使行业网站成为企业新的盈利来源。

8.2　典型案例分析：提供即时通信服务——腾讯公司

8.2.1　腾讯公司简介

腾讯公司（www.tencent.com，首页如图8-1所示）于1998年11月在深圳成立，它是中国最早的互联网即时通信软件开发商，是目前中国最大的互联网综合服务提供商之一，也是中国服务用户最多的互联网企业之一。成立十年多以来，腾讯一直秉承"一切以用户价值为依归"的经营理念，始终处于稳健、高速发展的状态。2004年6月16日，腾讯公司在香港联合交易所主板公开上市（股票代号700）。

在1999年2月，腾讯公司正式推出第一个即时通信软件——"腾讯QQ"。它影响了中

图 8-1 腾讯首页

国一代年轻人的沟通方式,几乎每一台电脑的右下角都活跃着一只小企鹅。截至 2012 年 12 月 31 日,QQ 即时通信的活跃账户数达到 7.982 亿,最高同时在线账户数达到 1.764 亿。腾讯的发展深刻地影响和改变了数以亿计网民的沟通方式和生活习惯,并为中国互联网行业开创了更加广阔的应用前景。最多上网人口使用的实时通信工具便是腾讯公司的 QQ。在拥有数以亿计的注册用户的基础上,依靠实时通信工具在用户之间所带来的连结性,使腾讯公司的业务量能以呈滚雪球般地成长。该公司以"为用户提供一站式在线生活服务"为战略目标,基于此完成了业务布局,构建了 QQ、腾讯网(www. QQ. com)、QQ 游戏及拍拍网四大网络平台,形成了中国规模最大的网络社区;展现出腾讯对强负载大流量网络应用和各类实时通信应用的技术实力。

腾讯以满足用户的需求为导向,不断创新,依托庞大的用户资源,利用本地化优势,将即时通信整合进互联网、移动网络和固定通信网络,以及手持设备等多种通信终端。用户可利用腾讯的即时通信平台,以各种终端设备通过互联网、移动与固定通信网络进行实时交流,不仅可以传输文本信息、图像、视频、音频及电子邮件,还可获得各种提高网上社区体验的互联网及移动增值服务,包括移动游戏、交友、娱乐信息下载等各种娱乐资讯服务。腾讯已形成个人即时通信、企业实时通信和娱乐资讯三大战略发展方向,正逐步实现"创一流互联网企业"的远景目标。

8.2.2 腾讯公司的业务体系

从目前的发展情况来看,腾讯已形成了即时通信业务、网络媒体、无线和固网增值业务、互动娱乐业务、互联网增值业务、电子商务和广告业务七大业务体系,并初步形成了"一站式"在线生活的战略布局。

(1)即时通信业务

到目前为止,腾讯的即时通信业务包括以下几种。

① QQ　支持在线消息收发以及即时传送语音、视频和文件，并且整合移动通信手段，可通过客户端发送信息给手机用户。全新推出的 QQ2013 版本沿袭之前的版本功能，全面兼容和支持 Windows XP 及 Vista、Linux、Mac 等多个系统平台，用户可在电脑、手机以及无线终端之间随意、无缝切换。同时，以"Hummer"为内核的第三代 QQ 加强了腾讯各项互联网服务的整合力度，进一步为用户构建完整、成熟、多元化的在线生活平台。

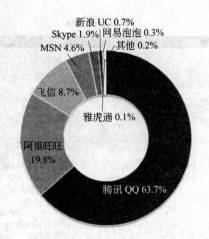

图 8-2　中国 2012 年第二季度即时通信
工具软件市场占有份额示意图

据图 8-2 所示的中国即时通信工具软件占有市场份额显示，腾讯 QQ 具有绝对优势，它是腾讯公司业务体系扩展的基石。

② TM　Tencent Messenger 是腾讯公司精心打造的第二款即时通信软件。针对办公环境设计，侧重于熟人间的沟通和联系。它强化安全措施、优化性能、更加高效安全。TM 电子名片、TM 隐身时对组、联系人可见、TM 反打扰等功能使办公中的沟通更轻松简单。

③ RTX　腾讯通 RTX（Real Time eXchange）是腾讯公司推出的企业级即时通信平台。企业员工可以轻松地通过服务器所配置的组织架构查找需要进行通信的人员，并采用丰富的沟通方式进行实时沟通。文本消息、文件传输、直接语音会话或者视频的形式，满足了不同办公环境下的沟通需求。

④ 腾讯 TT 浏览器　一款多页面浏览器，具有亲切友好的用户界面，提供多种"皮肤"供用户根据个人喜好使用。另外，TT 更新了多项人性化的特色功能：智能屏蔽一键开通、最近浏览一键找回、多线程高速下载、浏览记录一键清除等使上网冲浪变得更加轻松自如、省时省力。

⑤ QQ 医生　腾讯公司开发的一款免费安全软件。它是上网用户保护和优化计算机的助手，能够有效检测计算机存在的各类风险（如流行木马、系统漏洞等），具有简单实用和功能全面的特点，适合上网用户每天使用。

⑥ QQ 邮箱　腾讯公司 2002 年推出的，向用户提供安全、稳定、快速、便捷电子邮件服务的邮箱产品，能发送超大的邮件附件。QQ 邮箱是腾讯公司网络平台服务的重点产品。QQ 邮箱拥有来信即时提醒、阅读空间、1G 超大附件、音视频邮件等多个特色功能，深受用户信赖和喜爱。目前已为超过 6000 万的邮箱用户提供免费和增值邮箱服务。QQ 邮箱和QQ 即时通软件已成为中国网民网上通信的主要方式。

⑦ 超级旋风　腾讯公司 2006 年 11 月推出的下载软件，支持多个任务同时进行，每个任务使用多地址下载、多线程、断点续传、线程连续调度优化、下载速度快，无广告、无流氓插件，完全免费。超级旋风对于 vista 系统也支持。

⑧ Foxmail　Foxmail 客户端是最成功的国产软件之一，在 2005 年加入了腾讯公司后，持续进行优化和发展，目前除基础的邮件管理功能外，新增了全文检索、邮件档案、支持IMAP4 协议、待办事项等特色功能，为邮件用户不断提供更好的体验。

⑨ QQ 影音　由腾讯公司最新推出的一款支持任何格式影片和音乐文件的本地播放器。QQ 影音首创轻量级多播放内核技术，深入挖掘和发挥新一代显卡的硬件加速能力，软件追求更小、更快、更流畅。

⑩ QQ 拼音　腾讯公司于 2007 年 11 月推出的一款界面清爽、无广告信息的智能输入法软件。功能模块独立设计，扩展性强，实现各输入风格的平滑切换；词库采用了多级加载、预读和异步加载等技术，有效地提高了输入速度；自主开发皮肤引擎，确保各种皮肤在大多数软件中（如游戏等），具有良好的兼容性。让用户在不知不觉中，打字速度轻松提高，从输入的困扰中解脱出来，享受书写，享受生活。

⑪ QQ 软件管理　目前提供了腾讯最广受欢迎的客户端软件产品的下载、安装、升级、卸载；为用户选择软件提供了一站式的体验，方便快捷。QQ 软件管理为用户提供了最可靠的软件来源，保证用户所安装的软件是最新、最稳定的版本，并提供了创新的一键安装体验，既解决了入门用户安装软件时的很多麻烦问题，也为高级用户提供了省时省事的解决方案。

（2）网络媒体

① 腾讯网　中国最大的中文门户网站，是腾讯公司推出的集新闻信息、互动社区、娱乐产品和基础服务为一体的大型综合门户网站。服务于全球华人用户，致力于成为最具传播力和互动性，权威、主流、时尚的互联网媒体平台。通过强大的实时新闻和全面深入的信息资讯服务，为中国数以亿计的互联网用户提供富有创意的网上新生活。

② 搜搜（www.soso.com）　腾讯旗下的搜索网站，也是腾讯主要的业务单元之一。2006 年 3 月正式发布、运营。搜搜目前主要提供网页搜索、图片搜索、音乐搜索、论坛搜索、新闻搜索、视频搜索及问问和百科、搜吧等 16 余项搜索产品与服务。通过互联网信息的及时获取和主动呈现，为广大用户提供实用和便利的搜索服务。用户既可以使用网页、音乐、图片等搜索功能寻找海量信息，也可以通过搜吧、论坛等产品表达和交流思想。搜搜旗下的问问产品为用户提供更广阔的信息及知识分享平台。

（3）无线和固网增值业务

主要为用户提供 QQ 与手机或其他终端互联互通的即时通信及增值服务。

① 手机腾讯网（3G.QQ.COM）　腾讯公司的手机网门户。是一个手机上网时可随意访问的免费无线 WAP 站点。该网站向用户免费提供 QQ 聊天功能（移动 QQ 是目前中国最早和最具有影响力的无线短信服务），新闻资讯实时浏览；提供实用的生活工具，包括手机硬盘、手机相册、手机查询天气、手机搜索；提供多元化的手机娱乐解决方案，包括手机 Qzone、手机书城、手机社区、手机图铃下载和手机游戏。发送 3G 到 1700 可以马上获取该 WAP 网站的链接，或者在手机书签里面输入地址 3g.qq.com 也可以立刻访问该 WAP 网站。（手机上网所产生的 GPRS 费用可咨询当地中国移动）。

② 超级 QQ　腾讯公司开发的一款休闲娱乐类主打产品，是腾讯公司为手机用户提供的 VIP 服务。该产品可以实现手机累积 QQ 在线时长、短信设置 QQ 资料以及看资讯、天气、笑话等超值功能，满足用户通过手机玩转 QQ 的多种需求，并提供全方位的手机娱乐平台。

③ 手机 QQ　一款由腾讯公司自主研发的手机即时通信软件。手机 QQ 将 QQ 聊天软件搬到手机上，满足用户随时随地免费聊天的欲望。新版手机 QQ 更引入了语音视频、拍照、传文件等功能，与电脑端无缝连接。音乐试听、手机影院等功能，可以让用户边聊边玩，填

补旅途、课间、出行的每一秒空闲时间。

④ **手机游戏** 基于手机腾讯网平台，为广大用户提供无线互联网生活服务的娱乐类产品。手机游戏中心内容种类多元化，覆盖单机和手机联网游戏。单机游戏包括但不限于角色、动作、休闲、益智类等；联网游戏代表产品有幻想西游、仙侣、轮回、幻想 i 时代等。还有深受广大用户喜爱的手机休闲联网游戏 QQGAME，包括斗地主、麻将、象棋等，以及最新推出的社区联网游戏。用户可以通过手机和电脑随时随地联网娱乐，较大程度上满足了用户不同的休闲娱乐需求。

⑤ **手机 QQ 音乐** 集基础音乐服务（免费歌曲 MP3 试听下载）、增值音乐服务（铃声、彩铃）、最新音乐资讯、音乐 SNS 社区（个性音乐小窝、火爆明星粉丝团）为一体的提供综合音乐服务的 WAP 音乐门户。手机 QQ 音乐是目前国内最大的无线音乐销售平台，日下载量稳居中国移动无线音乐渠道合作方第一名。

（4）互动娱乐业务

作为腾讯四大网络平台之一的腾讯游戏是全球领先的游戏开发和运营机构，也是国内最大的网络游戏社区。无论是腾讯公司整体的在线生活模式布局，还是腾讯游戏的产品布局，都是从用户的最基本需求、最简单应用入手，注重产品的可持续发展和长久生命力，打造绿色健康的精品游戏。在开放性的发展模式下，腾讯游戏采取自主研发、代理合作、联合运营三者结合的方式，已经在网络游戏的多个细分市场领域形成专业化布局并取得良好的市场业绩。

目前，腾讯游戏已拥有休闲游戏平台、大型网游、中型休闲游戏、桌面养成游戏、对战平台五大类近百款游戏。2011 年 10 月，《QQ 游戏》宣布最高同时在线突破 800 万；首款基于 IM 的桌面虚拟宠物养成游戏《QQ 宠物》同时在线突破 290 万；自主研发运营的大型网游开山之作《QQ 幻想》以多样化的游戏方式、可爱多变的变装系统、庞大的任务系统及独特的剧情任务吸引着亿万玩家畅游幻想；秉承腾讯游戏健康理念的《QQ 堂》被列为"文化部批准的第一批绿色网游"；代理游戏明星之作《QQ 音速》荣获"2006 年度最受网民喜爱的免费网游"称号。

2008 年 11 月，腾讯独揽"金翎奖"六项大奖；2013 年 1 月 17 日，腾讯游戏与集英社、万代游戏达成战略合作，率先引进 11 部当红漫画的电子版权，并将《火影忍者》做跨界开发，开发游戏《火影忍者 Online》。通过原创动漫作者培养、正版漫画引入、游戏改编以及衍生品开发等措施，腾讯动漫发行平台似乎正在着力重塑中国动漫的产业链。

除自主研发外，腾讯也通过联合运营、代理合作两大模式，积极引进可持续发展的精品游戏，打造最具价值的综合运营平台。迄今为止，已成功引进《QQ 凯旋》、《QQ 音速》，成功运营《华夏 2》等多款网络游戏。

强大的开发能力和专业的营销平台也获得了合作伙伴的广泛认同，已与肯德基、蒙牛、宝洁、NIKE 等众多知名品牌强强携手，开创并引领着中国互联网互动营销的新模式。

（5）互联网增值业务

腾讯的互联网增值业务是基于腾讯公司的核心服务——即时通信平台之上，为 QQ 用户提供更加丰富多彩的个性化增值服务，主要服务包括会员特权、网络虚拟形象、个人空间网络社区、网络音乐、交友等。互联网增值服务主要以网络社区为基础平台，通过用户之间的沟通和互动，激发用户自我表现和娱乐的需求，从而给用户提供各类个性化增值服务和虚拟物品消费服务。

依托强大的即时通信平台，根据对用户需求及时和准确的把握，腾讯的互联网增值业务近年发展迅速，获得用户高度认知，每月活跃用户数超过 5000 万。由于拥有互联网活跃、庞大的用户群，增值业务表现出来极强的互动性，近年来成为传统媒体重视的、发展迅猛的新型互动平台。2006 年的超级女声网络投票和亚洲小姐网络赛区竞选等活动成功地创造出互联网史上的骄人佳绩；同时，也缔造出互联网行业和传统媒体在选秀等互动类节目上的一种新型模式，而且已经被中央电视台、湖南卫视、东方卫视等认同。

用户创造价值，世界 500 强企业、知名品牌都发现了增值服务的潜在优势，可口可乐、肯德基、上海大众等纷纷投来了合作的橄榄枝，充分利用增值服务活跃的社区平台，开创并引领着中国互联网互动营销的新模式。

① QQ 空间　一个专属于用户自己的新一代的多媒体个性空间，是一种全新的网络生活方式；它以抒发用户情感、分享内容、与人互动为三大主要内容，以多媒体为主的表现形式，是一个大众化的在线时尚生活平台；通过用户的情感分享和朋友互动，满足用户展示、分享和交流自己时尚生活的需求。

② QQ 会员　腾讯公司高端增值用户，通过为会员提供手机、客户端、网络在内的增值服务内容，同时还拥有折扣特权和丰富的线下活动。

③ QQ 秀　QQ 虚拟形象设计系统。QQ 用户可以选择 QQ 秀商城的虚拟服饰、珠宝首饰、场景和化妆整形来装扮用户在 QQ、QQ 聊天室、腾讯社区、QQ 交友等服务中显示的虚拟形象。

④ QQ 音乐播放器　腾讯公司自主研发的一款同时支持在线音乐和本地音乐的播放器，是国内领先的正版在线数字音乐平台。其强大的音乐搜索和推荐功能，让用户轻松地享受最新最流行、最火爆的音乐。QQ 音乐播放器还非常注重用户的音乐互动交流及分享。只要用户拥有 QQ 音乐播放器，就能随时拥有更多自己喜爱的音乐。

⑤ QQLive　国内领先的网络视频互动平台，旨在不断改善人们的视频娱乐生活。该平台向广大用户同步直播各大电视台精彩节目，同时提供大量高清电影、电视剧、综艺、动漫、体育等点播视频。它采用了 P2P 流媒体技术，观看用户越多视频播放越流畅，支持百万级用户同时在线。凭借强大的技术优势和优秀的用户体验，QQLive 已经深入数千万用户的生活，特别是在 2008 年北京奥运会、汶川地震、NBA 联赛、快乐女声、春晚等大事件中表现非常突出，成为行业的领跑者。

⑥ 校友（朋友网）　为大学生量身打造的一个真实化生活社区。在这里大学生们可联络老同学，结交新朋友；时时获得同学、好友、学校以及周边发生的新事物等信息，还能与大家一起玩 QQ 农场、QQ 餐厅等有趣的游戏应用，又能获得实习、兼职、招聘等最新资讯，一站就能满足娱乐、学习等生活化各类信息服务。

⑦ 城市达人　全国最大规模的同城同好 SNS 交友娱乐活动社区，可以在城市达人社区找到不同年龄、职业、故乡、所在地以及不同兴趣爱好的好友；同时能够与这些好友进行线上互动娱乐活动，如参加头像 PK、同城点歌、在社区发帖及参加热点话题讨论等；不仅如此，还可以参加种类丰富的线下同城活动，如户外旅行、听演唱会、一起看电影等。

（6）电子商务

电子商务业务是腾讯为互联网用户提供的在线交易和支付的整合服务，是腾讯公司"在线生活"战略在电子商务领域的重要业务布局。该业务不仅为互联网用户提供了方便、自由的网上交易平台和互动社区，还为个人和企业提供了安全、专业的在线支付服务。

① 拍拍网（www.paipai.com） 腾讯旗下的电子商务交易平台，于 2005 年 9 月 12 日上线发布，2006 年 3 月 13 日宣布正式运营。拍拍网为用户提供了方便、快捷的网上交易服务，包括网上购物和商品的自主买卖交易等。网站主要有网游天地、女人街、数码城、运动馆、书籍音像、QQ 特区、特价哄抢七大频道，其中的 QQ 特区还包括 QQ 宠物、QQ 秀、QQ 公仔等腾讯特色产品及服务。它拥有功能强大的在线支付平台——财付通，能为用户提供安全、便捷的在线支付服务。同时，拍拍网还开发了"边聊边买"、抵押金安全拍卖系统、买卖信用分离制度等多项专利技术服务，是目前中国新兴的最受网民欢迎的 C2C 电子商务交易平台。拍拍网一直致力于打造时尚、新潮的品牌文化，作为腾讯"在线生活"战略的重要业务组成，拍拍网依托于腾讯 QQ 以及腾讯其他业务的整体优势，现在已成为国内成长速度最快、最受网民欢迎的电子商务网站，并且帮助几十万社会人员和大学生解决了就业问题。

② 财付通 腾讯公司推出的中国领先在线支付应用和服务平台，致力于为互联网个人和企业用户提供安全、便捷、专业的在线支付服务。财付通着力构建以个人应用、企业接入和增值服务为核心业务的综合支付平台，业务覆盖 B2B、B2C 和 C2C 等领域。财付通为个人用户提供收付款、交易查询管理、信用中介等完善的账户服务，并推出了一系列个性化账户应用；还为企业用户提供专业的支付清算平台服务和强大的增值服务。

（7）广告业务

腾讯依托其丰富的产品线以及全新的广告合作模式，通过与不同产品的结合，使品牌及产品更加友好地展现在用户面前。腾讯在网络营销方面拥有传播范围广、互动性强、投放精准等特点，与国内外无数知名的企业合作，为他们提供最有效的网络营销解决方案。从 2004～2009 年，腾讯广告业务增长迅猛：2009 年，腾讯广告收入达到 9.622 亿，是 2004 年的 17.5 倍（见图 8-3）。

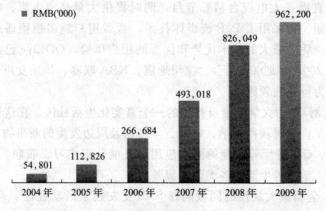

图 8-3 2004～2009 年腾讯公司广告收益

8.2.3 腾讯公司的盈利模式

腾讯公司最新财务报告显示，2012 年总收入为人民币 438.937 亿元，同比增长 54.0%；净利润为 127.319 亿元，同比增长 24.8%。其中，互联网增值服务收入为人民币 319.952 亿元，同比增长 38.9%；移动及电信增值服务收入为人民币 37.230 亿元，同比增长 13.8%；网络广告收入为人民币 33.823 亿元，同比增长 69.8%；电子商务交易业务收入为人民币 44.278 亿元。

从以上数据可看出，腾讯公司的主要盈利分为四部分，即互联网增值服务、移动及通信增值服务、网络广告和电子商务交易业务。

(1) 互联网增值服务

腾讯互联网增值服务的内容包括会员服务、社区服务、游戏娱乐服务三大类，具体业务包括电子邮箱、娱乐及资讯内容服务、聊天室、交友服务、休闲游戏及大型多用户在线游戏等，其中 QQ 会员费收入、QQ 行及 QQ 秀等收入构成了互联网增值收入的绝大部分。

(2) 移动及通信增值服务

移动及通信增值服务内容具体包括移动聊天、移动游戏、移动语音聊天、手机图片铃声下载等。当用户下载或订阅短信、彩信等产品时，通过电信运营商的平台付费，电信运营商收到费用之后再与 SP 分成结算。

腾讯在移动及电信增值服务领域找到了突破口，成为一家广义上的 SP 供应商。对电信运营商而言，腾讯是理想的合作伙伴。如"移动梦网"给腾讯公司带来了价值突围，移动梦网计划（"二八分账"协议，电信运营商分两成，SP 供应商分八成）激活了 QQ 在无线 SP 市场的商业潜力，腾讯也由此找到了广告之外的第二大利润来源，以腾讯公司的数以亿计的注册用户来看，这一块是腾讯营收的主要来源。移动 QQ 聊天是腾讯真正走向盈利的第一步，是即时通信业务平台的一次拓展。通过网络注册的 QQ 号码与手机号码的绑定，手机成了移动的 QQ，可以随时接收线上好友的信息，从原来单纯的 "PC 对 PC" 聊天模式发展到 "PC 对手机" 及 "手机对 PC" 的互动模式，短信业务量大增。然而，电信运营商的政策对这块收入的影响较大。

(3) 网络广告

腾讯公司的另一部分收入来自网络广告部分，主要是通过在即时通信的客户端软件（以登入 FLASH、即时通信视窗和系统信息的方式）及在 QQ.com 的门户网站的广告栏内提供网络广告盈利。本部分的收入只占总收入的 10% 左右，不过，腾讯还把 QQ 的品牌"租赁"给了一家玩具企业，生产 QQ 小玩具，胖乎乎的小企鹅可在全国各个网吧购买。每年，腾讯为此获得一笔固定收益。

(4) 电子商务交易业务

腾讯公司目前旗下有多家电子商务网站，比如运营多年的拍拍网。与此同时，腾讯公司在中国的大城市（比如上海）拥有广阔的覆盖面，并且还逐渐向二三线城市拓展。此外，腾讯公司不断完善腾讯电子商务交易平台（QQ Buy Platform），整合提供更多的电子商务解决方案，用开放平台方式让更多专业电商入驻，整合自营电子商务业务和代理电子商务业务，整合多个平台资源，传递更多的价值，创造新的便利条件。

8.2.4　QQ 与 MSN 的对比分析

当深圳腾讯公司的 QQ 在即时通信领域中不断演绎市场神话，独霸中国市场的时候，微软公司的 MSN 中文版也瞄准了中国市场。两者有许多相同点，也有一些不同点。就目前的情况看，腾讯 QQ 在中国即时通信软件领域占有绝对的市场份额，但如何保持这个优势以及如何走向国际市场，还有许多问题值得思考。

(1) 功能与整合能力的比较

① 软件与操作系统之间的整合　在微软的视窗系列操作系统主宰着个人电脑的时代，

几乎大部分软件都是基于视窗系列开发的，腾讯的 QQ 不会例外，微软的 MSN 就更不会例外了。从这点上看，腾讯 QQ 在一开始就处于不利的地位。随着 XP 新版视窗系统的面世，MSN 将会与操作系统结合在一起，这使得 MSN 在与视窗系列操作系统间共享资源变得更加便利，MSN 与系统之间的整合性较之腾讯 QQ 肯定也更为强劲。

② 软件与网络其他服务的整合　在目前大多数网络软件的发展中，大都忽视了应用软件与网站的紧密结合，没有做到资源的优势互补、整合利用。尽管腾讯 QQ 在网站与软件的结合方面存在着种种不足，但相较于 MSN 中文版，腾讯 QQ 还算是做得可以。比如腾讯在网站上的 QQ 虚拟社区是相当有吸引力的。特别是移动 QQ 的推出更使腾讯在延伸方面占据主动，主动与中国两大无线通信运营商合作，推出了基于手机的移动 QQ 的服务项目，其市场反映良好。QQ 相关产品的推出更是将腾讯 QQ 的用户群体继续延展，塑造了腾讯 QQ 自身的品牌形象。MSN 在这方面相对就要弱一些，特别是在与国内网络运营商的合作上、在针对国内用户的需求考察以及反馈上、在对中国网络国情以及对中国相关政策的适应上将明显处于劣势。

③ 腾讯 QQ 与 MSN 其他功能的比较　腾讯 QQ 在界面上引入了卡通人物头像的绝妙创意，并且简化了许多繁杂的操作手续，再借助中文本地化的绝对优势，使得腾讯 QQ 能在中国市场上所向披靡，就连老牌名将 ICQ 在中国市场上也不得不甘拜下风。反观 MSN 中文版，从整体上说，相对古板的界面风格使其很难被用户"一见钟情"，相对于中国的网吧国情和青少年口味，这一点十分重要。

（2）资本与市场运作

就目前而言，世界上估计还没有任何一家软件公司能够从资本上与微软相抗衡，通过与操作系统的捆绑、免费赠送、各种大众传媒进行宣传，凭借微软强大的宣传攻势，任何竞争对手都会马上处于下风。反观腾讯公司，无论是从资本，还是市场经验方面都与微软存在着相当的差距。在通过移动 QQ 开辟赢利市场的同时，其在号码注册机制上的收费改革也带来了负面影响。给腾讯 QQ 的品牌形象构成了一定程度上的冲击。所以腾讯与微软在资本与市场运作方面的较量上，腾讯 QQ 明显缺乏足够的竞争力，腾讯在这方面的压力可想而知。甚至有不少人猜测，微软会直接动用资本力量直接整合腾讯 QQ。

（3）受众群比较

从互联网影响品牌行销的因素上看，一个传播平台的受众群是最为关键的一点，而受众群的数量、忠诚度、消费水平、年龄层次，都会直接影响利用这个平台行销的品牌传播效果。

在数字上，腾讯 6 亿的注册用户显然远远胜出 MSN 的 4500 万。在艾瑞市场调查的专项调查中显示，分别有 91.58% 和 48.03% 的用户喜欢 QQ 和 MSN，而其他品牌的即时聊天工具，诸如淘宝旺旺、网易泡泡、TomSkype 等软件距离这两家甚远。腾讯 QQ 在中国即时通信市场的地位优势明显，是用户最喜爱的技术通信软件品牌。

而从受众的年龄层次和消费能力上看，据艾瑞调查公司显示：QQ 的用户年龄层次在 14～20 岁之间，有一定购买力，对于食品饮料、服装等大众消费品或者年轻人喜爱的游戏等产品的品牌切合度很高，但是对于汽车、房产等高端消费品，在品牌相合度上，稍显差强人意。反观 MSN，其高层已经多次重申，MSN 将成为专门针对白领人士的网络平台，而这点已经被实践证实，目前 MSN 用户的年龄层次在 25～35 岁之间，不管是经济上还是社会地位上都处于上升期，而且消费能力旺盛。从品牌传播的效果看，MSN 的受众虽然在数量上不如 QQ，但是质量上，对于想利用这个平台的品牌来说，也是十分有吸引力的。尤其是那些汽车、房产、奢侈品等，在品牌切合度上，相比针对年轻人的 QQ 来说，更有优势和针对性。

（4）品牌合作与资源整合

在品牌合作的成果上，两家公司亮出了同样优异的成绩单。

在爆满的广州、北京的车展现场，奇瑞的展台里特大号的 QQ 公仔，以及一辆装满腾讯 QQ 公仔的敞篷 Q 跑车成了车展上一道特殊的风景。而马自达品牌就选择了参展的 QQ 对话窗口展示其新款车型。据悉，短短 5 天时间，就有近 2 亿的曝光量；而北京现代雅绅特在启动谁和谁最配线上活动时，指定了腾讯网作为其唯一的网络合作媒体，创造了单天点击超过 100 万的宣传回报。

除了可口可乐、肯德基、摩托罗拉等国际企业，越来越多的国内企业也从腾讯平台上开始了自己的网络布局，与小企鹅 QQ 携手合作。森马品牌在腾讯首页、QQ 对对碰、QQ 秀专区三个版块，每天的点击率达 100 多万次；美特斯·邦威让 QQ 秀穿上了该品牌的新款服装，每天试穿该品牌服装的用户也绝对是个庞大的数字……越来越多的中小企业品牌打开 QQ 营销门，通过腾讯平台的植入营销模式展示个性化的品牌文化，实现网上网下的全方位营销整合。

而 MSN 也不甘示弱。MSN 品牌合作总监在接受记者采访时高兴地说：微软数字广告解决方案是一个一体化的服务供应方式，使广告商们可以每个月在 MSN 网站上与超过 4.65 亿的客户联系，并通过 Windows Live 联系到数百万相关人士。

（5）用户习惯与转移成本

就我们看来，其实在未来与 MSN 中文版的较量中，腾讯 QQ 最大的优势莫过于长期积累的用户群体。如今腾讯 QQ 的用户群体已经非常庞大，从某种角度上说，这是腾讯 QQ 对付 MSN 中文版的绝佳利器。由于用户长期使用腾讯 QQ 与朋友们联系，再加上不愿费事去更改使用习惯以及抛弃宝贵的号码资源，用户改用 MSN 会付出很大的转移成本。

8.2.5 腾讯公司的新发展

（1）三大优势助腾讯网成为中国领先网络媒体

腾讯的三大优势首先在于拥有亿计的活跃账户，覆盖中国超过 90％的上网人群，拥有广泛的用户基础；其次，腾讯网作为网络媒体平台，除网页形式的报道外，还可以为事件报道提供不同形式的信息载体，如个人空间、QQ 群、QQ 直播、QQ 电台等，能够打造立体式的传播模式；第三，经过多年的发展，QQ 用户群体已经形成了世界最大的单一文化的华人社区，可以更好地结合用户互动来拓展事件报道的深入。腾讯充分把握一些具有历史意义的重大事件，进一步提高用户和广告主对腾讯网是中国领先网络媒体的认知度。

在 2004 年的雅典奥运会，当时由于在内容资源、编辑人数以及报道规模方面都不能与老牌的门户网站抗衡，腾讯网差异化地推出了与 QQ 即时通信平台相结合的报道模式。通过 QQ 将奥运报道和夺金新闻第一时间通过弹出消息推送到用户桌面，得益于"门户＋IM"这种全新的传播模式，成立仅 9 个月的腾讯网便初战告捷，高峰时的浏览量就已超过 4000 万。正是这种创新性的大规模报道，将腾讯网迅速推入了新闻门户三甲，也奠定了腾讯网的发展思路和优势地位。

四川地震期间，腾讯网发挥着重要作用，成为用户互动中心和腾讯支援救灾工作的协调中心，巩固了腾讯网的领先地位，不仅是中国流量最大的门户，也是具有影响力和社会责任的网络媒体。

在 2008 年的北京奥运会，腾讯网的奥运报道战略是围绕搭建"2008，你的网络主场"这个概念而开展的。网络主场的概念可以解析为三大举措，首先是专为中国网民打造立体化的奥运报道社区。腾讯网将整合旗下多元化平台，为用户提供兴趣展示、获取资讯和沟通交流的服务。为此，新闻报道将整合各个社区平台的入口，包括个人空间、Q 吧、QQlive 直播（聊天室）、QQ video、QQ 群等；腾讯还在 2008 年 1 月 1 日正式发布新版 QQ，以其作为腾讯奥运站的有效导入终端。其次是第一时间全方位为网民报道奥运的相关资讯。腾讯网获得多家授权，对其奥运战况、选手信息、获奖感言等进行第一时间的权威报道。更重要的是，在发布的新版 QQ 对话窗口内还将会有即时的滚动新闻播报，这让网民比别人更及时地了解到奥运赛事的详细情况。再次是强化互动性。比如网民可以在自己喜爱的选手的个人空间里了解选手的情况，与选手直接交流；可以在为选手设立的群里与其他粉丝沟通；还可以在聊天室里对选手对赛事尽情讨论。

2012 年 8 月 15 日，腾讯公司上半年财务报告正式发布。截至 2012 年 6 月底，腾讯公司第二季纯利为 31 亿元，较去年同期增长 32%，半年纯利 60.5 亿元，较去年同期增长 15.9%，不派中期息，而收入为 201.75 亿元，较去年同期增长 54.28%。

纵观腾讯公司的财务报告可以发现，上半年的总收入和各细分类别收入增长均达到了两位数，这与 2012 年腾讯公司的整体发展策略有密切关系。以腾讯网络媒体事业群（OMG）为例，2012 年 7 月初的改版是重要标志，欧洲杯、奥运会等大事件营销是契机，而真正推高腾讯网络媒体事业群上半年业绩的是其创新的营销体系，在大数据和关系链基础上紧密围绕广告主需求进行创新变革，以开放的姿态迎接未来，让腾讯网在 2012 年上半年在四大门户中成功突围。继 2012 年网络广告收入位居行业第一之后，腾讯就开始强势领跑同业。坐拥 7 亿用户规模、积累了 15 年的大数据所带来的精准洞察力，以及提供客户高效的解决方案成为腾讯营销平台备受认可的三大独特优势。腾讯网络媒体事业群总裁、集团高级执行副总裁刘胜义表示："数字营销在中国已经走过了十年的历程，新十年正在开启，腾讯通过十年积累正在厚积薄发，我们的媒体平台正在释放更大的营销能量。腾讯独具的平台规模、精准洞察以及高效解决方案所带来的合力优势持续受到行业及客户的重视和关注。"

（2）移动互联网平台是腾讯未来发展方向

2013 年 7 月 17 日，中国互联网络信息中心（CNNIC）在京发布第 32 次《中国互联网络发展状况统计报告》（以下简称《报告》）。截至 2013 年 6 月底，我国手机网民规模达 4.64 亿，较 2012 年底增加 4379 万人，网民中使用手机上网的人群占比提升至 78.5%。3G 的普及、无线网络的发展和手机应用的创新促成了我国手机网民数量的快速提升。《报告》显示，相较于 2012 年，各网络娱乐类应用的网民规模没有明显增长，使用率变化不大，整体行业发展放缓。手机成为各类应用规模增长的重要突破点。手机网络音乐、手机网络视频、手机网络游戏和手机网络文学的用户规模相比 2012 年底分别增长了 14.0%、18.9%、15.7% 和 12.0%，保持了相对较高的增长率。

而腾讯，早早就看到了移动互联网平台的发展前景。在北京举行的移动开发者大会上，腾讯公司董事会主席兼 CEO 马化腾谈到了腾讯打造移动互联网开放平台的构想。

微信是腾讯第一个完全基于移动互联网的平台。腾讯设计了基于 App 之间的 API，可以让移动开发者的应用跟微信的 APP 进行互动、整合，能够互相呼叫和跳转。此外，微信做了二维码，可以和其他线下的商家、内容源做整合。目前，腾讯最活跃的用户群在手机 Qzone。腾讯将完全按照移动互联网的体验和要求重构手机 Qzone，一开始就要考虑为移动开发者的开放平台的生态链而设计。腾讯也将在移动互联网上尝试开放 QQ 互联，让其他 App 可以直接使用 QQ 账号和密码登录，比如美丽说、唱吧等。

（3）腾讯公益慈善基金会助力公益发展

腾讯不仅致力于为用户提供卓越的技术与服务，也致力于社会公益事业的积极驱动。几年来，腾讯积极与社会各类组织与机构进行广泛合作，为社会公益事业作出应有的贡献（见图 8-4）。

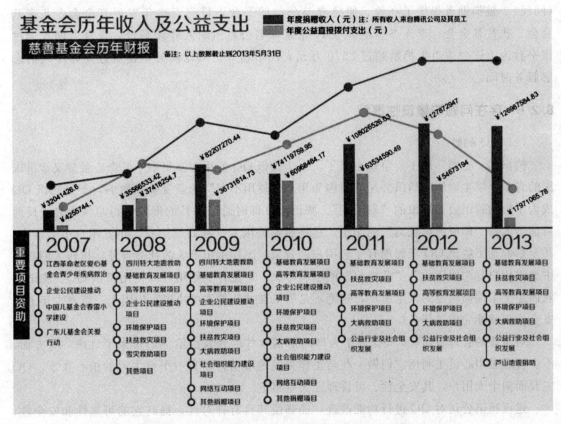

图 8-4　2007～2013 年腾讯公益慈善基金会收入及支出

腾讯公益慈善基金会，属于国家民政部门主管的全国性非公募基金，腾讯公司初期投入 2000 多万元人民币用于项目的启动。其宗旨为：致力于公益慈善事业，关爱青少年成长，倡导企业公民责任，推动社会和谐进步。该基金会面向社会实施慈善救助和开展公益活动，除将大力参与救灾、扶贫、帮困等社会慈善事业外，还将积极为青少年健康成长和教育提供帮助。为配合基金会的成立，腾讯在企业内部成立了"义工"组织，定期组织员工参与扶贫帮困、奉献爱心的公益活动。它的成立，体现了腾讯公司"做最受尊敬的互联网企业"的愿景。

腾讯公益慈善基金会一直致力于深度融合互联网与公益慈善事业，利用网络的力量，让公益和民众互动起来，大众成为公益主角，从而缔造人人可公益、民众齐参与的公益 2.0

模式。

同时，腾讯公益慈善基金会一直致力于发挥 Web2.0 时代网友关系链的威力，向更多人推广和传递公益和爱心的理念，如最近推出的"QQ 公益图标"，就是腾讯公益慈善基金会和腾讯 QQ 产品共同设计的一款网络公益产品。凡通过腾讯公益网平台参与公益项目的网友，均会获得一定的爱心积分，并在 QQ 客户端资料卡首位显示一个特殊的公益标识，其他网友均可看到其参加的公益活动。腾讯公益慈善基金会希望网友们参与公益活动，挣爱心积分、挂公益图标成为青少年的新时尚。

腾讯公益慈善基金会联合腾讯网，依托腾讯的网络优势，搭建了全方位的网络公益2.0 平台——腾讯公益网，凝集超过 4 亿 QQ 活跃用户的爱心力量，为公益组织、志愿者（网民）、被捐助者提供了高效、便捷参与公益的平台。目前青少年发展基金会、儿童基金会、扶贫基金会、李连杰壹基金等 10 余家知名公益组织入驻该平台，近百万网友通过该平台为上述公益组织捐赠超过 2570 万元人民币和 5 亿 QQ 积分，提供近 5 万小时的志愿服务时间。

8.2.6 存在问题与建设性提议

（1）QQ 的弊端

腾讯的"企鹅"肥了，争议也来了。由于腾讯 QQ 的用户多集中于好奇心强却又涉世未深的青少年学生群体，腾讯公司容易因为用户"使用不当"而蒙受负面影响，于是腾讯 QQ 成为了影响腾讯公司形象的"双刃剑"。腾讯 QQ 即时通信工具的形象显得暗淡无光，反而可能给人以"即时通信玩具"的印象，这将影响腾讯 QQ 在高端用户、企业用户中的推广，甚至影响到了腾讯 QQ 巩固现有年轻用户的效果。怎样承担更大的社会责任，扭转人们心目中腾讯用户群"娱乐化"、"低龄化"的不利印象，避免青少年用户因使用腾讯 QQ、腾讯游戏而走上了偏离轨道的人生道路，这绝不是腾讯在"软件许可协议"中附上一纸青少年上网安全指引就能完成的任务。

对企业的管理者而言，QQ 等个人即时通信软件的普及也给他们带来了忧虑。一方面，不少管理者担心员工利用它们做一些与工作无关的事情，而另一个更主要的担心在于，QQ 主要面向个人用户，其安全性、可管理性天生不足。

建议腾讯公司对 QQ 进行功能改进，能够使其具有针对性，提高它的可靠性和安全性，扩展其应用范围。

（2）捆绑用户造成的不良影响

在腾讯 QQ 中捆绑用户本不需要的其他腾讯软件，这一行为本身并无"恶意"，而且也符合"国际惯例"，同时也是国产软件求生存的无奈之举，但却因此影响了用户体验而遭到抵制与批评；另外，腾讯 QQ 官方版本的安装过程同样集成了"超级旋风"和"中文搜搜"并默认修改用户的 IE 主页，这些都给用户带来了诸多不便和困扰。还有，擅自将腾讯 QQ 加入到系统"启动"项，自作主张地开机自动运行，也给用户带来了极大的烦扰。

建议腾讯公司规避这些令用户反感的行为，真正从用户的需求考虑问题，以用户的满意为公司的准则。

（3）业务拓展时应该注意的问题

腾讯是个很年轻的公司，工作人员都很年轻。在进行业务拓展的时候必须着眼于两个问题。第一必须要循序渐进，在发展一项新业务时，实际上是伸出半条腿，当看到团队有了成长，业务有了成绩的时候再跨出第二步。第二点是必须注重员工的成长。一些人可能加入公司没多久就被提拔到管理的位置上，如何提高他们的个人管理能力，是一个重要问题。因此，要加强内部培训。

（4）发掘用户的潜在价值

随着腾讯的不断发展，实现了即时通信、门户和社区的良好互动。腾讯网上尤其是媒体有关的资讯服务，能够激发巨大的影响和回响。腾讯有海量的用户，用户群年龄覆盖面很广，从七八岁的小朋友到七十多岁的老人，但这其实是很幸福的烦恼。腾讯面临的最大挑战是：如何把这些不同年龄层的客户区分出来，即如何细分庞大的用户群？如何发掘腾讯用户的潜在价值？告诉具体的广告客户，哪个群体适合哪种产品，扩展腾讯的广告业务。只有把客户细分工作做足后，腾讯公司数以亿计用户的潜在价值才能真正发挥巨大作用。

（5）有模仿其他公司产品的嫌疑

"模仿"的确让腾讯公司规避了不少运营的风险，并迅速接近相关领域的领袖企业，然而并不是所有问题都可以依靠"模仿"、"借鉴"解决的。

不过，腾讯公司在近十几年的发展过程中，依托提供即时通信服务的腾讯 QQ 庞大的用户群，成为实力与魅力并重的综合型互联网企业，当属中国互联网技术领域的领跑者。

8.3 分组研讨的案例

8.3.1 案例 1：网络证券服务的先行者——证券之星

证券之星（www.stockstar.com，首页如图 8-5 所示）始创于 1996 年，纳斯达克上市公司——中国金融在线（C.F.O.）旗下网站，中国互联网最早金融服务专业网站之一，是专业的投资理财服务平台，是中国著名的财经资讯网站与移动财经服务提供商之一，同时也是中国领先的互联网媒体。在中国互联网络发展状况的历次各项权威调查与评比中，证券之星多次获得第一，连续六届蝉联权威机构评选的"中国优秀证券网站"榜首，是国内注册用户最多，访问量最大的证券财经站点之一。

证券之星以金融理财产品为核心，通过网站、行情分析软件、短信、WAP 等渠道，依托中国领先的理财产品研究分析专家团队，以及国内强有优势的理财技术创新开发团队，为中国理财用户提供专业、及时、丰富的财经资讯，个人理财应用工具和无线智能移动理财产品等多方位专业理财信息服务。

证券之星推出的财神道"三屏合一"（三屏指的是电脑屏、电视屏、手机屏）金融营销解决方案是证券之星凭借多年的金融服务经验，将独有的网站、无线、互动电视、行情软件、支付等通路渠道进行资源整合，为金融机构客户提供精准、互动、低成本的全套电子营销解决方案。

"三屏合一"的概念即投资者在办公室——通过"电脑屏幕"看证券之星网站，了解理财信息，同时完成理财产品及服务的选择、购买及支付。投资者离开办公室——通过"手机

图 8-5　证券之星网站首页

屏幕"以短信、WAP 等方式获得证券之星的计时服务。投资者回到家——通过"电视屏幕"继续获得理财服务。此外，证券之星推出了国内第一款基于电视平台的行情软件。通过与盛大网络的合作在国内率先进入中国家庭市场，为家庭用户提供证券之星的互动理财产品与服务。

研讨问题 1：从证券之星网站分析网络证券服务的优势及前景。

研讨问题 2：仔细查阅证券之星的网站导航，列出对你有吸引力的栏目，并简要说明选择的理由。

研讨问题 3：分析证券之星的盈利来源。

研讨问题 4：以表格形式表述目前国内最主要的三家财经类网站：证券之星、金融界、和讯网的异同。

8.3.2　案例 2：提供电子认证服务——广东省电子商务认证中心

广东省电子商务认证中心（www.cnca.net，首页如图 8-6 所示）（以下简称网证通）的前身是中国电信南方电子商务中心，创立于 1998 年，是中国成立最早的数字证书认证机构之一。它是首批通过原信息产业部认证的第三方电子认证服务机构（《电子认证服务许可证》编号：ECP44010605006），具有为电子政务、电子商务应用提供安全电子认证服务的合法地位。在国家原信息产业部和各级政府的指导、支持下，网证通致力于建设网络安全信任体系，为政府机关、企事业单位和社会公众等用户提供跨行业、跨地区、专业合法的第三方电子认证服务。目前网证通已累计签发数字证书 58 万张，数字证书及相关应用系统被应用于网上行政审批、网上报关、网上报税、网上报检、网上办公、网上招投标、网上采购等九十多个大型电子政务和电子商务工程，服务广受赞誉。

与此同时，网证通作为以电子认证为专业特色的系统集成服务提供商，自主研发系列安全产品，提供安全集成服务和相关咨询、培训等服务，为信息化发展保驾护航。可在网站上

图 8-6　广东省电子商务认证中心首页

查到已有的多个电子政务和电子商务应用的成功案例，如广东省药品监督管理局"食品药品监管网上行"、深圳市政府采购中心网上政府采购系统，广州钢铁股份有限公司电子交易系统、广东移动电子采购平台等都采用了广东省电子商务认证中心提供的安全服务和系列产品保障整体安全。

网证通还充分调动其电信背景和资源，推动通信行业电子认证增值业务应用，实现了电子认证技术与固网 ADSL 安全接入、VPDN 政企快线、移动网络身份认证、加密签名短信等业务的结合，形成了全国独特的通信行业安全应用优势。随着自身业务的蓬勃发展，为实现各地电子认证服务资源的共享，网证通一直致力于电子认证体系及电子认证应用上的互联互通工作，并已实现了与香港地区等认证机构间的互认互通。

在客户服务方面，网证通以"中国通信服务"集团的服务网络构造网证通全国服务体系优势，在全国各地建立了很多客户服务中心，形成了结合受理营业大厅、客服技术团队、800 服务热线与呼叫中心、网上证书申请服务等的立体客户服务体系。目前它还提供了"客户快捷通道"，客户只需一次走访，即可即时领取数字证书，如香港中电集团 ESP 系统供应商的数字证书的领取就是这样；另外，还为广州市国税用户、广州市社保用户等提供申请证书的快捷通道。

广东省电子商务认证中心通过发展"网证通"合作联盟来进行业务推广，其目的就是帮助合作伙伴建立可靠的业务模式，提高对客户的技术支持水平和服务能力，以适应当今快速增长的客户安全服务需求，实现互联网经济和客户的最大价值。成为"网证通"合作联盟成员，将享受到它提供的全方位的业务及技术培训、多渠道的技术支持以及多层面的市场推广支持。对于业绩优秀的合作伙伴，将获得业绩奖励以及他们在大量活动中发掘的各种商业机会。

网证通以"快速响应客户需求，持续引导应用安全"为宗旨，竭诚为各界用户提供具有世界一流水平的安全电子认证服务，为保障我国信息化安全体系建设、推进我国电子认证产业蓬勃发展贡献力量。

研讨问题1：网证通颁发的数字证书种类有哪些？各种证书的用途是怎样的？申请、安装及使用的流程一样吗？

研讨问题2：网证通的解决方案包含了哪些内容？从企业应用的角度，分析这些方案的适用情况。

8.3.3 案例3：探索房产网络信息服务——搜房网

8.3.3.1 搜房网的基本情况

搜房控股有限公司成立于1999年，由莫天全和李山创立。搜房定位于全心全意为房地产和家居业服务。搜房旗下拥有四大集团：搜房新房集团、搜房二手房集团、搜房家居集团、搜房研究集团，业务覆盖房地产所有行业，包括新房、二手房、租房、别墅、写字楼、商铺、家居、装修、装饰等。

搜房网（http：//soufun.com，首页如图8-7所示）是中国大陆地区最大的房地产门户网站，其业务是以中国大陆为核心，覆盖亚太地区，多年来以稳健、务实的风格扎根于全球华人最具广阔发展前景的房地产、家居行业，成为全球最具权威和规模的房地产网络媒体和信息服务企业，是全球排名第一的房地产家居网络平台，在全球所有网站排名100位左右，在中国的所有网站排名在20位左右。

截止2008年12月，搜房网已圆满实现"百城战略"，扩张至106个城市。据Alexa统计，它是全球访问量最高的房地产类网站。日均页面浏览量（page view）超过1.64亿PV，日均独立访客超过1200万人次。截止2010年3月26日，搜房网全国注册的购房者用户超过2000万。活跃注册经纪人102万人，搜房二手房日均新增注册经纪人2000人，二手房库存房源1100万条，日均更新房源320万条，每天发布新房源信息3万余条，是中国最大的

图8-7　搜房网首页

二手房和租房信息平台。

2010年9月17日，搜房网在纽约证券交易所（NYSE）上市，交易代码SFUN。

8.3.3.2 搜房网的经营模式

（1）视内容为生命

随着信息时代的到来，通过网络渠道，人们获得及时、互动、丰富的信息资讯，在鼠标的点击中享受搜索、浏览的乐趣。互联网发展到今天——以"内容为王"的时代，要用丰富、创新的内容说话，才能立于不败之地。搜房网从一开始就定位为内容全、信息发布快，而且始终以此为生命线。为了使信息在最短的时间内发表出来，搜房网充分发挥每一个编辑的主动性，尽量简化审批程序，大大提高了出稿的效率。在丰富内容方面，搜房网把其他网络媒体的优势进行整合，做到内容丰富、覆盖面大，扬各家之所长，避各家之所短。

（2）地域性和产品线的扩张

① 地域性的扩张　房地产是一个相对特殊的行业，它的地域性比较强，如何打破地域性限制的发展瓶颈，是房地产类的专业网络媒体发展所必须面对的现实。如果不打破地域限制，搜房网就无法成为房地产资讯最全的全国性网络媒体。针对房地产的地域性特征，搜房网在成立之初便前瞻性地着手建设地方分站。搜房网的全国性战略布局方案就是推进"百城战略"，把势力扩展到国内100个城市。搜房网的拓展计划是宏大的，他们在3～5年内完成了"百城计划"，在全国建立了多家地方分站，目前搜房家族旗下网站城市列表总计104个，形成了集群效应，各地都有了自己城市的"搜房网"，那么当地的网站就可以为当地的开发商服务，真正体现房地产开发的地域性特征，同时也给了各地企业和搜房网合作的更多机会。

② 产品线的扩张　搜房网2004年进入家居产业，现在也成为家居产业最大的网络平台。搜房有一句口号是"Everything home online"。因为搜房有很多沉淀和累积起来的资源，在这个基础上进行新产品开发，这对搜房网下一步多个收入点有帮助。2006年年初，搜房分成了几个集团，比如咨讯集团，也就是新房市场；二手房和租房集团，以及以研究院为核心的研究集团等。

（3）房地产网络营销解决方案

搜房网认为：对于房地产企业来说，互联网巨大的信息容量提供了全面、立体展示房地产项目信息的可能；网络的互动性又特别适合房地产这样需要多次讨价还价的高价值产品。利用互联网开展网络营销是未来房地产企业的必然选择。为此，搜房网提供了三种网络解决方案：一是高级套餐，可利用搜房网特有的优势从设计、功能上进行完美组合，为客户打造一流的房地产网络营销平台，还为客户提供更多的增值服务；二是商务套餐，充分利用搜房的设计优势，用艺术的手段来展示客户的项目和品牌，"实用型"商务套餐主要是从"实用"的角度出发，充分实现企业和项目的网络营销功能；三是经济套餐，适合于需要基本网络展示平台的普通客户，满足他们项目展示和信息发布的主要目的。

所有搜房和其他网络媒体的赢利模式是：利润来源以广告为主，大约占70%；其次就是咨询，包括数据库、研究报告；另外还有技术服务。

8.3.3.3 搜房网的问题

搜房网的快速扩张，带来了楼盘资料的繁荣和众多网友支持的BBS，但忽略了"专业"。搜房网缺乏对地产事件的追溯、报道和分析，比较难支持对全国市场的微观研究和对地产企业的营销意见，把以前提出的"专业"放弃了。搜房目前的风险就是规模越来越大，模块化和客户个性化需求之间的矛盾难以平衡。

研讨问题 1：上网浏览"搜房历程"，查阅相关资料，谈一下对搜房网的地域性和产品线的扩张有什么看法？

研讨问题 2：浏览搜房网的租房信息，请问什么是搜房帮出租房源、经纪人出租房源、个人出租房源、十万火急出租房源？

研讨问题 3：比较搜房网和雅虎口碑网——全国房产信息频道。

8.3.4 案例 4：开拓旅游新天地——携程旅行网

（1）携程旅行网的基本情况

携程旅行网（http://www.ctrip.com，首页如图 8-8 所示）是由携程计算机技术（上海）有限公司于 1999 年创建的，总部设在中国上海，目前已在北京、广州、深圳、成都、杭州、厦门、青岛、南京、武汉、沈阳、香港等十多个城市设立分公司，员工近9000 人。

图 8-8　携程旅行网首页

作为中国领先的在线旅行服务公司，携程旅行网成功整合了高科技产业与传统旅行行业，向超过 5000 万会员提供集酒店预订、机票预订、度假预订、商旅管理、特约商户及旅游资讯在内的全方位旅行服务，秉着"一应俱全、一丝不苟、一诺千金"的服务宣言，交易额及赢利不断攀升，被誉为互联网和传统旅游无缝结合的典范。凭借稳定的业务发展和优异的盈利能力，CTRIP 于 2003 年 12 月在美国纳斯达克成功上市。

（2）携程旅行网提供的服务

① 酒店预订　携程拥有中国领先的酒店预订服务中心，为会员提供客房即时预订服务。其合作酒店超过 32000 家，遍布全球 138 个国家和地区的 5900 余个城市，有 2000 余家酒店保留房。不仅为会员提供优惠房价预订，更在主要酒店拥有大量的保留房，为会员出行提供

更多的保障。携程网率先在业内推出酒店低价赔付承诺，保证客人以优惠的价格入住酒店。携程网作出承诺：若会员通过携程预订并入住酒店，会员价高于该酒店当日相同房型前台价，携程网将在核实后进行相应积分或差价补偿。

② 机票预订　携程旅行网拥有全国联网的机票预订、配送和各大机场的现场服务系统，为会员提供国际和国内机票的查询、预订服务。目前，携程旅行网的机票预订已覆盖国内和国际各大航空公司的航线和航班，实现国内 54 个城市市内免费送票，实现异地机票本地预订、异地取送。机票直客预订量和电子机票预订量均在同行中名列前茅，业务量连续两年保持 3 位数的增长率，成为中国领先的机票预订服务中心。携程在机票预订领域首家推出"1 小时飞人通道"，以确保客人在更短的时间内成功预订机票并登机。携程承诺：在舱位保证的前提下，航班起飞前，客人只需提前 1 小时预订电子机票，并使用信用卡付款，即可凭其身份证件直接办理登机。

③ 度假预订　携程倡导自由享受与深度体验的度假休闲方式，为会员提供自由行、海外团队游、半自助游、自驾游、自由行 PASS、代驾租车、签证、保险等多种度假产品及周全的服务。其中，自由行产品依托充足的行业资源，提供丰富多样的酒店、航班、轮船、火车、专线巴士等搭配完善的配套服务，现已成为业内自由行的领军者；海外团队游产品摒弃传统团队走马观花的弊端，以合理的行程安排和深入的旅行体验为特色，正在逐步引领团队游行业新标准。目前，携程旅行网已开拓 10 余个出发城市，拥有千余条度假线路，可供客户在线查询，覆盖海内外 200 余个度假地，月出行人次近 5 万人，建立起了中国领先的度假旅行服务网络。另外，携程旅行网斥资 100 万元人民币作为"自然灾害旅游体验保障金"，保障会员的旅游体验不受损害。携程作出承诺：预订携程度假产品并出行，如发生因旅游目的地自然灾害，而导致旅游体验遭受实质性损害的状况，携程将依照旅游体验受损程度，给予会员一定比例甚至全额预订金额的补偿。

④ 商旅管理　商旅管理业务面向国内外各大企业与集团公司，以提升企业的整体商旅管理水平与资源整合能力为服务宗旨，依托遍及全国范围的行业资源网络，以及与酒店、航空公司、旅行社等各大供应商建立的长期良好稳定的合作关系，携程旅行网充分利用电话呼叫中心、互联网等先进技术手段，通过与酒店、民航实现互补式合作，为公司客户全力提供商旅资源的选择、整合与优化服务。目前已与爱立信、施耐德电气、宝钢及李宁等多家国内外知名企业达成合作。

⑤ 特约商户　特约商户是为 VIP 贵宾会员打造的增值服务，旨在为 VIP 会员的商务旅行或周游各地提供更为完善的服务。携程旅行网在全国 15 个知名旅游城市拥有 3000 多家特约商户，覆盖各地的特色餐饮、酒吧、娱乐、健身、购物等生活各个方面，VIP 会员可享受低至 5 折的消费优惠。

⑥ 旅游资讯　旅游资讯是为会员提供的附加服务。由线上交互式网站信息与线下旅行丛书、杂志形成立体式资讯组合。"目的地指南"栏目涵盖全球近 500 个景区、10000 多个景点的住、行、吃、乐、购等全方位旅行信息，更有出行情报、火车查询、热点推荐、域外采风、自驾线路等资讯信息。

目前，携程还推出旅游书刊《携程走中国》、《携程自由行》、《私游天下》、《中国顶级度假村指南》、《携程美食地图》等。通过大量的旅游资讯、精美的文字信息、多角度的感官体验，为客户提供周到体贴的出行服务，打造独具个性的旅游方案。

⑦ 社区　"社区"是目前公认的中国人气最旺的旅行社区之一，拥有大量丰富的游记

与旅行图片，并设立"结伴同行"、"有问必答"、"七嘴八舌"等交互性栏目，为客户提供沟通交流平台，分享旅行信息和心得，帮您解决旅途问题。"会员点评"酒店、景点、餐馆、娱乐场所，非常真实，具有参考价值。

研讨问题1：以携程网为例，说明客户细分战略的重要性。

研讨问题2：从网站定位、市场定位、产品和服务、成长空间、资金模式、利润源等方面比较携程网、艺龙旅行网、信天游等国内旅游网站。

研讨问题3：浏览旅游名店城，它为什么能够荣获"最佳旅游创新模式奖"？

8.3.5 案例5：网上招聘服务——智联招聘网

（1）公司成立与发展

成立于1997年的智联招聘（www.zhaopin.com，首页如图8-9所示）是国内最早、最专业的人力资源服务商之一。它的前身是1994年创建的猎头公司智联（Alliance）公司。独特的历史为今天智联招聘的专业品质奠定了基石，并积累了宝贵的人力资源服务经验和优秀的客户。

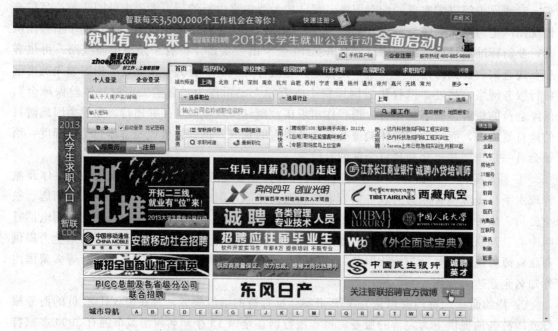

图8-9 智联招聘首页

智联招聘面向大型公司和快速发展的中小企业，提供一站式专业人力资源服务，包括网络招聘、报纸招聘、校园招聘、猎头服务、招聘外包、企业培训以及人才测评等，并在中国首创了人力资源高端杂志《首席人才官》，是拥有政府颁发的人才服务许可证和劳务派遣许可证的专业服务机构。

智联招聘总部位于北京，在上海、广州、深圳、天津、西安、成都、南京、杭州、武汉、长沙、苏州、沈阳、长春、大连、济南、青岛、郑州、哈尔滨、福州等城市设有分公司，业务遍及全国的50多个城市。从创建以来，已经为超过190万家客户提供了专业人力资源服务。智联招聘的客户遍及各行各业，尤其在IT、快速消费品、工业制造、医药保健、咨询及金融服务等领域享有丰富的经验。

截至 2011 年 1 月，智联招聘网平均日浏览量 6800 万，日均在线职位数 255 万以上，简历库拥有近 3800 余万份简历，每日增长超过 30000 封新简历。个人用户可以随时登录增加、修改、删除、休眠其个人简历，以保证简历库的时效性。智联招聘拥有覆盖全国超过 20 个主流城市的智联招聘周刊，与网络招聘形成"线上＋线下"的联动跨媒体招聘平台。《智联招聘周刊》每周不仅随主报几十万份的发行量发行，同时还增印数万份，一周七天不间断在当地千余家书报（刊）亭发放，在百余座商务写字楼、白领消费场所免费赠阅，并在当地的人才市场、高等院校、外来人口聚集地等热点地区免费派发，有效提高企业招聘效果。

（2）智联招聘的赢利模式

① 寻找规模效应　智联招聘认为：规模效应是一个群体效应，是分散累加效应、递进增值效应。群体规模效应的形成，在于每一个规模的成员都要划桨，都要拉纤，都要有自己的经济支点，都要有自己搏击风浪的潜能和动力。在网络招聘市场的激烈竞争中，智联招聘主动实施与媒体联合的转型策略，使市场的竞争格局发生了变化。举例如下。

智联招聘曾经作为中央电视台经济频道《绝对挑战》栏目的独家人才支持机构，自 2003 年栏目播出以来，负责招聘企业和求职选手的筛选、推荐、审核、面试、测评等工作，与中央电视台共同打造国内唯一真实招聘的电视栏目。自 2005 年起，与中央电视台最具影响力的新闻评论栏目《东方时空》联合打造最具影响力的专业职场调查第一品牌。2007 年，智联招聘携手凤凰卫视《鲁豫有约》，推出特别节目——职场人生。邀请知名企业进行现场招聘，讲述普通求职者的故事。

2010 年，智联招聘与两档新的大型求职类节目达成深度合作，有效达到品牌推广目的。一是天津卫视《非你莫属》，由央视多档社会类节目当家主持、睿智冷面笑匠张绍刚主持。每期 12 名一流企业高管组成波士团进行现场招聘，具有不凡身世背景及奋斗经历的他们，面对应聘者进行最犀利的评判和最严格的挑选。该节目专业性和娱乐性兼具，为受众树立健康积极的求职观，引导正确价值观发挥了作用。二是中国教育电视台《职来职往》，该节目是由江苏卫视和中国教育频道联合打造，帮助求职者正确地对待自己与职场，为多样的职场精英提供就业机会的大型职场类娱乐真人秀节目。求职者接受各行业 18 位行业精英的考评，获得半数以上的支持率，就可以获得全国 100 家知名企业的入职资格。

像智联招聘这样的人力资源网站，费用主要来自于两部分：一是品牌推广费用；二是人员成本。智联招聘注意成本的节约，现在公司的品牌推广会更细致地利用其他渠道，如人力资源类的媒体、校园招聘等。

② 独特的收费策略　智联招聘网的前身是一家猎头公司，开通了智联招聘网后，没有效仿一切免费的"互联网精神"，在网站开通 4 个月后就开始向企业实施收费。

③ 充分发挥数据库的作用　智联招聘现在拥有的非常重要的资源就是公司的数据库里有数万家企业人力资源经理的联系方式。它充分发挥数据库的作用，创新出很多业务服务，如"四险一金"等。

智联招聘经历了从传统的公司向网络公司的转变，在拓展线上业务的同时，继续关注线下业务，在不断探索中前进。

研讨问题 1：智联招聘的营销优势有哪些？

研讨问题 2：比较智联招聘网、前程无忧网、中华英才网。

8.3.6 案例 6：探索电子化物流模式——中国全程物流网

全程物流（深圳）有限公司是拥有高新技术的现代物流企业，是根据深圳市政府发展现代物流产业的统一规划，2000 年 9 月由深圳市投资管理公司在香港上市的旗舰企业——深圳国际控股有限公司投资组建，注册资本 1.4 亿元人民币。全程物流是实施深圳现代物流产业发展战略的重要参与者。全程物流（http://www.56888.com/，首页如图 8-10 所示）将先进的信息网络技术和现代物流技术有机结合，提供综合物流服务；通过对传统物流业的提升、改造，建立现代物流供应链或战略联盟，从物流节点、运力体系和协调能力等方面，培育自身的核心能力。

图 8-10　全程物流网首页

全程物流成立以来，企业核心能力迅速增强，综合物流服务品牌初步树立，荣获了"2001 年度深圳市优秀物流企业"的称号；全程物流项目已列为深圳市重大建设项目、深圳市工商业重点建设项目；"全程物流之星"已被认定为深圳市高新技术项目，并入选"电子商务解决方案优选项目"，"全程物流管理系统"入选中国物流与采购联合会"2002 年十大优秀案例"，2003 年，"全程物流之星"信息系统被确定为深圳市"第一批信息化应用推介方案"。2011 年 2 月 14 日，全程物流有限公司荣获中国交通运输协会授予的"2010 年度全国先进物流企业"，同年并被认定为"2010 年度深圳市重点物流企业"。

全程物流为客户提供以现代物流理念为中心，集总体物流解决方案设计、物流营运服务和物流信息网络技术支持为组成部分的"一站式"现代物流综合服务。以客户的需求为出发点，通过服务合同或公司内部完善的配套服务制度、标准、程序，对整个服务过程进行控制管理，为客户提供全方位的、完善的服务，最大程度地满足客户的需求；并在此基础上创造超越客户需求的超值服务。全程物流网在最醒目的位置展示了"我们的服务"，包括综合物流解决方案、第三方物流、专项物流指导、供应链管理、电子化物流服务，通过它的优秀的团队和科学的管理体系保证服务的水准。

研讨问题 1：浏览全程物流网主页，详细了解它提供的服务。

研讨问题 2：比较全程物流、宝供物流、招商局物流。

8.3.7　案例 7：提供网络教育服务——网络学院

"奥鹏"（Open）是我国首个由教育部批准成立的国家级远程教育公共服务体系的标志。根据现代远程教育的特点，参加远程教育的学生分布于全国各地，因此需要一个全国范围内的支持服务体系为学生的远程学习提供统一的、标准化、专业化的学习支持服务。在教育部的关心和支持下，我国首个远程教育公共服务体系于 2001 年 12 月成立和开始试运行，并于 2005 年 4 月经批准正式进入全面运行。首个国家级远程教育公共服务体系主要依托于分布在全国各地的广播电视大学系统的建立。"中央广播电视大学·奥鹏远程教育中心"作为整个公共服务体系的建设和运营管理机构，负责体系的建设、连锁运营、管理和服务，并负责受理全国范围内奥鹏学习中心的加盟申请和审批管理。同时，奥鹏远程教育中心接受各高校和其他教育培训机构的委托，为其开展远程教育提供全国范围内的招生组织、教学教务管理、学生事务管理、考试组织与管理等校外支持服务。奥鹏——中国网络教育超市首页如图 8-11 所示（http://www.open.com.cn）。

图 8-11　奥鹏——中国网络教育超市网首页

奥鹏远程教育中心由中央广播电视大学与知名企业 TCL 集团股份有限公司和中国卫星通信集团公司共同注资，按照现代企业管理理念和市场运作机制，将连锁经营等现代商业模式引入公共服务体系建设，已初步建立了覆盖全国大部分城乡、社区的"连锁教育超市"，创建了我国现代教育服务业的运营管理模式。奥鹏远程教育中心已接受全国 40 多所重点高等院校和 300 多家知名培训机构的委托，通过在全国建立的 1400 多家奥鹏远程教育学习中心和 400 多家奥鹏远程教育培训中心，为 50 万名学员提供高中起点专科、高中起点本科、专科起点本科和本科二学历等 9 大类 180 多个专业的学历教育和职业教育支持服务。并于 2005 年 7 月送出了首批毕业生。作为国家级的远程教育公共服务体系，奥鹏将秉承"心系天下求学人"的服务理念，致力于利用先进的信息技术，建设遍布城乡和社区的"学习超市"、"学分银行"和"数字化学习港"，致力于为中国的每一位求学者提供接受教育的机会，以及丰富互通的教育产品、方便细致的教育服务，创建和谐愉悦的学习家园，使他们能够自由选择，并随时、随地、快乐地学习。

公共服务体系设立了三级运营管理模式。奥鹏远程教育中心负责公共服务体系品牌、服务标准（流程、规范、考核标准）以及相应管理制度的建设和推行；分布在全国各地的奥鹏远程教育学习中心则在同一品牌下，按照统一的服务标准为合作高校远程教育项目的校外教学提供支持服务，为合作高校远程教育项目的学生提供统一、规范、优质的学习支持服务；奥鹏远程教育管理中心则是奥鹏远程教育中心在某一区域设立的授权管理机构，根据奥鹏远程教育中心的授权，对指定区域的学习中心行使部分管理和支持服务职能。公共服务体系初步形成了主要基于计算机网络的支持学生自主学习和协作学习的新型服务模式，主要依托奥鹏远程教育中心自主研发的"奥鹏远程教学管理系统（OEMS）"和基于 Web 的远程接待系统（Call Center）来实现，能支持学生在线报名、注册、选课、交费、浏览使用学习资源、接受在线答疑和辅导、参与网上社区活动和与教师、同学进行交互等。

奥鹏远程教育中心通过 800 免费服务电话，免费电子邮件以及网上即时通信服务和手机短信服务等方式，为学生初步建立了基于互联网的学习社区和虚拟学习组织。

研讨问题 1：网络教育服务是人们看好的一种互联网应用服务，你如何看待？

研讨问题 2：奥鹏远程教育中心的运营模式、管理模式有哪些值得借鉴的地方？

研讨问题 3：了解一下，有多少高等院校开通了网络教育？这与奥鹏远程教育中心的模式有何异同？

8.3.8 案例 8：开拓蔬菜网络新天地——中国寿光蔬菜网

中国寿光蔬菜网（http://www.shucai001.com/，如图 8-12 所示）开通于 2008 年，是一家面向全球提供蔬菜产品的大型 B2B 贸易平台，涵盖了蔬菜产品供求、行业资讯、技术服务、专业会展等网络信息。

中国寿光蔬菜市场网的主要功能：第一，信息功能，能够第一手得到来自生产、加工、出口等各环节的信息；第二，减少流通环节，降低流通成本，加快流通速度；第三，实现订单农业的功能，农民和农民经纪人先在网上卖蔬菜然后再种植，定金和每日无负债结算制度建立了诚信履约机制，保证了订单农业的实现；第四，为农民经纪人、生产者提供了发现价格、回避风险的工具，使他们在市场风云突变的形势中化解价格风险获取稳定的经济效益。

中国寿光蔬菜网在开展网络交易时，对我国的蔬菜市场进行了认真的分析。随着加入WTO，蔬菜产业成为我国最大的受惠产业之一。由于我国蔬菜的生产成本比较低，出口型蔬菜，特别是洋葱、大蒜、红干椒、南瓜等，有巨大的发展空间，况且这些品种具有耐储运、标准等级容易区分、价格变化大等特点，产区比较集中，属全年消费的产品，客观上需要跨地区、跨时间流通，比较适合在网上交易。因此，这些就是中国寿光蔬菜网的主要交易品种。

研讨问题 1：表 8-1 是中国寿光蔬菜网的网站导航图，你能够提出什么建设性的意见？

研讨问题 2：中国寿光蔬菜网的主要交易品种的特色是什么？

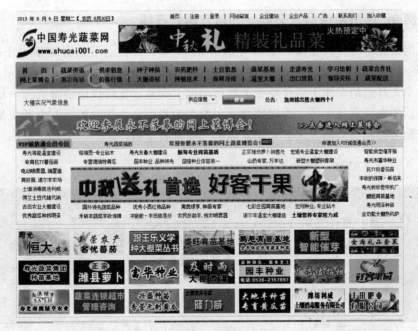

图 8-12　中国寿光蔬菜网首页

研讨问题 3：中国寿光蔬菜网的计划是 2010 年交易额超过 300 亿元，查阅资料，实现这个目标的主要措施有哪些？

研讨问题 4：比较中国寿光蔬菜网、中农网。

表 8-1　中国寿光蔬菜网的网站导航图

蔬菜资讯	寿光新闻　基地推荐　蔬菜动态　市场动态　推荐经纪人　菜乡采风　品牌展示　创富故事　外地菜风 每周农讯　蔬菜安全　农家生活　绿色蔬菜　无公害蔬菜　有机蔬菜
供求信息	供应信息　求购信息　招商代理　合作信息　推荐产品
种子种苗	新品推荐　企业推荐　审定品种　种业市场分析　育苗企业　推荐品种　种业资讯　科研动态　热点专题　基地信息　栽培技术　病虫防治　品种繁育　贮藏加工
农药肥料	农资快讯　特别推荐　推荐企业　热点专题　市场分析　精品展示　农资评论　种植技术　农药安全　药械知识　生物农药　精品展示
企业产品	蔬菜企业　种苗企业　农药化肥企业　保鲜恒温企业　温室企业　出口企业　包装企业
蔬菜基地	寿光特菜介绍　蔬菜基地推荐　寿光基地市场　超市对链
蔬菜物流	华东专线　华南专线　华中专线　华北专线　西南专线　东北专线　台港澳专线
学习培训	培训机构　科技书籍光盘　蔬菜种植视频　专家推荐　专家在线　人才推荐　人才需求
蔬菜合作社	合作社风采　推荐合作社　合作社交流　合作社展示　农业动态　项目招商　问题解答
价格行情	市场快讯　全国重点蔬菜批发市场行情　寿光蔬菜价格　分析预测　市场动态　每周农讯
大棚资材	资材企业　推荐大棚材料　推荐农业机械　推荐加工设备　推荐蔬菜加工品
种植技术	种植技术　叶菜类种植技术　果菜类种植技术　根菜类种植技术　茄果类种植技术　豆荚类种植技术　葱姜蒜类种植技术 病虫防治　叶菜类病虫防治　果菜类病虫防治　根菜类病虫防治　茄果类病虫防治　豆荚类病虫防治　葱姜蒜类病虫防治
保鲜冷库	保鲜企业　保鲜技术　推荐保鲜蔬菜基地　冷库租赁　保鲜用品　经验交流
温室大棚	大棚建造技术　大棚管理技术　经验技术交流　温室大棚及发展史
网上展厅	种子种苗展区　农业资材展区　农药化肥展区　蔬菜展区　包装制品展区
出口贸易	国际资讯　市场评论　出口贸易　蔬菜出口企业　展会动态　货运代理　市场评论
走进寿光	寿光概述　领导致辞　寿光农业　寿光风采　寿光国际蔬菜博览会　寿光名人　寿光特产　图说寿光
领导关怀	领导关怀　中央和省(部)级人视察菜博会集锦

8.3.9 案例9：提供网络钢铁交易——东方钢铁在线

为顺应网络经济时代的要求，上海宝钢于2000年8月成立了东方钢铁电子商务公司，并于10月正式开通"东方钢铁"（http://www.bsteel.com，首页如图8-13所示），这是国内冶金行业率先开通的专注于钢材及相关物质的网上交易，支持供应链融资及一站式物流服务，营造诚信的电子交易环境，为钢铁及上下游企业提供全流程的第三方电子交易服务的网站，也是宝钢努力实现贸易方式多元化发展的一项重要举措。

图8-13　东方钢铁首页

上海宝钢的"东方钢铁在线"是国内主要钢厂联盟，它立足钢铁工业，面向全国，瞄准世界电子商务建设，建立服务整个钢铁行业的电子交易平台。在这里，钢铁企业的买卖双方可以在任何时间、任何地点以灵活的方式直接交易。通过提供安全、可靠、高效的交易系统，可为原料供应商、钢铁生产厂、中间贸易商、剪切服务中心以及最终用户等整个企业链提供增值服务。

产品介绍如下。

（1）宝钢电子商务

借助行业领先的技术手段和模式创新，经过十多年的发展，目前在宝钢已建成电子采购、电子销售、电子交易、循环物资交易、供应链融资和物流管控六大电子商务系统，涵盖了企业经营的主要业务领域，并通过电子商务实现了企业间信息化的对接和融合，年交易规模近2000亿。宝钢电子商务正向上下游企业延伸的方向发展，与战略用户和中小企业共同分享电子商务带来的效益和效率的提升。

（2）钢铁行业第三方网上交易平台"东方钢铁在线"

"东方钢铁在线"是面向钢铁行业下游中小用户及社会流通企业，提供在线交易的电子交易市场，具备产能预售、钢材正品、废次材、闲废资材备件、闲置设备网上交易的服务能力，具有挂牌销售、竞价销售多种在线销售模式，同时能够为交易会员提供在线融资、远程提单等增值服务。

（3）制造业第三方网上电子采购平台"采购宝"

采购宝平台是基于宝钢经过多年的实践而推出的服务社会的企业的 B2B 采购电子商务平台。涵盖采购寻源、网上竞价、供应链协同、供应商评估等核心业务环节，实现采购业务的全流程的电子化。平台应用业务集群管理理念，支持针对企业的定制化开发，如独立企业门户等，核心交易引擎采用集中共享方式。

（4）化工产品公共交易平台"化工宝"

化工宝是由上海宝钢化工、武钢焦化及东方钢铁三方共同投资建成的，它依托宝钢化工和武钢焦化在产品和客户资源方面的优势，借助东方钢铁在电子商务平台运营服务方面成熟的技术经验，为煤化工和其他化工企业提供低成本、高效率的电子交易平台。

研讨问题1：浏览网站，东方钢铁在线的钢铁现货交易中心的功能有哪些？

研讨问题2：如何理解东方钢铁在线推出的"安信宝"的作用？

思考习题8

1. 你能否举出书本上没有提到的成功的行业服务提供模式案例？

2. 腾讯公司在2000年是怎样走出低谷的？

3. 腾讯公司未来有哪些发展计划？

链接资源8

1. 中国纺织网（http://www.texnet.com.cn）。

2. 石油与天然气电子商务网——能源一号网（http://www.energyahead.com/index.shtml）。

3. 中国化工网（http://china.chemnet.com）。

4. 证券之星——网站地图（http://www.stockstar.com/nav/map.html）。

5. 金融界：中国财经金融门户（http://www.jrj.com.cn）。

6. 和讯：中国财经网络领袖和中产阶级网络家园（http://www.hexun.com）。

7. 雅虎口碑网——全国房产信息频道！（http://fang.koubei.com）。

8. 艺龙旅行网（http://www.elong.com）。

9. 信天游（http://www.travelsky.com/travelsky/static/home/index.html）。

10. 旅游名店城（http://www.yocity.cn）。

11. 人才招聘求职网——前程无忧（http://www.51job.com）。

12. 中华英才网（http://www.chinahr.com/index.asp）。

13. 宝供物流企业集团有限公司（http://www.pgl-world.cn/Home.asp）。

14. 招商局物流集团有限公司（http://www.cml-1872.com）。

15. 中农网（http://www.ap88.com）。

16. 拍拍网：腾讯旗下网站——超值购物值得信赖（http://www.paipai.com）。

17. 腾讯财付通——在线支付专家（https：//www.tenpay.com）。

拓展训练 8*

1. 尝试进入腾讯旗下的购物网站——拍拍网，并和淘宝网做个对比。

2. 尝试使用腾讯公司推出的中国领先在线支付应用和服务平台——财付通。

3. 进入你所在城市的搜房网，运用所学专业知识，做一次不用付中介费就能够租到你满意的住房的尝试。

4. 比较各行业网站提供的服务，思考还有什么可以开发的行业服务网站？

第 9 章　虚拟社区模式案例分析

9.1　虚拟社区模式简介

9.1.1　虚拟社区

（1）虚拟社区的概念

社区是指进行一定的社会活动，具有某种互动关系和共同文化维系力的人类群体及其活动区域。虚拟社区，从网络技术的角度来看，虚拟社区又称为 BBS、论坛。1978 年在芝加哥地区的计算机交流会上，克里森（Krison）和罗斯（Russ Lane）一见如故，因此两人经常在各方面进行合作。但两个人并不住在一起，电话只能进行语言交流，有些问题语言是很难表达清楚的。芝加哥冬季的暴风雨又使他们不能每天都见面，因此，他们就借助于当时刚上市的调制解调器（Modem）将他们家里的两台苹果Ⅱ通过电话线连接在一起，实现了世界上的第一个 BBS。这就是原始的 BBS 的雏形。近年来在互联网技术的飞速发展之下，BBS 在功能方面得到不断扩展，并迅速成为全世界计算机用户的交流信息的园地——虚拟社区。

最早的关于虚拟社区的定义由瑞格尔德做出，他将其定义为："一群主要由计算机网络彼此沟通的人们，他们彼此有某种程度的认识、分享某种程度的知识和信息、在很大程度上如同对待朋友般彼此关怀，从而所形成的团体。"从社会学的角度看，是指由网民在电子网络空间进行频繁的社会互动形成的具有文化认同的共同体及其活动场所。

虚拟社区也称为 CLUB，包含的功能主要有公告栏、群组讨论、社区内通讯、社区成员列表、在线聊天、找工作等，也就是在网上提供现实社区所需的各种交流手段。

虚拟社区最重要的几种形式有 BBS、USENET、MUD，在国内逐渐形成以 BBS 为主要表现形式，结合其他同步异步信息交互技术形成的网络化数字化的社区形式。

虚拟社区的类型根据沟通的实时性，可以分为同步和异步两类：同步虚拟社区，如网络联机游戏；异步社区，如 BBS 等。

（2）虚拟社区的特性

虚拟社区与现实社区一样，也包含了一定的场所、一定的人群、相应的组织、社区成员参与和一些相同的兴趣、文化等特质。而最重要的一点是，虚拟社区与现实社区一样，提供各种交流信息的手段，如讨论、通信、聊天等，使社区居民得以互动。但同时，它也具有自己独特的属性。

① 虚拟社区的交往具有超时空性　虚拟社区通过以计算机、移动电话等高科技通讯技术为媒介的沟通得以存在，通过网络，人们之间的交流不受地域限制，只要有一台计算机，一条电话线，就可以和世界上任何地方的人（也具备相应硬件条件）畅所欲言了。说到这里有人会说，电话也具备这种功能呀？但是，在虚拟社区中聊一个小时是打国际长途侃一个小

时的经济成本的千分之一，聊天的压力可想而知。同时也不受时间的限制，今天发一个帖子，不一定会有人回，但几天以后可能超过千条了。这种便利，估计电话望尘莫及。虚拟社区的组织形式是非空间性的。在网络社会中，世界范围内的人们可以按照自己的意愿，建立并选择适合自己的生活空间，人们按其兴趣、需要、价值观念、文化等，自发地形成大大小小的虚拟社区，从而改变人们的现实交往方式和互动关系。

② 人际互动具有匿名性和彻底的符号性　在虚拟社区里，用网名 ID 号来标识自己。ID 号依个人的爱好随意而定。例如，"猪猪侠"，一看就是动画片的爱好者，"军旗飘飘"，估计是一个军人，"summer"，估计是个喜欢夏天的人……在现实中不可能有人起这种名字。同时，由于互相不能看到对方的"庐山真面目"，所以，传统的性别、年龄、相貌等在虚拟社区里可以随意更改。网上有句名言：和你聊天的也许是条狗。

③ 虚拟社区的互动具有群聚性　群聚性从而排除了两两互动的网络服务，社区成员身份固定，从而排除了由不固定的人群组成的网络公共聊天室，社区成员进入虚拟社区后，必须能感受到其他成员的存在。虚拟社区并非像传统的社区一样依赖于血缘、地缘和业缘形成，而是在互联网所提供的传导平台空间中，人们根据自身的兴趣、偏好和价值取向等交换信息、传导知识、宣泄情感，并彼此联系与连接成相对稳定的社会群落，这样，虚拟社区在其结构上表现出不同于现实社区的特点：一是虚拟社区没有类似于传统现实社区的以尊卑长幼、或以远近亲疏、或以势力大小划分成以最高权威为核心的等距离同心圆状层次结构，而是自由结合，无明显核心；二是高度专业化，依据血缘、地缘和业缘而形成的传统现实社区，由于其空间结构相对凝固，因而其社区内核的内容具有相当明显的综合性。相对而言，虚拟社区成员拥有较大选择余地，成员依据不同的志向、兴趣和爱好，归属于不同的社区。

最后，自由、平等、民主、自治和共享是虚拟社区的基本准则。这个特点其实和人际互动具有匿名性有关，在这里，传统的上下级被"版主"代替，只要不违反论坛条例，你什么都可以说，俗称"灌水"。

（3）参与虚拟社区的流程

要想成为虚拟社区的一员，"门槛很低"，一般的情况下，要使用社区提供的各项功能服务，必须在线注册。基本流程是：首先，注册人阅读有关法规及社区服务条款，并提交同意申请；社区管理系统询问注册人的一些情况，如姓名、性别、年龄、身份证号码、职业等，注册人必须如实填写，系统能够进行验证；然后再取一个账号名并设定密码，整个注册过程基本完成。

一旦注册成功，便成为社区的合法居民。社区居民拥有唯一的账号，这个账号就是他在虚拟社区中的通行证，是社区居民相互辨别的唯一标志。在社区中"生活"，居民必须遵守社区的各项规章制度和行为准则，否则将被社区管理员开除或者被封发言权。

（4）虚拟社区（主要是 BBS）提供的主要功能

① 社区通信　社区为每一个居民都提供了电子信箱，居民可以使用该信箱收发邮件，相互通信，有利于非同时在线时的居民之间的交流。有的大型论坛提供手机短信发送功能，更方便了网民之间的交流。

② 聊天服务　虚拟社区为居民提供了两种实时交互的聊天服务，聊天时除了用文字表达以外，系统还预设了丰富的表情和动作供调用（有些还能用语音进行实时交谈）。第一种方式是聊天广场，任何人都可以自由出入，谈话的内容也不受限制。第二种方式是聊天室，聊天室的开设者是这个房间的主人，他可以控制谈话的内容，也可以对聊天的人进行取舍。

③ 张贴讨论 这是虚拟社区最基本也是最主要的功能之一。居民可以在社区中主要以文字形式自由地表达自己的思想，如提建议、讨论、提问、回答问题等，这些最终都以张贴文章（帖子）的形式出现。居民还可以在社区中转贴自己比较喜欢的小说、散文等。目前，国内的许多社区系统已经允许居民在帖子中加入文件上传、贴图、表情动作等功能。这样一来，帖子就变得丰富多彩，生动活泼，使得居民的交流更加有效。

④ 网上投票 居民在社区就某一问题发起投票或进行投票，从而对社区居民进行民意调查。同时居民在投票的过程中也张贴讨论，表明自己的观点。这种投票要比现实的投票透明、民主、公开，其结果也真实地反映了网民的偏好。

（5）虚拟社区的类别

目前在国内有影响的虚拟社区主要分五大类。

① 适合大众，以兴趣爱好休闲娱乐为主，像分布在广州、北京、上海的网易社区、天涯社区、湛江的碧海银沙等。

② 适合在校大学生，以大学校园学习生活为主，像清华的"水木清华"社区，这类的社区都比较大型，会员有几十万，甚至过百万，在线人数通常是几千，在国内有一定的影响力。

③ 各教育网站、网校，针对教师和中学生的教育社区，这类社区规模相对比较小，会员也不多。这一切说明国内的虚拟社区已有一定的影响和规模，将其应用于网络教学不仅有可能，而且很有必要。然而现阶段的应用正处于起步状态，相信有着广阔的研究和发展空间。

④ 假想社区，这种社区建立了一个假想的环境，参与者在其中扮演一定的角色。假想社区大多都模拟人们的生活情景，具有较强的娱乐性。来自芬兰的全图形化的虚拟社区Habbo（哈宝中国）（http://www.habbochina.com）是社区成功营运的例子。哈宝是一个专为年轻人开发的在线互动社区。截至2006年，已在17个国家成功运营，哈宝宾馆已经成为全球最受欢迎、增长速度最快的图形互动社区之一。至今，全球哈宝宾馆的注册人数已经达到4100万，其中540万唯一用户已成为哈宝宾馆的忠实玩家。

⑤ 交易社区，此类社区可以为买卖活动提供便利。社区成员包括买方、卖方、中介商等。许多企业在开展电子商务交易时，往往要建立相关的交易社区，作为营销活动的补充。如通用电器的TPN网络为交易者提供了一个社区，让他们开展竞价，或是仅仅买卖产品。这些虚拟社区在商业活动中可以帮助公司、客户以及他们的供应商安排、协调、处理事务和所需的其他交流。

（6）虚拟社区与现实社区的关系

虚拟社区和现实社区并不是完全独立的，他们之间的关系就如同物质和意识之间的关系一样。网络社区来源于现实社区，虚拟社区是现实空间在虚拟空间的"投影"。

① 虚拟社区提供的服务板块也是根据人们现实的需要而设定的；现实社区中的生活方式和观念规范会影响虚拟社区的构建。

② 虚拟社区所提供的服务是现实社区服务的延伸和提高。传统利用以纸为媒介的信件传递，发展为E-mail传递。虽然两者介质和速度不同，但是E-mail内容格式仍和传统的信函格式相同。脱离现实，虚拟社区是不可能存在的。

③ 虚拟社区对现实社区也有促进作用。网上的公开透明、重视个体等一系列特征将深刻影响社会。我们应当看到民主不是一句口号，是一种生活方式、生活态度，而虚拟社区的

许多思想法正可以用来修正现实社会管理和制度中的某些缺陷。民众易于发表自己的意见，同时政府也可以方便地实现低廉高效的管理。网络之所以风行，在于它提供了自由天堂，在社区中不同意见相互尊重与互不排斥。通过讨论和争鸣解决问题，消除歧见。虚拟社区赋予每个人充分的话语权。许多政府开通了网上信箱或领导在线解答市民的问题，收到了良好的效果。

总之虚拟社区与现实社区是互补互动关系，从根本上是一致的。两者应该各取所长，互相弥补。虚拟社区使现实社区中不可能的成为可能。虚拟社区空间开拓了人的思维，从网络社员的观点来看，所谓现实性，无非是从以前的一种可能性发展而来的。两者是互补而非取代的关系。虚拟社区是一种对现有生活方式的冲击，同时，它也是对现实社会空间的延伸和发展。

（7）虚拟社区的局限性

任何事物都是有利也有弊，虚拟社区同样有自身的局限性。

① 虚拟社区虽然使人获得现实社会中无法获得的自由和放松，但目前虚拟社区的使用成本仍是相当高的。由于我国技术发展的不平衡性，造成使用网络者事实都是文化素质高、收入高、最具社会影响力的阶层，造成虚拟社区事实上的不平等。

② 虚拟社区对现实社会的复制过程中，会删除或夸大（有意或无意）一些细节，造成虚拟社区发展的失真和迷乱。特别是目前虚拟社区管理基本源于个体的良心和道德，没有有效的法制手段，虚拟社区的失范问题相当突出。

③ 虚拟社区的人际关系显得比较脆弱。借着代号来隐匿部分身份，虚拟社区的成员每个人都可以自由选择自己的身份、立场、交流方法，并伴随着明确的隐秘性。

④ 网民如沉溺于虚拟社区的虚拟世界，把虚拟社区当成生活的实际，成为逃避现实的避风港，自然会冷淡或忽略现实人际关系，造成网民与现实的隔阂，对网民的社会生存造成不良影响。虚拟社区的成员常犯的错误就是把理想和现实混淆，强烈的反差使他们对现实充满了失望、误解、愤怒、不和谐、挫折，甚至还有几分悲哀和沮丧。如果人能永远"网络沉溺"而不回到现实社会中来，那么也就什么都不会发生，但事情没有那么简单，人永远是现实的产物，终究要回到现实中来。

9.1.2 虚拟社区模式

虚拟社区已经成为具有共同兴趣和爱好的网民之间的一个互动沟通的重要交流平台。按照网民参与虚拟社区的目的，虚拟社区可以分为交易社区和非交易社区。交易社区以提供交易平台为目的，传递交易信息并促成商品的交易，社区中的网民发生各种各样的商品交易关系，如易趣（eBay）网站。非交易社区主要聚集具有共同兴趣、爱好、幻想或者共同生活经历的网民，他们围绕某个专门主题广泛交流，如 Chinaren 社区为各种毕业生搭建一个联络平台。

虚拟社区具有显著的商业价值。虚拟社区具有匿名性和互动性的交流特点，可以满足个性化的思想表达，不受时间和空间限制，因而吸引着数以亿计的网民，他们构成具有相当规模购买力的消费群体。虚拟社区拥有社区成员的大量数据和信息，包括成员注册的私人信息和社区中公开交流信息。透过这些数据和信息分析，有助于准确了解社区成员的消费心理、行为和价值取向，识别消费者的需求。虚拟社区是一个社会和商业信息传播平台，成员可以来自世界各地，一个信息几乎可以无成本地同时传遍 Internet 触及的世界每个角落，大大减少了信息的搜索成本。正是虚拟社区的潜在商业价值，使风险投资趋之若鹜。虚拟社区成为推动互联网发展的发动机。

（1）虚拟社区的盈利模式

虚拟社区作为电子商务的一种商业模式已经得到了广泛认同，但如何挖掘其商业价值并且获取投资回报，成为社区经营的核心问题。虚拟社区要实现商业价值，必须选择能够实现盈利的主要收入来源方式。虚拟社区的盈利主要来源于以下方面。

① 网络广告费 虚拟社区由于聚集着企业的目标顾客而得到企业的青睐，越来越多的企业开始将广告投向虚拟社区。据调查，目前虚拟社区的收入模式以广告最多，50.8% 的虚拟社区网站选择广告作为其盈利模式。虚拟社区的广告收入直接受社区点击流量的制约，流量越大，广告收入就越高。对于刚起步和不知名的虚拟社区，点击流量小，广告收入就非常有限。此外，虚拟社区的广告收入还受网民的特征影响，企业是否向虚拟社区投放广告取决于社区网民是否属于企业的目标顾客。包括分众广告，也包括各栏目特色广告等。

② 会员费 虚拟社区将注册会员分级，并收取不同的入会费。女性交友社区将会员分为三级：免费会员、普通会员和 VIP 会员。对免费会员不收取费用，对普通会员按 5 元/月收费，对 VIP 会员按 15 元/月收费。社区对收费的注册会员提供交友信息服务，免费会员则不享受这一服务。网络音乐社区将会员分为普通会员、VIP 会员、黄金会员和钻石会员实行收费制度。聚集的成员越多，成员间互动越热烈，浏览社区和进入社区注册的网民就越多，会员费的收入越高。

③ 内容服务费 虚拟社区通过提供不同的内容服务对网民进行收费。定位为"文学爱好者的网络家园"的榕树下网站，就社区的某些功能向网民收费，如每个留言板为 50 元/年，社区首页文字推荐位（每个）为 20 元/月，社区默认模板"快捷链"价格（每个）为 30 元/月，内部邮箱为 240 元/年。QQ 社区为了使用户在社区中获得模拟现实的感受，通过发行虚拟货币 Q 币，提供网络人物形象、装束、场景和虚拟商品等实行收费服务。游戏娱乐社区通过提供有偿的游戏服务内容向网民收费。

④ 交易费 虚拟社区通过为网民发布和提供交易信息收取费用，或者向交易者收取佣金。如易趣（eBay）社区按照卖主的物品价格收取物品登录费、底价设置费和交易服务费，交易费是交易社区的主要盈利模式。

虚拟社区的盈利从根本上来自网民及网民带来的附加价值。网民是虚拟社区的主体，主体规模越大，社区价值就越大，盈利来源就越广泛。虽然网民规模逐年扩大，但网民的时间和精力却是有限的，他们一般都有选择性地加入虚拟社区。调查结果显示，社区网民经常使用的论坛数量以 3 个最多。虚拟社区之间必然存在吸引网民的激烈竞争。因此，虚拟社区在选择盈利模式时必须同时考虑发展策略。

（2）虚拟社区的经营模式与发展战略

虚拟社区的最终目的是为了盈利，但只有以发展为基础的盈利才会持续长久。虚拟社区选择经营模式应既能给社区带来盈利，又能促进社区发展。对经营模式的选择实质是确定合理的盈利模式和发展策略。

虚拟社区的盈利模式和发展策略相互作用、相互制约。适宜的盈利模式能够为社区提供充足的发展资金，合理的发展策略则可以提高盈利模式的效果。只有盈利模式和发展策略相互协调、相互支持，才能使虚拟社区进入良性循环的发展轨道。盈利模式与发展策略可以有多种组合方式，依前所述，每种盈利模式都有一定的适用条件（归纳为表 9-1）。

表 9-1　盈利模式的适用条件

盈利模式	适 用 条 件
广告费	社区网民规模大、流量大,有各种广告主的受众
会员费	网民对社区忠诚,对功能性或专业性需求强烈
内容服务费	社区网民忠诚且需求差异化,服务内容具有功能性或者专业性价值
交易费	社区聚集各种交易信息,提供安全交易机制,网民交易需求强烈

依据该适用条件,盈利模式与发展策略的优化组合主要有以下三种。

① 综合化发展策略与广告费盈利模式相结合　虚拟社区以建立综合性社区为目标,社区内容包罗万象,包括各种各样的论坛主题,提供多种社区功能,满足不同网民的各种需要。如天涯社区和猫扑社区都属于综合性社区。综合化发展能够聚集无可比拟的人气,而人气能够给社区带来丰厚的广告盈利。但是,虚拟社区采用综合化发展策略必须先具备充足的发展资金,因为只有当社区网民达到一定规模,并产生较大流量的时候才会得到大量的广告投入。

综合化社区由于拥有庞大的人气,可以成为众多广告主的首选。为了保持和扩充人气,综合化社区不宜收取会员费和内容服务费。如果社区提供 C2C 交易平台,并收取交易费也会模糊社区的定位。综合化社区适宜采用以广告费为主要收入来源的盈利模式。

② 差异化发展策略与会员费和内容服务费盈利模式相结合　在少数虚拟社区形成综合化社区并且占据垄断性地位之后,其他社区宜走差异化道路,即以满足网民的功能性需求和专业性需求为目的。调查结果表明,专业社区论坛是社区网民使用最多的论坛类型。如中国汽车网社区专门满足汽车爱好者和汽车拥有者的交流需求,联众世界专门为游戏爱好者提供互动平台,榕树下网站致力于满足文学爱好者的创作和交流需求,网络音乐社区专门为网络歌迷提供创作和交流平台。通过定位于专业性交流或者个性化娱乐互动平台,虚拟社区可以有效地避开同质化竞争。中小型虚拟社区一般缺乏强大的资金支持,并且面对大型社区的竞争压力,适合采用差异化发展模式。

差异化社区聚集了同类需求的网民群体,网民群体特征鲜明,只能吸引专业性的广告主,广告的投入量相对有限。差异化社区只服务于某一类网民群体的个性化需求,易使网民产生归属感和忠诚感,可以通过提供增值服务向网民收取会员费和内容服务费。差异化社区适合采用以会员费和内容服务费为主要收入来源的盈利模式。

③ 合作发展策略与交易费盈利模式相结合　互补性的虚拟社区建立互相链接,共享网民资源,可以加速共同成长,巩固网民群体。处于发展初期的虚拟社区,可以寻求强弱联合谋发展。2005 年猫扑、赛迪、淘宝等 9 家网站与 MSN 中国站合作,这些合作网站支付一定的"租金"进驻 MSN 中国网站提供内容,通过 MSN 的流量来促进其他社区的流量,提升品牌。交易型的虚拟社区与传统企业合作,能够发挥彼此优势,实现双赢,促进共同发展。传统企业以社区作为交易平台可以直接面对顾客,降低销售成本。虚拟社区通过让传统企业到社区开店,能够将传统企业的忠诚顾客吸引到社区,扩大社区网民规模。

这种经营模式适用于交易型虚拟社区。交易型虚拟社区与传统企业合作能够凝聚商机,降低中间销售渠道流通费用,而将价值转让给买主,从而扩大交易额,收取更多的交易费。虽然非交易型社区之间也可以通过网民资源的交换来收取交易费,但这种交易费有限,无法成为社区的主要收入来源。

上述经营模式，使虚拟社区满足不同网民群体的差异化需求而建立竞争优势，并带来持久的商业价值。总之，在选择经营模式时，虚拟社区需要先明确自身发展定位，只有定位清楚才能聚集目标网民，从而使盈利模式取得商业上的成功。

9.2　典型案例分析：新浪虚拟社区

9.2.1　商业价值

新浪是一家服务于中国大陆及全球华人社群的领先在线媒体及增值资讯服务提供商。新浪拥有多家地区性网站，以服务大中华地区与海外华人为己任，通过旗下五大业务主线，即提供网络新闻及内容服务的新浪网（SINA.com）、提供移动增值服务的新浪无线（SINA Mobile）、提供 Web 2.0 服务及游戏的新浪互动社区（SINA Community）、提供搜索及企业服务的新浪企业服务（SINA.net）、提供网上购物服务的新浪电子商务（SINA E-Commerce），为广大网民和政府企业用户提供网络媒体及娱乐、在线用户付费增值/无线增值服务和电子政务解决方案等在内的一系列服务。

新浪在全球范围内注册用户超过 6 亿，日浏览量最高突破 12 亿次，是中国大陆及全球华人社群中最受推崇的互联网品牌。凭借领先的技术和优质的服务，新浪深受广大网民的欢迎并享有极高的声誉，在 2003～2006 年，新浪连续荣获由北京大学管理案例研究中心和《经济观察报》评出的"中国最受尊敬企业"称号。中国互联网协会 2007 年发布的《2007中国互联网调查报告》中，新浪在门户和博客两大领域的用户年到达率指标中高居榜首。2007 年，新浪还被北京大学新闻与传播学院、原信息产业部分别评为"十大创新媒体"及"中国互联网年度成功企业"。

从"新浪导航"上看出，新浪的社区频道包括新浪论坛（http://bbs.sina.com.cn，如图 9-1 所示），它是全球最大华人中文社区，圈子（如图 9-2 所示）、交友（如图 9-3 所示）等栏目，是国内较早的网上虚拟社区，它提供一系列的免费和收费社区服务。社区中设置了很多圈子，包括明星名人、时尚生活、旅游、校友圈、老乡圈、汽车、文学艺术、体育、情感交流、IT 数码、影视娱乐、教育人文、动漫影音、财富金融、职业交流等，为网民提供的主题包罗万象，简直应有尽有。

经过技术搭建与市场攻防，新浪的虚拟社区已经从业界第二方阵进入第一方阵。具体的数字体现是：新浪微博，由新浪网推出的微博服务，是 Web2.0 时代的代表产物，于 2009年 8 月 14 日开始内测，目前是中国用户数最多的微博产品，公众名人用户众多是新浪微博的一大特色。截至 2012 年 9 月 30 日，微博用户数量已达 4.24 亿，平均每天活跃用户达到4230 万。在平均每天用户活跃用户中，72％微博用户同时使用移动客户端或用 PC 机登录新浪微博。新浪微博广告收入约 2000 万美元，占新浪广告收入的 16％。

新浪虚拟社区访问量或许不是最大，但是它的影响力却是其他社区完全无法比拟的。新浪着重交流、互动，话题的深度和广度均有很大优势，既有关于茶社、休闲书话等地的严肃高水准的讨论，也有娱乐八卦等更富时代气息话题。近年来网上的热点事件和偶像，绝大多数和新浪相关，如芙蓉姐姐等；某种程度上，只要在新浪上成名，很快就会在全网上华文世界里有了影响力。一些知名机构甚至将新浪评为最高端的人文社区、最具人情味的虚拟社

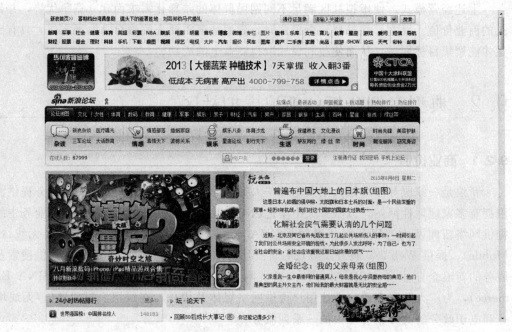

图 9-1　新浪论坛首页

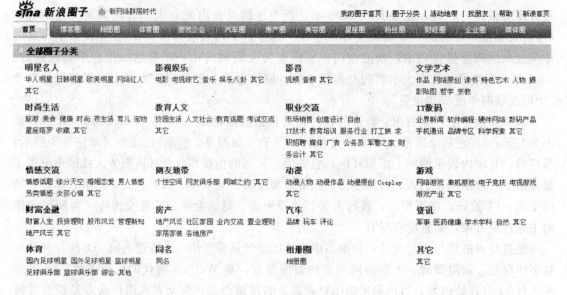

图 9-2　新浪圈子页面

区；也有人说它总在制造一个又一个话题，让许多人认识到网络的力量，新浪网的人气是很多商家看重的，它也很注重和其他媒体的合作，新浪已经形成了中文网络中一个独特的现象。

9.2.2　盈利模式

2013 胡润最具价值外资品牌榜中，新浪以 90 亿品牌价值，排名第二。

新浪这样的大型门户网站盈利模式的构成十分复杂，新浪的主要盈利是广告和网站信息

图 9-3　新浪交友页面

新闻发布的经营收入，广告是新浪网站赖以生存的主要收入，盈利能力最大，网站信息新闻发布的经营是新浪收入流的基础，虽然说它自身是一条亏损的收入流，但它蕴藏着大量的客户价值，通过传递这些客户价值，提高网站的知名度。可以说，有了它，新浪才有能力开设其他的收入流。在传递客户价值方面，价格上的免费是新浪传递客户价值的主要方式。对新浪的盈利模式可以归纳为以下几个方面。

（1）网站信息新闻发布的经营费用

信息新闻发布包括国内外新闻、体育娱乐新闻、军事法治信息、金融信息、家电数码产品的信息、健康饮食家居育儿的信息、天气报告等。这个收入流的特点是成本非常大，因为它涉及了多个领域的信息，还需要即时更新，需要大量的记者和管理人员。而这些信息主要是免费提供给浏览者的，所以基本上没有实质的收入，是一条亏损的收入流，但它可以赢取大量的点击率，因为信息的免费性，它蕴藏了大量的客户价值。从价格和内容上传递价值，使客户获得满足。

（2）新浪的广告

新浪的广告是主要盈利的一条收入流，广告的成本极低，利润非常大，企业是否愿意在新浪投放广告在于新浪是否是一个多人点击的热门网站，而第一条收入流正好为新浪带来大量的点击率，所有新浪的广告收入非常成功。在广告收入流中新浪使用促销在传递客户价值，还有优质的广告反映（产品传递客户价值）。

（3）新浪的游戏

新浪游戏的收入流盈利方式主要有两种：一种是游戏的虚拟货币 IGAME 米票，另一种是与其他公司合作开设游戏专区。虚拟货币的边际成本基本为零，有虚拟货币购买的服务和游戏道具成本也极低。另一种开设游戏专区会增加新浪服务器的压力，但其合作伙伴给予新浪一定的报酬，加上 IGAME 米票适用于这些大型的合作性网络游戏的付费，新浪从而分摊了合作商的利益，也可以获得游戏爱好者的点击率。在传递客户价值方面，IGAME 米票使用渠道方式传递，全国各报刊亭便利店都可以买到 IGAME 米票的充值实物卡，也提供在线充值等业务，同时使用虚拟货币的连通性传递客户价值。

（4）新浪的邮箱增值服务

新浪邮箱是免费的商品，VIP 邮箱、企业邮箱和网站空间是付费的商品，成本在于网络服务器空间的占用，盈利方式主要以收费商品所获得的利益为主。企业邮箱和网站空间使用促销方式传递客户价值，邮箱使用沟通和连通性传递。

（5）博客的经营管理费用

博客（BLOG）简单来说就是网络日记。新浪免费提供博客的注册，不断扩大自己网站的领域，它的成本在于服务器空间的占用和博客内容上的监督和管理。主要盈利方式在于为客户提供 C2C 交流学习的平台，而且吸引大量名人使用新浪的博客，在新浪的博客上写日志和文章，利用这些名人效应去获取网站更多的点击率。它通过价格、沟通、社区、内容等方式传递客户价值。

（6）新浪商城出租网上商店的收入

新浪不是一个 B2C 的电子商城，它的网上商城主要用于出租给商家，在新浪上出售商品，形式与淘宝网相似，其主要的盈利方式在于网上店位的出租，也依赖于高点击率的支持。通过内容和连通性来传递客户价值。当然它没有淘宝那么成功，商品的点击率不高，盈利能力一般。

（7）新浪爱问与社区的经营费用

新浪爱问类似于百度知道，专家在线回答用户提出的问题。用户之间也可以相互解答对方的问题，提问需要积分，这就刺激了用户回答问题的欲望。这条收入流的主要成本在于爱问和社区的管理、专家的邀请等。盈利方式主要是吸引网站点击率，解决客户的问题，提高他们对网站的满意度、忠诚度，社区也为拥有共同爱好的用户提供了一个可以互相交流的平台。它通过在线社区价值、FAQ 服务来传递客户价值。

（8）新浪搜索：查博士

新浪查博士是一个搜索引擎，这个收入流的盈利在于竞价排名推广费等服务收取的费用。这种收入流的特点与广告非常相似，都是靠着高点击率的网站。相对于新浪的广告，查博士的推广还有待进步，盈利能力还不足。它可以为企业设计搜索词，将用户最热门的搜索词记录下来，通过为顾客提供计算数据来传递客户价值。

（9）新浪手机铃声、彩铃下载

这是一条新浪无线服务的收入流，盈利方式主要通过手机获取铃声所付费用，特点在于付费方式方便快捷，而且一个铃声也就几毛钱，价格容易被用户接受。它通过渠道和价格来传递客户价值。

（10）新浪宽频在线 TV

新浪宽频在线 TV 主要为用户提供免费快速的数字电视视频。其收入流的成本在于占用带宽，盈利方式是与各大电视台形成合作伙伴，相互推广，达到双方各在对方媒体上做广告提高点击率、收视率和知名度。它主要通过产品和价格来传递客户价值。

（11）行业数据库＋行业搜索

三大门户都有自己的行业搜索引擎，有这么大的知名度和流量，新浪是不会放过这个收入来源的，对于企业来说，也乐得其所。这一块是直接经营为主＋代理商销售（各地网络公司）为辅。

（12）各地分站

新浪的各地分站除了一些比如广州、上海等由其直接经营以外，大部分都是由其代理商经营。而这些代理商大部分都是地区性具有一定影响力的网络公司。收入来源是新浪分享城市分站业务所带来的利润和其代理商销售其主站产品的利润。

9.2.3　新浪虚拟社区状况分析

新浪网站的商业模式是信息模式，主要通过大量的免费的各类咨讯、大小热点新闻、服务去吸引大量的浏览者，形成固定的客户群，一直保持着很高的点击率和知名度，然后吸引各企业纷纷在新浪网站投放广告，通过新浪的广告推广自己的产品。而新浪从此获得巨大的收益，远远超过它自身提供免费咨讯、新闻、服务的成本。这造成了新浪可以盈利、企业可以提高知名度、浏览者可以获得免费服务的三赢局面。

新浪的广告覆盖网站上所有页面、所有模块，而且广告的内容与每个页面的专题息息相关，针对目标客户把客户感兴趣的产品广告投放在目标客户经常浏览的专题页面上。例如，在娱乐专题页面的广告主要针对年轻人和女性安放了手机、MP3 广告和化妆品广告，在体育专题页面安放适合运动爱好者的体育用品广告，在旅游专题有中国国旅的广告，汽车专题不单有汽车广告还有赛车网络游戏的广告等。可以说新浪网站的广告无所不在，广告类型主要分为强制性弹出窗口广告、背投式广告、按钮广告、旗帜广告、网上视频广告。当我们打开新浪主页时就强制弹出了三个广告。另外，新浪还提供大大小小的增值服务，向浏览者收取适当的费用。例如，手机铃声、VIP 邮箱、企业邮箱网络空间等服务。在游戏方面新浪拥有游戏大厅 IGAME，其主要盈利方式是虚拟货币 IGAME 米票与腾讯的 Q 币相似，虽然游戏多为免费游戏，但玩家使用 IGAME 米票可以在游戏中获得一般玩家无法获得的道具。新浪还有网上商城，与各个商家合作，从中取得收入。

（1）战略目标

新浪虚拟社区最终的目标是满足网友的需求，整个新浪虚拟社区的取向，就是从理性诉求升级到理性和感性的融合。新浪社区拥有几年来积累形成的品牌号召力以及数百万高忠诚度高质量的用户群所产生的超强人气、人文体验和互动原创内容，一直以个人为中心，满足个人沟通、创造、表现等多重需求，并形成了全球华人范围内的公共影响力和线上线下信任交往的文化。

（2）目标客户

新浪社区的客户有两种：一种是在新浪社区发帖子的个人用户，这些用户为新浪社区带来流量和人气，新浪社区这部分的目标客户是全球的华人；另一种是与新浪社区有业务往来的企业客户，如在新浪社区作网络广告的企业。

（3）核心能力

目前社区领域呈现的是一种诸侯分割、各领风骚的形势，同时视频、动漫等新兴社区也在不断挖掘新的细分市场，力求独霸一方。注册用户的数量、用户的忠诚度、ALEXA 的排名是评价虚拟社区发展潜力的重要指标，也是资本衡量虚拟社区价值的标尺。在这一轮竞争中，人气无疑是一个非常重要的因素。

新浪的核心竞争能力在于不断创新的力量，以及这种力量对整个中国互联网产业的冲击。新浪在高访问量的基础上，用产品打造更多的竖状"柱子"，来支撑和建设一个更大规模的平台，在更多新的柱子上面，网站建立的商业平台得以延续，平台也需要更多的信息内容、互动服务和领先技术的支持，不断的正循环形成了滚雪球效应。

（4）收入与利润来源

虚拟社区目前和未来一段时间内会以分众广告为主要盈利方式，但是主流的分众广告仍是商业信息广告，基于社区概念的个人信息需求广告还有待培养。新浪的收入则主要来自两个方面：一是利用网民的注意力，依靠广告实现收入；二是为客户减少成本、增加收益，在此基础上，向企业收费，模式相同，剩下的就是各家如何利用过去积累下来的核心能力使自己的竞争优势得以延续，其次要明确做什么产品、不做什么产品，而且要做出特色来，新浪一直利用自己的优势把网络和软件结合在一起。

9.2.4 发展策略

新浪在业务线的规划上，SINA. com 的目标是定位消费者的门户；SINA. net 的目标是搜索服务；SINA. Online 主要是游戏、互动娱乐；SINA. Moblie 是无线增值服务。

而现在，新浪的重心在新浪微博上。微博帮助企业最大程度地发挥营销创意，活动平台更简单、更公平、低成本；病毒式的推广可发起微话题，引发受众激情大讨论。有两个典型的案例：一个是蘑菇街，一个是美丽说。蘑菇街 90％ 的流量来自新浪微博，你有 10 个粉丝，帮你分享一个内容到微博体系当中，最低会有 3 个粉丝把你的内容转发。美丽说用户使用分享按钮到新浪微博，又从新浪微博带回大量用户。新浪致力于构建可持续发展的微博营销生态体系：用户、关系、信息。

目前，新浪网络广告的收入和增长主要来自日常消费品：可口可乐、百事可乐，以及信用卡、金融、保险类广告等。

虚拟社区涉及多媒体、虚拟现实、网络通信、人工智能、心理学、社会学等诸多领域和学科，对它的研究不仅会带动信息领域相关技术的发展，也将促进传媒、电子文化等领域的研究工作，起到牵一发而动全身的作用，具有较强的前瞻性和基础性。虚拟社区通过满足网民的需求吸引网民而获得发展机会。从建立竞争优势和满足网民需求的角度来看，新浪虚拟社区有三种发展策略。

① 综合化发展策略　以建立综合性社区为目标，社区内容包罗万象，包括各种各样的论坛主题，提供多种社区功能，满足不同网民的各种需要。综合化发展能够聚集无可比拟的人气，而人气能够给社区带来丰厚的广告盈利。

② 差异化发展策略　即以满足网民的功能性需求和专业性需求为目的。调查结果表明，专业社区论坛是社区网民使用最多的论坛类型。如中国汽车网社区专门满足汽车爱好者和汽车拥有者的交流需求，联众世界专门为游戏爱好者提供互动平台，榕树下网站致力于满足文学爱好者的创作和交流需求，通过定位于专业性交流或者个性化娱乐互动平台，虚拟社区可以有效地避开同质化竞争。

③ 合作发展策略　与互补性的虚拟社区建立互相链接，共享网民资源，可以加速共同成长，巩固网民群体。交易型的虚拟社区与传统企业合作，能够发挥彼此优势，实现双赢，促进共同发展。传统企业以社区作为交易平台可以直接面对顾客，降低销售成本。新浪虚拟社区通过让传统企业到社区开店，能够将传统企业的忠诚顾客吸引到社区，扩大社区的网民规模。

9.2.5 存在问题与建设性提议

目前虚拟社区已经变得越来越重要，网民个人媒体的价值正不断凸显，网民个人需求也逐渐向高层次转化，而作为广大普通网民传播言论和观点的有效载体和平台的虚拟社区则代表着这种草根文化潜在的巨大价值和影响力。

作为国内三大门户网站之一，新浪一直保持着卓越的网络品牌形象。根据调查，新浪社区的人均单日有效浏览时间，位居综合门户社区之首。新浪各种产品之间的互通，进一步提升了用户的黏性。新浪以领先的技术、优质的产品和服务，满足了用户的多方位的需求，打造了中国网民网络生活第一品牌。为此，新浪应在前进的过程中，不断解决存在的问题，完善自己的服务。

（1）利润率低于同类网站

新浪的利润率对比网易、搜狐来说，是最低的。新业务的拓展方面，搜狐在视频方向上投入比新浪大，还开发了个搜狗。即便这样，搜狐的利润率也高于新浪，可见新浪的问题之大。如果要考虑长远发展，开拓新业务，新浪的利润率就还是个问题。

（2）社区内容的发布随机性很大

新浪圈子的建立随机性较大，很多冷门的内容在圈子里也建立了，建立后很少有人问津。而相对热门的却没有建立。针对这种情况，很多颇具人气，而没有被人建立的圈子，可以由新浪推荐建立。

（3）博文中灌水的和非法的内容比较多

加强对灌水内容和非法内容的管理力度，强化博主的权利，可建立新浪社区巡视员，权利大于博主，可以管理所有发布的内容和留言。

（4）新浪社区人气中很大一部分是逛逛的人，虽然有相关的爱好，但并没有明确的目的

新浪社区中这些逛逛的人他们一般是通过新浪主页进入的，新浪主页上显示网站推荐的内容，所以网民潜意识地进行了被动选择。针对这种情况，可以对排列靠后、人气急剧上升的圈子适当推荐，建立推荐榜，也可以对圈子栏目内容进行分类建立页面对优秀的博文进行综合，让网民能在一个页面上看到不同类圈子里的优秀博文。

（5）建设性提议

建议在未来的发展过程中，新浪社区可以向以下方向努力。

① 要稳定用户群体，发挥圈子增加用户"黏性"的功能　通过一定措施来鼓励用户注册，常驻社区，建立身份认同，形成稳定的群体。

② 增强圈子功能，丰富信息传递　将现有的页面改进，允许用户将自己电脑里的东西都能传递到网上来。

③ 萃取信息，保留精华　社区可以将精华博文中的各个信息萃取出来，将会吸引网民的注意力，保持网民的忠诚度。

④ 产品全面整合，建立网络社会的信息趋势预警　发布网络信息动态指数，而这个信息话语权的影响力将会是巨大的，可以从互联网走向现实社会，落地在传统媒体。

9.3　分组研讨的案例

9.3.1　案例1：中国小区网

中国小区网（www.wsxq.com，如图9-4所示）是国内首家集小区资讯、商务、服

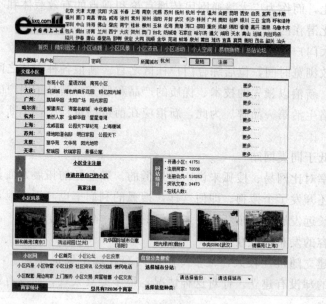

图 9-4　中国小区网首页

务、交流于一体的综合门户网站。网站覆盖全国各城市居民生活小区，为小区住户提供本小区的各种资讯，如小区新闻、业主委员会介绍和公告、物管介绍和公告、小区公共配套等。

中国小区网是由民政部城市社区建设研究基地支持，由和谐小区执行委员会推进的专业社区服务机构，是一家专注服务于小区居民的服务提供者，是为创立和谐社区、推进社会主义精神文明建设的建设者。

中国小区网的客户群体可以分为两大类：一类是服务者，包括搬家公司、物业公司、商业企业、房屋中介公司、教育培训机构、文化餐饮娱乐机构等；另一类是消费者，主要是小区居民。随着生活水平的提高，小区居民的消费领域几乎覆盖了社会全部消费领域的 2/3。

中国小区网有四大服务类型：物业服务，包括社区维修、小区保安、车场服务、管家服务、家居服务、保洁服务、居家服务等；家政服务，包括快递服务、美容服务、保姆服务、接送服务、家教服务、托管服务、代办服务；社区服务，包括医疗服务、饮食服务、出行服务、代理交费、银行服务、购物服务等；创业服务，包括创业问题、答疑平台、精英理财等。

在已开通的小区网站中，采用了统一的数据库，主要模块包括信息动态、交换信息、小区速查、小区论坛、小区博客、小区同乡、小区商城、小区黄页和小区 114 等。小区商城主要由网站和商家共同实施，为小区业主提供各类预购和直销服务，包括生活用品、儿童用品、美容化妆品、保健品、特色商品、家电、金融保险产品等；小区论坛是由业主自主发布，说话聊天，兴趣话题，找玩伴、老乡、朋友，包括情况反映、话题讨论、维护权利、消费心得、邀约出游、集体购物等；小区博客是建立属于个人的网站，让居民建立个人相册、文集和日记信息等，增强社区凝聚力和黏性；小区黄页是由网站和商家共同发布信息，为小区家庭和业主提供各类生活服务业务，包括衣、食、住、行、用、玩、医疗、生活、学习、工作、商业、社会、政府等领域。

研讨问题 1：从中国小区网的模式中你觉得有哪些方面可以借鉴？

研讨问题 2：你认为中国小区网的未来发展趋势是怎样的？

研讨问题 3：从功能角度来看，中国小区网还应该包括哪些栏目？提供哪些服务？

研讨问题 4：查阅资料，分析中国小区网的盈利模式。

9.3.2　案例2：猫扑虚拟社区

猫扑网是国内最大最具影响力的论坛之一，是中国网络词汇和流行文化的发源地之一，于 1997 年 10 月建立，2004 年被千橡互动集团并购。经过十余年的发展，目前，它已发展成为集猫扑大杂烩、猫扑贴贴论坛、猫扑 Hi、猫扑游戏等产品为一体的综合性富媒体娱乐互动平台。在 2007 艾瑞 Web2.0 暨互联网投资年会中，猫扑网获得综合社区类"2007 年度最佳 Web2.0 网站"称号。核心产品包括猫扑大杂烩、猫扑贴贴论坛、猫扑推客和猫扑城市。其首页如图 9-5 所示。

图 9-5　猫扑虚拟社区首页

猫扑大杂烩（英语：DZH）是猫扑网的雏形，国内一线论坛，全球最大的中文论坛之一，也是网络流行文化发源地，于 1997 年 10 月建立，其左右分栏阅读模式为全世界首创。目前，已经发展为集大杂烩、大小姐、汽车烩、贴图区、原创区、小白区、人肉搜索、联盟等产品为一体的娱乐互动平台。

猫扑贴贴论坛于 2004 年年底正式上线，为猫扑网最核心的产品之一，国内一线论坛，国内最大的图文和图片分享平台。如今的猫扑贴贴，已经发展成为以图片、文字、视频为主的国内最优秀最具人气的社区之一。

猫扑推客是目前国内最大的资讯分类共享站点，推客也是一个文章投票评论站点，它结合了书签、博客、RSS 以及无等级的评论控制。它的独特在于它没有职业网站编辑，编辑全部取决于用户。推客模式是介于博客、豆瓣之外的第三种资讯分享模式，目前还在尝试中。

猫扑城市（city. mop. com）是猫扑网最新主打的全新产品，是国内一线论坛，当前最大的资讯和交友、商务平台。入住零门槛、方便快捷的发帖、回复模式，简洁的页面、完备的功能、庞大的用户群体是猫扑城市的突出之处。丰富的线下活动、互动式的交流、全方位的推介模式、多角度的展示是猫扑城市的特色。目前一期19个城市已经全面开放，二期正在紧张的准备之中。

猫扑网主要活跃人群在18~35岁之间，主要分布在消费力比较高的经济发达地区，他们激情新锐，思维灵活新颖，乐观积极，张扬个性，追求自我，是新一代娱乐互动的核心人群。凭着创造、快乐、张扬的个性，始终引领中国互联网的文化时尚潮流，影响中国年青一代，成为众多网民的流行风向标。

研讨问题1：简要分析猫扑的功能结构。

研讨问题2：查阅资料，猫扑虚拟社区的经营模式有哪些特点？

研讨问题3：天涯社区也是网上创办的很成功的社区，其用户覆盖数一直占据榜首。简要分析天涯的优势所在，比较猫扑与天涯及同类社区的异同。

研讨问题4：通过猫扑网站了解猫扑虚拟社区的板块设置及其主要优势在哪些？

9.3.3 案例3：百度贴吧虚拟社区

百度贴吧——全球最大中文社区（http://tieba. baidu. com，首页面如图9-6所示）是2003年12月3日创建的，贴吧的创意来源于百度首席产品设计师俞军。当时创建这一想法的缘由是：结合搜索引擎建立一个在线的交流平台，让那些对同一个话题感兴趣的人们聚集在一起，方便地展开交流和互相帮助。

图 9-6　百度贴吧首页

百度贴吧是一种基于关键词的主题交流社区；它与搜索紧密结合，准确把握用户需求，通过用户输入的关键词，自动生成讨论区，使用户能立即参与交流，发布自己所拥有的其所感兴趣话题的信息和想法。这意味着，如果有用户对某个主题感兴趣，那么他立刻可以在百度贴吧上建立相应的讨论区。

百度贴吧完全是一种用户驱动的网络服务，强调用户的自主参与、协同创造及交流分享，也正是因为这些特性，百度贴吧得以其最广泛的讨论主题（基于关键词），聚集了各种庞大的兴趣群体进行交流。

百度贴吧有明星人、动漫、游戏、电脑数码、百度特区、娱乐、时尚生活、文学与艺术、科学与军事、贴吧家族、体育、情感、教育与人文、个人空间 14 个目录，这些目录是对百度贴吧中的各个吧的分类。

百度贴吧的主要特点有：①它是人工信息聚合方式对搜索引擎的补充。对于那些基于信息搜索的需求而找到贴吧的人来说，获得某个主题的信息往往是他们的一个基本目标。但搜索引擎目前还难以高质量地满足这方面的需求。贴吧可以使人们从机器的搜索过渡到人工的信息整合中。拥有不同资源的人们，在这里实现信息的分享，而且信息需求与供给关系更明确，这样获得的信息针对性往往更强。贴吧成为对百度这样的搜索引擎的一个有益补充。②它是共同兴趣爱好者的快捷聚集。尽管网上有难以数计的由兴趣爱好者组成的社区，但是，如何找到它们却并不是一件容易的事，找到一个有代表性的社区更困难，百度贴吧最重要的特点就在于，它利用自己在搜索引擎领域的知名度与地位，为各种兴趣爱好者的聚集提供了一个最便捷的方式。只要知道百度，就可以通过关键字找到同道者。而百度的知名度也有助于使某一个关键字的贴吧成为一个具有代表性的贴吧。③它是封闭式交流话题带来的深度互动。与很多社区不同的是，贴吧创造的社区往往是一个话题非常封闭的社区，如某一个明星、某一部影视作品甚至某一个歌曲。虽然理论上这些社区也可以有更开放的讨论主题，但是多数贴吧的成员更愿意围绕一个封闭的主题来展开交流，这就促进了互动深度的不断挖掘。④它是"粉丝文化"的催化剂。百度贴吧的迅速走红，是与"粉丝"及"粉丝文化"的流行紧密相关的。在"粉丝文化"的发展过程中，百度贴吧也起到了重要作用。"粉丝"意为"迷"，来自英文单词"Fans"，在中国，主要指某个明星（或平民偶像）的崇拜者。"粉丝"现象是随着湖南电视台的"超级女声"及其他电视选秀节目的影响力日增而不断发展起来的。⑤百度贴吧还是文化研究的新途径。英国的研究者戴维·冈特利特在他主编的《网络研究——数字化时代媒介研究的重新定向》一书中认为，互联网提供了一种新的"摇椅"式的研究方法。他在研究了一个关于电影的网站后指出，那些观众的评论虽然"并不能代表一个完整的电影观众群。但是，这些观点比那些由电影研究专家们写的单一的、主观的、通常还是晦涩难懂的'解读'性文字要好。事实上这些样本与多数定量研究中使用的样本一样具有价值，人们所提供的数据就是他们就电影自发地发表的感想，也是他们想要写的话"。

由于贴吧话题的封闭性特点，网民的深度互动实际上为文化产品、文化现象的研究提供了一种非常直接的渠道。例如，对于影视剧的创作者来说，贴吧中丰富的来自观众的"现身说法"，真实而生动地展示了观众对于作品的解读方式及其动因。虽然这些观众未必总是能代表全体观众，但是他们的体会仍然能在一定程度上反映影视作品在受众那一端所起的作用。观众喜欢什么样的角色，喜欢什么样的情节以及细节处理，喜欢什么样的题材，如此等等，常常都可以在贴吧中找到答案。贴吧不仅为了解作品的传播效果提供了一种反馈渠道，更是为未来的创作提供了一种有益的启发。在过去很少能有这样的渠道如此充分地让人研究那些观众喜欢以及不喜欢的元素，以及背后的原因。这不仅将使创作者个体受益，对于影视生产企业来说，也是一种不可多得的资源。而对于文化研究者来说，研究大众文化对于受众的深层影响，贴吧这样的平台也将显得越来越重要。

在类似"贴吧"这样的网络空间里，人们发表的最直接、真实的内心告白，也是人们现实生活与活动的一部分，作为一种越来越与现实生活交融的生活空间，网络同样能提供非常真切而鲜活的研究材料。它也是实证研究的场所。贴吧这样的社区更具有典型的研究价值。除了文化研究，贴吧这样的社区还可以为其他产品的开发、产品的营销提供重要的消费者研究平台。

就目前看来，百度贴吧的发展势头良好，但存在的问题却不容忽视。将创建栏目的自主权交给了网民，由于每个人的思维方式各不相同，表达方式也不同，会造成栏目创建得参差不齐，内容千奇百怪，如搜索"美女"贴吧，出来的就有两万多个，久而久之，相关的贴吧就会显得杂乱无章，这样，对贴吧的分类管理、主题贴吧的人气等都会产生不良影响，因此，百度应该进行适当的组织综合。很大一部分逛吧者无明确目的，灌水帖、非法帖较多，让网民在一个页面上看不到多少优秀帖子。主题贴吧建立的随机性较大，很多"冷门"贴吧建起来了，相对热门的却没有建立，这样都是不利于长久发展的。

研讨问题1：百度贴吧最突出的特点在哪里？

研讨问题2：登录百度贴吧，分析百度贴吧的主要功能。

研讨问题3：百度贴吧的努力方向在哪些方面？

研讨问题4：查阅资料，百度贴吧的商业模式是怎样的？

研讨问题5：百度为什么要设立百度贴吧这个虚拟社区，对网站有什么作用？

思考习题9

1. 什么是虚拟社区？虚拟社区有哪些功能？你能举出书本上没有提到的成功的虚拟社区的网站案例吗？

2. 虚拟社区的特征和优势有哪些？可以利用它做网络营销吗？

3. 比较中国小区网、猫扑虚拟社区、百度贴吧的商业模式有什么不同？

4. 比较中国小区网、猫扑虚拟社区、百度贴吧各自的优势是什么？

链接资源9

1. 新浪（http://www.sina.com）。

2. 天涯社区——全球华人网上家园（http://www.tianya.cn/index.htm）。

3. 阳光家园——广州小区网——中国网上小区（http://www.wsxq.com/guangzhou/wsxq65）。

4. 博客营销（http://www.ecidea.net/blog/）。

5. 社区营销（http://www.globrand.com/special/community-marketing/）。

6. CSDN.NET——中国最大的IT技术社区，为IT专业技术人员提供最全面的信息传播和服务平台（http://www.csdn.net）。

拓展训练 9*

1. 登录中国小区网的广州地区的阳光家园页面，了解其活跃程度，看看有哪些最新话题，分析这对物业管理有何帮助？

2. 登录猫扑虚拟社区，并尝试建立自己的博客，使用网络相册等功能。

3. 进入一个虚拟社区的网站，建立一个免费主页，使用免费提供的工具与社区成员交流。

4. 登录 CSDN. NET 虚拟社区，分享它提供的服务功能。

第 10 章　企业整体电子商务模式案例分析

10.1　企业整体电子商务模式简介

10.1.1　企业电子商务

目前越来越多的企业已经充分认识到，在以计算机、通信、网络为代表的信息产业快速发展的时代，实现电子商务是企业能够在愈演愈烈的全球化市场竞争中得以生存、发展的必由之路。电子商务给许多企业带来了新的发展机遇，它不仅对传统企业的管理，如计划、组织和控制产生了影响，而且对企业的研究开发、采购、生产、加工、制造、存储、销售以及客户服务也产生了巨大的影响。

企业电子商务的标准流程有两种，即企业间网络交易、网络商品中介交易。企业间网络交易就是企业与企业之间通过互联网进行产品、服务及信息的交换，其典型代表是海尔集团等。网络商品中介交易就是网络经纪模式，已在第 3 章介绍。

10.1.2　企业整体电子商务模式

（1）企业整体电子商务模式的含义

企业整体电子商务模式是企业或者其他组织以发展电子商务为目标，对企业或者组织的生产流程、营销模式、组织管理等方面进行统一的信息化处理而采用的电子商务模式。通过整体实施电子商务，使企业不同业务单位的信息统一在电子商务平台上，建立起客户同企业的单点联系。这种模式可以使企业内部的管理更加协调，降低采购和生产成本，更好地适应外部环境的变化，满足消费者的个性化需求，扩大市场范围，提高企业的效率。

企业整体电子商务模式中，企业整体服务的目标是将每个客户购买的服务范围最大化，企业客户可以同时使用一个企业的多种商品和服务，并同时与企业内部的若干个业务机构发生联系。实施企业整体电子商务比较成功的企业还有联想集团、中国工商银行等。

（2）企业整体电子商务模式的特征

① 企业的所有数据集中于一个单一的数据库之中，即企业数据中心。

② 可以在线完成企业的所有经营流程。

③ 所有业务数据经系统处理，快速形成管理层所需的商业智能，以关键绩效指标、图表以及可追溯的报表形式呈现。

④ 企业整体电子商务必须统一规划电子商务平台　电子商务基础平台至少应包括硬件、网络（Internet/Intranet）、群数据中心、数据仓库。同时还要考虑未来新技术平台的延伸，如无线（Wireless）、语言平台（Voice）都会在不远的将来成为新的应用载体。

⑤ 企业整体电子商务涉及企业所有的经营及管理领域　这些领域事实上已经被大家熟悉的应用软件覆盖，如 ERP（企业资源计划）及内容接近的 CIMS（计算机集成制造系统）、CRM（客户关系管理）、SCM（供应链管理）等。企业整体电子商务从什么地方起步并无绝

对的规定，但必须对企业电子商务平台建设进行统一规划。好的应用软件可以保证企业从任意最急需电子商务化的领域起步，并实现同一目标。

⑥ 企业整体电子商务必须对商业智能及战略决策支持进行规划　众多国内外的企业对自身的电子商务建设感到效果不明显，主要原因在于将电子商务等同于建设一个企业网站，在网站上介绍公司情况、发布产品信息就算万事大吉。殊不知，企业电子商务必须进行整体规划，将企业的业务流程进行根本改造，并向商业智能化的方向推进。

（3）企业整体电子商务模式的优势

① 企业整体电子商务模式能够提高企业内部团队合作效率　在企业内部，该模式可以促进企业打破部门之间的界限，把相关人员集合起来，按照市场机制去组织跨职能的工作，从而减少企业的管理层次和管理人员的数量，将那种容易形成官僚主义、低效率、结构僵化、沟通壁垒的单一决策中心组织改变为分散的多中心决策组织。因为决策的分散化能够增强员工的参与感和责任感，提高了决策的科学性和可操作性，改变下级服从上级、上级行政干预下级的专制型的企业管理模式。在管理思想上，强调高效、敏捷；在管理体制上，注重各环节的协调、配合和并行工作；在组织功能上，强调企业领导者的协调、服务和创新，着力培养企业员工的团队精神，增强企业的凝聚力；在管理任务方面，强调以客户需求为中心。

② 企业整体电子商务模式能够增强交易主体及参与对象之间的协调性　商务活动是一种协调过程，它需要客户与公司内部、生产商、批发商、零售商间的协调，在电子商务环境中，它更要求银行、配送中心、通信部门、技术服务等多个部门的通力协作，这些都可以或多或少地利用企业电子商务整体方案来解决。

③ 企业整体电子商务模式能够提高企业管理能力和增加企业的无形资产　企业整体电子商务可以有效地解决企业的内部管理问题，提高管理能力，使企业的组织结构和管理模式更有效率；通过企业整体电子商务，企业还可以重塑形象，增加知名度，增加企业的无形资产，让企业的产品、商标得到更加广泛的传播。

④ 企业整体电子商务模式能够促进信息的快速处理和精确分析　企业的电子商务平台可以提高信息的传播速度，扩大资源的配置半径，使企业在全球范围内快速方便地寻找最新技术和最优的信息，对客户的情况进行准确及时的调查、跟踪和反馈。同时，企业还可以利用先进的管理软件、智能化的分析系统对收集到的资料、数据进行实时统计、分析，做出企业的经营决策，并在掌握相关数据的基础上，对企业未来的发展做出比较精准的预测，更好地把握企业前进的方向。

在网络经济的时代，电子商务已经逐渐成为人们进行商务活动的新模式。企业开展电子商务势在必行。随着国际经济一体化进程的不断深入，企业与企业之间的竞争已经脱离了传统模式的特征，迅速趋于电子商务平台的竞争。企业要想获取持续性的发展，必须实施电子商务战略，在全球范围内提升自己的竞争力。

10.2　典型案例分析：海尔集团电子商务

10.2.1　海尔电子商务概况

海尔集团是中国最优秀的企业之一，其业绩是有目共睹的，同样，在网络建设及电子商务的应用方面，海尔集团也走在了国内企业前列。海尔集团于 1996 年 10 月在国内企业中率先申请域名，建立了海尔集团网站（http://www.haier.cn，首页如图 10-1 所示），该网站开通的主要目的是向国内外介绍和宣传海尔集团及其产品。网站有中、英文两个版本，开辟了"网络化战略"、"全球化布局"、"智慧生活"、"创新平台"等栏目，大大方便了公司与国内外客户的交流，在了解产品信息、洽谈贸易、产品订购、咨询及售后服务等很多方面为客户提供了便利。又经过几次改版之后，2002 年海尔集团正式开通了网上商城。

图 10-1　海尔集团网站首页

目前，海尔的全球网站包括海尔美国、海尔欧洲、海尔中东、海尔西班牙、海尔新西兰等十多个网站。海尔的子公司网站包括海尔新商城、海尔网上商城、海尔 B2B 采购、海尔招投标网、海尔电脑、海尔手机、海尔中央空调、海尔家居、海尔整体厨房、海尔热水器等三十多个网站。2012 年，海尔品牌价值高达 962.8 亿元。2012 年 8 月 13 日，《财富》中文网发布了"2012 最具创新力的中国公司"榜单，海尔集团再度上榜。2012 年 9 月 10 日，美国财经杂志《福布斯》发布 2012 年"亚洲上市公司 50 强"排行榜，中国家电业海尔挺进50 强，连续两年入围该榜单。

海尔集团是世界第四大白色家电制造商、中国最具价值品牌。海尔在全球建立了 29 个制造基地，8 个综合研发中心，19 个海外贸易公司，全球员工总数超过 8 万人，已发展成为大规模的跨国企业集团。2010 年海尔集团实现全球营业额 1357 亿元，同比增长 9%，其中海尔品牌出口和海外销售额 55 亿美元。据市场咨询机构统计：2010 年，海尔在中国家电市场的整体份额达到 25% 以上，依然保持份额第一；尤其在高端产品领域，海尔市场份额高达 30% 以上，其中，海尔在白色家电市场上仍然遥遥领先。在智能家居集成、网络家电、数字化、大规模集成电路、新材料等技术领域也处于世界领先水平。

10.2.2　海尔电子商务应用

海尔集团于 2000 年 3 月 10 日投资成立海尔电子商务有限公司，它是中国国内家电企业第一个成立电子商务公司的企业。海尔集团总裁张瑞敏对电子商务理解透彻，谈到电子商务说过："一、电子商务关键是商务，二、速度是电子商务的生命，三、人人都有一个市场，人人都是一个市场。""拿到上网入场券是参与新经济最起码的条件，海尔要以对全球用户忠诚换取全球的知名品牌，争取新经济时代的生存权。网络将打破传统经济下以国界划分的经济区域，而使所有企业都面对世界经济一体化冲击。在由网络搭建的全球市场竞争平台上，企业优势被无情地放大，优者更优，劣者更劣"。

　　海尔集团通过一步一步地改造自己的生产流程，再经过一系列的业务重组、市场链、负债经营等改革，逐步完成了海尔的 e 化，在海尔文化和企业内部管理系统的支持下，建立了海尔基于市场链电子商务的流程模型，如图 10-2 所示。借助于电子商务平台，海尔集团成功实行了"一流三网"，即以订单信息流为中心，全球供应链资源网络、全球用户资源网络和计算机信息网络同步运用。

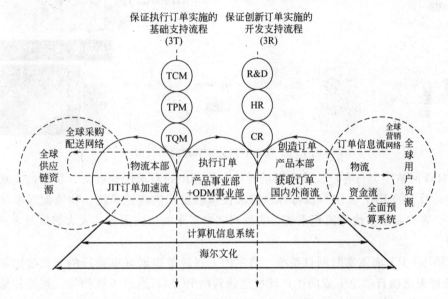

图 10-2　海尔基于市场链电子商务的流程模型示意图

（1）海尔 B2B 应用

　　海尔集团之所以取得今天的业绩，和实行全面的信息化管理是分不开的。借助先进的信息技术，逐步向"零库存、零营运资本和（与用户）零距离"的终极目标迈进。

　　① 全面的供应链管理系统　为了与国际接轨，建立起高效、迅速的现代物流系统，海尔采用了 SAP 公司的 ERP 系统和 BBP 系统（原材料网上采购系统），对企业进行流程改造。实施先进的现代物流管理系统后，海尔不仅很好地提高了物流效率，而且将海尔的电子商务平台扩展到了包含客户和供应商在内的整个供应链管理，极大地推动了海尔电子商务的发展。海尔的物流系统不仅实现了"零库存"、"零距离"和"零营运资本"，而且整合了内部，协同了供货商，提高了企业效益和生产力，方便了使用者。

　　② ERP+CRM：快速响应客户需求　在业务流程再造的基础上，海尔形成了"前台一张网，后台一条链"的闭环系统，前台的一张网是海尔客户关系管理网站（www.haiercrm.com，如图 10-3 所示），后台的一条链是海尔的市场链，构筑了企业内部供应链系统、ERP 系统、物流配送系统、资金流管理结算系统和遍布全国的分销管理系统及客户服务响应 Call-Center 系统，并形成了以订单信息流为核心的各子系统之间无缝连接的系统集成。

　　海尔 ERP 系统和 CRM 系统的目的是一致的，都是为了快速响应市场和客户的需求。

图 10-3　海尔客户关系管理网站页面

前台的 CRM 网站作为与客户快速沟通的桥梁，将客户的需求快速收集、反馈，实现与客户的零距离；后台的 ERP 系统可以将客户需求快速触发到供应链系统、物流配送系统、财务结算系统、客户服务系统等流程系统，实现对客户需求的协同服务，大大缩短对客户需求的响应时间。

③ CIMS＋JIT 海尔实时制订系统　海尔的 e 制造是根据订单进行的大批量定制。海尔 ERP 系统每天准确自动地生成向生产线配送物料的 BOM，通过无线扫描、红外传输等现代物流技术的支持，实现定时、定量、定点的三定配送；海尔独创的过站式物流，实现了从大批量生产到大批量定制的转化。实现 e 制造还需要柔性制造系统。在满足用户个性化需求的过程中，海尔采用计算机辅助设计与制造（CAD/CAM），建立计算机集成制造系统（CIMS）。在开发决策支持系统的基础上，通过人机对话实施计划与控制，从物料资源规划（MRP）发展到制造资源规划（MRP-Ⅱ）和企业资源规划。还有集开发、生产和实物分销于一体的适时生产（JIT），供应链管理中的快速响应和柔性制造，以及通过网络协调设计与生产的并行工程等，这些新的生产方式把信息技术革命和管理进步融为一体。

现在海尔在全集团范围内已经实施 CIMS（计算机集成制造系统），生产线可以实现不同型号产品的混流生产。为了使生产线的生产模式更加灵活，海尔有针对性地开发了 EOS 商务系统、ERP 系统、JIT 三定配送系统等六大辅助系统。正是因为采用了柔性制造系统，海尔不但能够实现单台电脑客户定制，还能同时生产千余种配置的电脑，而且还可以实现 36 小时快速交货。

（2）海尔 B2C 应用

海尔 B2C 网站采用了 CA 智能化集成的电子商务平台，使多媒体技术、对象数据库技术和 Web 技术相结合，构成了一个含有大量文字、图像、录像信息并可与三维虚拟场景交互的多媒体数据库应用系统，实现了基于 Web 的产品定制与导购功能。

① 在线直销　海尔网上商城（www.ehaier.com，如图 10-4 所示）是完全由海尔集团

图 10-4　海尔网上商城首页

公司负责建设、维护与经营的。它利用海尔现有的销售、配送与服务体系，为广大用户提供优质的产品销售服务。海尔集团直接对用户订单负责。全国每个地区包括农村的消费者都可以从海尔网上商城购物，海尔利用与顾客最近的海尔经销商和售后机构给用户提供服务。

顾客可以通过海尔网上商城系统，直接订购看中的商品，再通过海尔现有的销售、配送与服务体系，由送货上门或邮寄两种方式得到购物（除了医药产品、数码产品、《海尔兄弟》等采用邮寄以外，其他都采取送货上门的配送方式）。目前海尔网上商城提供全国范围的招商银行、中国工商银行的网上支付业务，用户在线支付成功后海尔能够通过系统立即查看到支付信息，然后安排配送。除了在线支付，海尔同样支持采用货到付款、银行电汇和邮政汇款的方式。

② 网上制订服务　海尔及其个性化的创造理念，使客户可以在任何地方通过互联网享受海尔的网上制订服务，随意地组合自己需要的组件。海尔最先开始的是冰箱的制订服务。海尔针对用户的需要，预先设计了多个套餐，客户也可以选配自己喜欢的产品组件，系统会进行自动报价，直到客户满意为止。产品定制完成后，输入个人和收货信息，就可以等待产品的直接送到。同产品制订类似，客户也可以详细选择需要的服务项目。以空调服务制订为例，客户可以从空调移机、加装饰板、清洗保养等十几个服务项目中选出自己需要的服务，系统会整体报价。

③ 网上服务中心　海尔的用户数据库及直接对顾客公开的网上服务中心可以有如下应用，第一，顾客登记，客户填写客户登记表的内容将存放到顾客服务数据库中，客户服务人员将会跟踪客户的产品使用情况，为客户提供解决方案，帮助客户了解产品的具体情况；第二，产品知识，客户可以查询到海尔不同类产品的购买、使用、维护方面的小知识；第三，产品咨询，客户对海尔的产品及其他方面有任何疑问，可以在线填写表单，海尔会通过邮件

或电话解答；第四，电子刊物，客户可以订阅海尔新闻、市场活动、产品知识等免费电子刊物；第五，在线报修，客户购买的海尔产品有任何问题，可以在线填写报修表单，海尔会主动与客户联系。

10.2.3 海尔电子商务的商业模式

（1）战略目标

作为国际化的公司，铸就国际化的品牌成为海尔的战略目标。国际化的前进路上需要国际化的管理模式，原海尔战略部经理马婷表示：就目前来看，海尔的发展瓶颈并不明显，但就长远来看，管理与国际接轨，打造国际化的专业团队必定会成为海尔国际化发展的动力。

海尔集团在首席执行官张瑞敏确立的名牌战略指导下，先后实施名牌战略、多元化战略和国际化战略。2005 年年底，海尔进入第四个战略阶段——全球化品牌战略阶段。创业多年的拼搏努力，使海尔品牌在世界范围内的美誉度大幅提升。自 2002 年以来，海尔品牌价值连续六年蝉联中国最有价值品牌榜首。海尔品牌旗下冰箱、空调、洗衣机、电视机、热水器、电脑、手机、家居集成等 19 个产品被评为中国名牌，其中海尔冰箱、洗衣机还被国家质检总局评为首批中国世界名牌。2005 年 8 月，海尔被英国《金融时报》评为"中国十大世界级品牌"之首。2006 年，在《亚洲华尔街日报》组织评选的"亚洲企业 200 强"中，海尔集团连续第四年荣登"中国内地企业综合领导力"排行榜榜首。2010 年 8 月 16 日，《财富》（中文版）公布了"2010 最具创新力的中国公司"排行，海尔列席最终 25 家创新领先的公司名单。2012 年 12 月 21 日，世界权威市场调查机构欧睿国际（Euromonitor）发布最新的全球家电市场调查结果显示：海尔大型家用电器 2012 年品牌零售量占全球市场的 8.6%，第四次蝉联全球第一。在 2013 年 1 月 10 日美国波士顿咨询公司公布的《2012 年度全球最具创新力企业 50 强报告》中，海尔集团位列第八位，同时位列"消费产品和零售"领域首位。这也是中国企业的最高排名，较 2010 年上一次发布排名，海尔集团前进了 20 位。海尔已跻身世界级品牌行列，其影响力正随着全球市场的扩张而快速上升。

2008 年，海尔实施全球化品牌战略进入第三年；随着全球化和信息化突飞猛进，海尔开始了信息化流程再造。海尔通过从目标到目标、从用户到用户的端到端的流程，通过流程机制的建立创造和满足全球用户需求。

2012 年，互联网高速发展的时代，海尔继续探索"人单合一双赢"商业模式，努力把自己建设成互联网时代的平台型企业。新模式的基础和运行主要体现在网络化上，市场和企业更多地呈现出网络化特征。

在海尔看来，网络化企业发展战略的实施路径主要体现在三个方面：企业无边界、管理无领导、供应链无尺度。海尔的信息化革命，意味着"新顾客时代"的开始。海尔已经启动"创造资源、美誉全球"的企业精神和"人单合一、速决速胜"的工作作风，通过无边界的团队整合全球化的资源，创出中国人自己的世界名牌！

（2）收入和利润来源

青岛海尔近期公布了 2013 年第一季报，2013 年一季度，公司实现营业收入 205 亿元，同比增长 10%；实现归属于母公司股东的净利润 7.2 亿元，同比增长 16.2%，每股盈余 0.27 元。一季度，经营活动产生的现金流量净额 17 亿元，同比增长 8%，现金流充足。当然，海尔的收入是由传统经营手段和电子商务业务共同创造的。

海尔电子商务的价值来源不仅包括在线销售取得的直接销售收入，还包括一系列由于海尔网络化而带来的无形价值，如品牌价值、成本价值、服务价值和技术价值等。

（3）核心能力

海尔的核心能力体现在自主技术创新、拉动销售模式和个性化服务方面。

① 自主技术创新 "创新驱动"型的海尔集团致力于向全球消费者提供满足需求的解决方案，实现企业与用户之间的双赢。截至 2012 年，累计申报 13952 项技术专利，获授权专利 8987 项；海尔共组织研究、提报了 84 项国际标准提案，其中 28 项已经发布实施，是中国申请专利和提报国际标准最多的家电企业，这表明海尔自主创新技术在国际标准领域得到了认可；海尔主持或参与了 152 项国家标准的编制修订，制订行业及其他标准 425 项。海尔是参与国际标准、国家标准、行业标准最多的家电企业。

② 拉动销售模式 海尔为经销商、供应商和消费者提供了一个简单、操作性强的网络营销平台，而且进行了循序渐进式的培训，同时在平台设计的时候就考虑到如何为应用者提供方便和帮助，网络营销平台的设计也遵循了以客户为中心的原则。海尔优化供应链，取代本公司的（部分）制造业，变推动销售的模式为拉动销售模式，与众不同的网络营销模式提高了新经济的企业核心竞争力。商家代替顾客为设计师，"个性化"产品不增加成本。顾客了解企业所提供产品及服务的信息需求，顾客寻求企业解决问题的需求，顾客直接接触企业有关人员的需求以及顾客了解并参与企业产品从设计、生产到运输等全过程的需求。

海尔实施网络营销靠"一名两网"的优势，"一名"是名牌、品牌的知名度和顾客的忠诚度，它是海尔的显著优势；"两网"是指海尔的销售网络和支付网络，海尔遍布全球的销售、配送、服务网络以及与银行之间的支付网络，这是解决网络营销两个难题的答案。海尔拥有比较完备的营销系统，在全国大城市有 40 多个电话服务中心，1 万多个营销网点，甚至延伸到 6 万多个村庄。提供全方位的服务以适应不同地区消费群体的需求，这就是海尔与其他网站对地区有限制之处的区别。

③ 个性化服务 海尔电子商务的最大特点就是个性化。为了实现个性化服务，早在内部提出了与客户之间是零距离。传统生产中，客户的选择余地是有限的，这对厂家有利；现在客户只要一上网，定制自己的产品，海尔企业就能生产客户需要的产品。

海尔提出的商家、消费者设计商品理念，是有选择的，现共有冰箱、空调、洗衣机等 58 个门类的 9200 多个基本产品类型，这些基本产品类型，就相当于 9200 多种"素材"，再加上提供的上千种"作料"——2 万多个基本功能模块，这样经销商和消费者就可在海尔提供的平台上，有针对性地、自由地将这些"素材"和"作料"进行组合，并产生出独具个性的产品。当然，如果这些个性化的产品只定位在某一地方就肯定不行，因为成本太大，海尔着眼于全球市场，这样需求就大大增加，成本就大大降低。一般来讲，每一种个性化的产品如产量能达到 3 万台，一个企业就能保证盈亏平衡，而事实上海尔的每一种个性化的产品的产量都能达到 3 万台以上。这成本平摊下来，商家和消费者所得到的产品价格的增长是很微小的。

10.2.4 海尔电子商务的管理模式

在创新实践中，海尔探索实施的"OEC"管理模式、"市场链"管理及"人单合一"发展模式都引起了国际管理界的高度关注。目前已有美国哈佛大学、南加州大学、瑞士 IMD 国际管理学院、法国的欧洲管理学院、日本神户大学等商学院专门对此进行案例研究，海尔"市场链"管理还被纳入欧盟案例库。海尔的"人单合一"发展模式为解决全球商业库存和逾期应收提供了创新思维，被国际管理界誉为"号准全球商业脉搏"的管理模式。

（1）"OEC"管理模式

"斜坡球体定律"在海尔被奉若神明，大家称其为"海尔发展定律"，它也道出了企业发展的一般规律。意思就是企业在市场上所处的位置，就如同斜坡上的一个球体，它受到来自市场竞争和内部员工惰性而形成的压力，如果没有止动力，就会下滑，为使海尔在斜坡（市场）上的位置保持不下滑，就需要强化内部基础管理这一止动力。

"OEC"管理法——英文 Overall Every Control and Clear 的缩写。

海尔的管理模式——OEC（日事日毕，日清日高），就是解决企业从斜坡往下滑的问题。海尔从 1989 年开始搞 OEC 管理，主要针对当时企业管理上普遍存在的一个问题，即管理对过程控制不细。生产制造过程中到处是"金"，生产的投入产出比不合理，造成严重的浪费。为解决这一问题，海尔提出推行"日日清"，即每天对各种消耗和质量进行清理，找出原因和落实责任，做不到日清，不准下班回家。这就是"日清日高"管理法的雏形。张瑞敏发现这是一种非常实用而有效的办法，于是加以推广，并在其他工作中应用。通过 ISO 9001认证后，这一管理思想和方法得到完善，形成了现在的 OEC 管理法。

（2）"市场链"管理

"市场链"管理指以海尔文化和计算机信息系统为基础，以订单信息流为中心，带动物流和资金流的运作，实施"三个零"目标的业务流程再造。通过"市场链"同步流程的速度和 SST（即索酬、索赔、跳闸）机制的强度，以"市场链"工资激励员工将其价值取向与用户需求相一致，创新并完成有价值的订单，构建核心竞争力，不断创造需求，创造市场。

海尔集团的"市场链"管理模式，能够将市场竞争的压力快速地、无差异地传递到企业每一个员工身上，使员工直接面对市场，使企业能随时对市场做出灵敏的反应，提高了企业的竞争力。关注"市场链"的运作，对于推进企业管理方式的变革，对于我国企业抓住机遇、迎接挑战具有重要意义。

（3）"人单合一"发展模式

"人单合一"就是每个人都有自己的订单，都要对订单负责，而每一张订单都有人对它负责。很多订单之所以变成"孤儿订单"，就是因为没有人对它负责。库存、应收也都是这样造成的。因为订单就是市场，也就是说每一个人和市场要结合在一起。既然如此，那么人的素质高低和订单质量的高低就成正比。也就是说，人的素质越高，订单的质量也越高。获取更多有价值的订单，而且不产生库存、不变成应收。也就是说，订单在市场创造的价值，体现的是人的价值。因此，每个人的收入就应该和订单结合在一起。"人单合一"，就是人与市场结合到一体，然后每个人都成为创造市场的"SBU"（战略事业单位），每人都对市场进行经营。

"人单合一"发展模式包括："人单合一"、"直销直发"和"正现金流"。"人单合一"是参与市场竞争的模式；"直销直发"是实现"人单合一"的基础条件；"正现金流"是"人单合一"至少在目前是最重要而必须保证的结果。"直销直发"要求直接营销到位，直接发运、服务到位。直接营销就不单是销售人员的事情，而是设计人员、制造人员、销售人员等全系统每个人都有责任。既有正现金流，又有高增长，对企业来说是非常重要的。打个比方，现金流对企业来讲相当于企业的空气，利润相当于企业的血液，如果没有正现金流，就相当于没有干净的空气，企业就会被窒息。

10.2.5　海尔电子商务的启示

（1）决策者的战略眼光

海尔的决策者有胆识、有眼光，抓住了电子商务带给企业的机遇，大胆地投资，成立电子商务有限公司保证企业电子商务的实施。

（2）面向应用是海尔电子商务成功的关键

海尔通过电子商务解决了企业的许多问题，如 B2B 采购问题、海尔招投标问题、客户关系管理问题等。

（3）管理创新和业务流程重组是海尔电子商务成功的保证

海尔在其发展的不同时期，提出并实施了创新型的管理模式，伴随着业务流程和业务模式的重组，不断地激发了员工的干劲，促进了企业的进步。

（4）对电子商务的透彻理解

海尔认为，对于电子商务，最重要的不是在于投资网络，而是在于建立自己的物流体系、商流体系、资金流体系，这样才可以形成数倍的增长，原来的基础在进入电子商务时可以迅速得到扩大。

在实践中，企业电子商务没有统一标准的模式，各个企业应该根据自身的情况，在理解电子商务的基础上，开展起适合企业的电子商务应用。

10.2.6　存在问题与建设性提议

（1）多元化迷途使得海尔品牌越来越模糊

海尔在电冰箱、冰柜、空调和洗衣机获得领先优势后，即刻开始了多元化扩张，先后进入医药、保健品、餐饮、电视机、电脑、手机、软件、物流、金融等十多个领域。然而，海尔的多元化不断遭遇挫折，2005 年，海尔集团将连续亏损的手机业务从香港上市的海尔电器中剥离，2007 年又将在与格兰仕、美的的竞争中缺乏成本和规模优势的微波炉放弃。2008 年 7 月 8 日，中国生物制药（1177. HK）的一则公告宣告了海尔药业控股权从海尔集团转移到中国生物制药全资子公司正大永福的手中，这也是海尔集团自 1995 年提出多元化集团战略以来第一次对单一业务板块进行重大股权调整。

海尔似乎以为，提升海尔的品牌形象，进而可以拉动所有海尔产品的销售。这种想法显然不能成立，因为品牌的销售力和其形象无关，而是来自因主导一个产品品类而获得的顾客认知地位。顾客总是更青睐某个产品品类的领导品牌和专家品牌，认为它们的产品质量更好。

海尔的多元化扩张导致消费者对海尔品牌产生了越来越模糊的感觉，某些领域的海尔产品质量也的确不怎么样，这也是影响海尔品牌的因素之一。

（2）定价问题

海尔产品基本上是统一价格的，虽然网上销售成本较低，但销售定价却不能低于分销商定价太多，否则必然会影响分销商的利益，因此，优势不明显的网上定价抹杀了网上销售的优势，限制了海尔的快速发展。

还有，分销商管理的不完善也对海尔品牌造成一定的影响，如某海尔专卖店里面在卖好几个品牌的电器，并不像一家专业的海尔形象店，了解一下产品的价格，最少比其他的海尔专卖店有 400～800 元的差价，且销售员总是在推荐一些杂牌的产品，可能卖掉那些产品会更有利润。这些情形对海尔的品牌影响力造成不可挽回的负面影响。希望海尔公司能关注这些事情,促进海尔良性、健康的发展。

(3) 服务外包带来的影响

大企业确立核心竞争力的一个有效方法,就是将自己不重要的东西外包出去,让更专业的人和公司来完成,这样的模式叫做企业服务外包。服务外包的作用,一般是指企业通过把必要的业务外包出去,从而达到重组企业价值链、优化资源配置、降低成本并增强企业核心竞争力的目的。海尔这样做了,但会有什么样的弊端呢?说个很真实的例子:某普通家庭是海尔的忠实用户,空调、电视、洗衣机等都用海尔的产品,可是,电视刚过保修期没几天就坏了,师傅上门维护来得到是很快,但修完后报价,换个电源要 400 元,还可以讨价还价,最后给了一半打发走人。洗衣机也出现了同样的情况。虽然事后有海尔客服人员的电话回访,但是对于这些维修人员在工作中给用户带来的不愉快的体验,长久下去,应该是有较大的负面影响的。希望海尔能够想出具体的管理办法来进行服务外包的管理。

但不管怎样,海尔都是最优秀的中国家电企业,希望有更多的企业能够学习海尔的自主技术创新能力、随企业发展而改变的管理模式等,能够大力发展、走向世界。

10.3 分组研讨的案例

10.3.1 案例 1:IBM 公司电子商务

IBM 即国际商业机器公司,1911 年创立于美国,是全球最大的信息技术和业务解决方案公司,业务遍及 160 多个国家和地区。2006 年,IBM 公司的全球营业收入达到 914 亿美元。IBM 始终以超前的技术、出色的管理和独树一帜的产品领导着全球信息工业的发展,保证了世界范围内几乎所有行业用户对信息处理的全方位需求。

IBM 与中国的业务关系源远流长。早在 1934 年,IBM 公司就为北京协和医院安装了第一台商用处理机。1979 年,在中断联系近 30 年之后,IBM 伴随着中国的改革开放再次来到中国,同年在沈阳鼓风机厂安装了中华人民共和国成立后的第一台 IBM 中型计算机。1992年 IBM 在北京正式宣布成立国际商业机器中国有限公司,这是 IBM 在中国的独资企业。到目前为止,IBM 在中国的办事机构进一步扩展至哈尔滨、深圳、南京、成都、西安、长沙、昆明、乌鲁木齐等 24 个城市,从而进一步扩大了在华业务覆盖面,IBM 中国员工队伍不断壮大,目前已超过 8500 人。除此之外,IBM 还成立了 9 家合资和独资公司,分别负责制造、软件开发、服务和租赁的业务。

IBM 非常注重对技术研发的投入。1995 年,IBM 在中国成立了中国研究中心,是 IBM全球八大研究中心之一,现有 200 多位中国的计算机专家。随后在 1999 年又率先在中国成立了软件开发中心,现有 2000 多位中国软件工程师专攻整合中间件、数据库、Linux 等领域的产品开发。多年来,IBM 的各类信息系统已成为中国金融、电信、冶金、石化、交通、商品流通、政府和教育等许多重要业务领域中最可靠的信息技术手段。IBM 的客户遍及中国经济的各条战线。与此同时,IBM 在多个重要领域占据着领先的市场份额,包括服务器、存储、服务、软件等。

取诸社会,回馈社会,造福人类,是 IBM 一贯奉行的原则。IBM 积极支持中国的教育事业并在社区活动中有出色的表现。IBM 与中国高校合作关系的开始可追溯到 1984 年，当年 IBM 为中国高校作了一系列计算机设备硬件和软件的捐赠。1995 年 3 月，以 IBM 与中国国家教委（现教育部）签署合作谅解备忘录为标志，"IBM 中国高校合作项目"正式启动，这一长期全面合作关系的基本宗旨是致力于加强中国高校在信息科学技术领域的学科建设和人才培养。近十几年来，IBM 中国高校合作项目不断向着更高的水平、更深的层次和更广的领域发展，对中国高校信息技术相关专业的学科建设和人才培养起到了积极的推动作用。自 1995 年以来，IBM 已向中国高校捐赠了价值超过 15 亿元人民币的计算机设备、软件及服务。在高校合作项目方面，目前已与 50 多所中国知名高校建立了合作关系。57 万人次学生参加了 IBM 技术相关课程的学习和培训，5.8 万人次学生获得 IBM 全球专业技术认证证书，4000 多人次教师参加了 IBM 组织的不同形式的师资培训。除了在高等教育领域与中国教育界进行合作之外，IBM 还将合作范围积极拓展到基础教育领域。IBM 因此获得许多殊荣。IBM—中国网站如图 10-5 所示（http://www.ibm.com/cn/）。

图 10-5　IBM—中国网站首页

2007 年 6 月 19 日，全球最大的信息技术和业务解决方案公司 IBM 举行了以"创新，IBM 实验室制造"为主题的活动，首次全面开放其三大研发机构——IBM 中国研究院、IBM 中国开发中心及 IBM 中国创新中心，向外界展示了 IBM 中国实验室最新的科研成果和发展动态，一方面展示了 IBM 在近百年的发展历史中，如何以技术创新和变革带动社会进步，另一方面也首次体现 IBM 的产品和技术如何融入人们日常的衣食住行与工作生活。

2009 年和 2010 年，IBM 连续两年被评为全球品牌价值第二名。2008 年年底，彭明盛先生代表 IBM 提出"智慧的地球"愿景，开启了第三次转型，要在智慧的时代取得更大成功。

2011 年 11 月 10 日，苏宁电器公司与 IBM 达成电子商务创新共同体全球战略联盟，双方将在商业模式、开放平台等方面进行深度合作。在"电子商务创新共同体"的机制下，IBM 与苏宁将在电子商务战略与商业模式制定、基于开放平台的先进系统架构设计、云计算和客户增值服务运营、超大规模互联网企业研发能力建设等领域深度合作。其中，IBM 将在南京建立全球电子商务卓越中心，协助苏宁在 3～5 年形成近 15000 名电子商务人员的规模，建立起包括 IT 治理体系、产品设计管理体系、技术开发管理体系、质量管理体系在内的超大规模互联网企业的研发能力。未来双方还将在战略创新、卓越运营、创新电子商务、云计算等多方面开展合作。

IBM 将"服务创新"的理念引入中国，先后与商务部签约助力"千百十工程"，推动中国现代服务产业发展和外向型产业结构升级；与教育部签署"现代服务科学方向"研究合作项目备忘录，将服务科学课程引进中国高等院校；与原卫生部合作，推动构建中国医疗信息服务共享平台和提升区域医疗服务质量。为了更好地配合服务战略的实施 IBM 先后将全球采购总部迁往中国深圳，并将全球两个 SOA 解决方案中心之一设在了北京。IBM 希望通过这些举措，为中国带来 IBM 在全球信息技术服务方面所具备的领先技能，帮助中国企业和政府实现创新，从而更有力地支持中国在服务行业日益增长的发展需求。

当所有人都在谈论创新的时候，IBM 正在帮助各种类型的企业真正实现创新。IBM 与遍布于世界各地的机构合作，协助他们取得了许多突破性的成就。

研讨问题 1：浏览 IBM—中国网站，它的"个性化服务"包括哪些内容？

研讨问题 2：从 IBM—中国网站上的"解决方案"、"服务"、"产品"、"支持与下载"栏目里，你可以体会 IBM 的哪些特色和优势？

研讨问题 3：请上网观看 IBM 的"创新行动"案例及短片，看看有什么启示？

研讨问题 4：以表格形式比较 IBM—中国网站和联想中国网站。

研讨问题 5：查找资料，探讨 IBM 前两次转型的时间、原因与内容。

10.3.2 案例 2：招商银行

招商银行成立于 1987 年 4 月 8 日，总部设在深圳，是我国第一家完全由企业法人持股的股份制商业银行。现已在全国百余个大中城市和香港设有分行，股份制银行中，招商银行网点数量位居行业第一，达到 960 家，并在纽约设立了美国代表处。截至 2012 年年底，招商银行总资产总额达 3.4 万亿元，比 2011 年同期增长 21.94％，2012 年，在英国《银行家》杂志"世界 1000 家大银行"资产总额排名中跻身 56 强，人均效益、股本回报率等重要经营指标位居国内银行业前列。招商银行坚持"科技兴行"的发展战略和"因您而变"的经营理念，打造了"一卡通"、"一网通"、"金葵花理财"、点金理财、招商银行信用卡、"财富账户"等知名金融品牌。连续被境内外权威媒体授予"中国最受尊敬企业"、"中国本土最佳商业银行"、"中国商业银行综合竞争力第一名"和"中国十佳上市公司"等多项殊荣。

招商银行（http://www.cmbchina.com，首页如图 10-6 所示）是我国第一家提供互联网网上支付服务的商业银行。1996 年，招商银行推出"一网通——网上支付"业务，实现了个人金融服务的柜台、ATM 和客户的全国联网，初步形成了我国网络银行的经营模式。

原招商银行行长马蔚华在招商银行导演了"网络化、资本市场化、国际化"的三出大戏。要把招商银行办成一家有特色的银行，其客户定位也发生了变化。招行是定位于城市

图 10-6　招商银行首页

的、年轻人的、白领的、高收入阶层的有特色的银行。而企业客户方面，招行主要争夺电力、通信、交通、IT 等行业的优质企业客户。招商银行凭借"一卡通"走出深圳，用"网上银行"树立了品牌，一直被业界看做是 IT 应用的先锋。而技术应用先进所带来的优势正使招商银行在一次次的新业务和营销大战中抢占先机。

原招商银行行长马蔚华是中国最具创新意识的银行家。他有着银行家典型的翩翩风度，而且时常在 IT 圈人士聚集的互联网大会等活动上出现，畅谈银行信息化。招商银行也正是因为对信息技术的敏感和善用，甚至贯彻"科技兴行"的根本战略，从一家后起的小银行，成长为外刊评论的中国最健康、最有潜力的银行新锐。

招商银行几年前就提出"银行再造"，这种银行再造包括理念也包括一个体制，还包括运作模式、组织体系、许多工具品种，也包括企业文化、思想观念等。虽然招商银行成立时间不长，但体制上有很多改革，比如说现在银行坐在屋里等人的这种做法肯定就不会再有了；现在一般的是求银行贷款，将来很可能求你来贷款的不一定是银行理想的客户，而那些好客户银行就得走上门去，甚至几家银行都去竞争，而且甚至人家可以采取招标的办法。比如说送雨伞，做多了成本就不太高了，而且都给清一色的红色伞，其上印着招商银行的标志和名字，这些伞送多了，一到下雨的天，整个城市到处都是招商银行的伞，这是很大的广告效应，而且知道只有招商银行能够给客户提供这样的服务。所以久而久之，这种人情味的服务、微笑服务、送货到门就渐渐成为招商银行吸引客户的一个重要力量。而这些做法是很容易学的，而客户的需求在不断发展，要求的层次也越来越高，那银行就要不断发展，满足客户最新的需求，这就是不断创新。对于金融业来讲，创新就是最新的技术和需求的结合，形成一种服务的产品和方式。

招商银行率先利用信息化网络技术改造银行业务，抢占金融领域的制高点；"一站式"服务让每一个客户都感受到了招商银行的独特之处；招商银行在网上银行的虚拟世界与现实空间之间架上了桥梁，它的网上银行业务量相当于再造了一个招商银行。

招商银行的一卡通是用向日葵来做形象代表的，马蔚华对此认识深刻："我对这个向日葵理解得应该是越来越深。因为向日葵，葵花向太阳，它是迎着太阳来转动的，迎着太阳。我们把太阳比作我们的客户，我们的客户就是上帝，就是太阳。我们葵花要永远围着我们的上帝去转，因为太阳给葵花带来阳光，使它能够成长。客户是给我们银行能够带来生存发展的条件，所以我们永远围绕我们的客户转，围绕着我们的上帝、我们的太阳转。满足了我们的客户的要求，招商银行才能不断地发展，才能欣欣向荣。"

研讨问题 1：浏览招商银行的网站，归纳一下它的网上企业银行、网上个人银行分别包含哪些服务？

研讨问题 2：查阅资料，写出招商银行采用了哪些措施保证网上银行的安全？

研讨问题 3：招商银行的客户服务包括哪些内容？请尝试一下它的电话银行及自助银行服务。

研讨问题 4：浏览招商银行的信用卡网站，了解其信用卡俱乐部有哪些丰富的活动？

研讨问题 5：招商银行快速成长的原因包括哪些？

10.3.3 案例 3：中国石化电子商务网站

中国石油化工股份有限公司（以下简称"中国石化"）是一家上中下游一体化、石油石化主业突出、拥有比较完备销售网络、境内外上市的股份制企业。中国石化是由中国石油化工集团公司依据《中华人民共和国公司法》，以独家发起方式于 2000 年 2 月 25 日设立的股份制企业。

中国石化是中国最大的一体化能源化工公司之一，主要从事石油与天然气勘探开发、开采、管道运输、销售，石油炼制、石油化工、化纤、化肥及其他化工生产与产品销售、储运，石油、天然气、石油产品、石油化工及其他化工产品和其他商品、技术的进出口、代理进出口业务，技术、信息的研究、开发、应用。中国石化是中国最大的石油产品（包括汽油、柴油、航空煤油等）和主要石化产品（包括合成树脂、合成纤维单体及聚合物、合成纤维、合成橡胶、化肥和中间石化产品）生产商和供应商，也是中国第二大原油生产商。它的产品概况如图 10-7 所示。

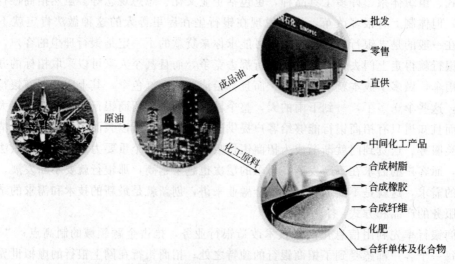

图 10-7　中国石化产品概况示意图

中国石化电子商务网站（http://www.sinopec-ec.com.cn，如图 10-8 所示）包括物资采购、产品销售、石化主页三个互相关联的网站。

中国石化物资采购电子商务系统于 2000 年 8 月 15 日正式投入运行，目前网上采购物资涉及钢材、设备、配件、煤炭、化工、贵金属、三剂等 56 个大类 8 万余品种，中国石化集团各油田、炼化和建设单位以及 2500 多家供应厂商在网上进行采购交易。网上注册用户已

图 10-8　中国石化电子商务网站首页

达 5700 个。中国石化物资采购电子商务将进一步完善和扩大上网采购物资品种，扩大与各界、各行业的信息交流，与各界朋友真诚合作、共同发展。

中国石化销售分公司于 2005 年 5 月 10 日正式挂牌成立，是中国石化下属分公司，负责中国石化旗下企业生产的石化产品资源统筹、市场营销、产品销售、客户服务以及中国石化所属企业相关化工原料的采购和供应工作。为更好地服务客户，公司在天津、茂名、成都、泉州、汕头、广州、南京、绍兴等地设立了多个网点代表处，并在消费集中地设立了若干中转仓库，以提高中转能力，更快捷地服务客户，实现客户轻松采购。中国石化化工销售分公司在立足国内市场的基础上，利用"两个市场、两种资源"，积极组织化工品进出口业务。进口化工产品以弥补国内资源供应不足的矛盾，满足客户的需求。出口资源富裕的化工产品，实现产需平衡。

客户关系管理系统（简称 CRM）是一套中石化化工销售分公司与客户进行线上沟通的平台。化工销售 CRM 项目分三期实施。一期上线后将实现客户计划的网上提报及审核，计划、订单的自动传入 ERP 系统，实现订单状态的动态跟踪，同时将业务中行销活动纳入线上管理，支持客户问卷调查工作。二期和三期完成线上价格调整、合同管理、佣金管理、渠道管理、市场调研、技术服务、产品知识库、电子商务平台、客户交易量评估、PDA 应用等功能模块。2007 年 8 月 15 日已成功上线。通过该平台客户可以在线上完成年、月、日销售计划的提报及查询，实现对销售订单、资金往来和余额信息的查询。客户登录该平台后，可以及时了解化工销售分公司发布的各项信息，参与销售分公司组织的客户满意度调查及市场调研活动，并可针对销售业务向销售公司反馈信息、提出建议。化工销售内部客户经理可以通过该平台，实现年、月、日销售计划的核定，生成订单，查询销售计划、订单、发货情况、资金往来信息等业务数据，及时填报各类计划和总结，完成大部分销售活动。中石化化工销售 CRM 项目一期虽已上线，但化工销售公司会根据广大客户的需求对系统不断完善提高。希望 CRM 系统能成为客户与化工销售分公司联系的纽带，同时，我们会通过该平台给广大客户提供更加优质、便捷的服务，实现双方最大限度的双赢。

研讨问题 1：浏览中国石油化工物资采购电子商务网站，它能够实现哪些功能？

研讨问题 2：浏览中国石油化工股份有限公司化工销售分公司网站，看看它的客户服务中心实现了哪些功能？

研讨问题 3：浏览网站，看看中国石化的物资采购、产品销售、石化主页三个网站是怎样相互关联的？

研讨问题 4：查阅资料，写出中国石化应用电子商务给企业带来了哪些好处？

10.3.4 案例4：中国人民财产保险股份有限公司

中国人民财产保险股份有限公司（http://www.piccnet.com.cn，如图 10-9 所示）是中国领先的非寿险公司，公司的前身中国人民保险公司成立于 1949 年，是新中国历史最久、知名度最高的保险品牌。在六十多年的卓越历程里，公司始终坚持"人民保险、造福于民"的经营宗旨，不断探索并秉承"以人为本、诚信服务、价值至上、永续经营"的经营理念，努力弘扬"求实、诚信、拼搏、创新"的企业精神，充分发挥市场、品牌、人才、技术、网络和服务等优势，为促进改革、保障经济、稳定社会、造福人民提供了强大的保险保障。

图 10-9 中国人民财产保险股份有限公司网站首页

伴随着中国经济社会全面持续健康发展，作为北京 2008 年奥运会保险合作伙伴，中国人保财险锐意改革，抢抓机遇，创新发展，正向着"国内领先、国际一流的知识型、现代化非寿险公众公司"战略目标稳步迈进。

如何充分运用电子商务营销方式，拓宽保险电子商务的应用领域，并不断加以推广，从而有力促进保险业的快速发展，已经成为目前业界关注与研究的焦点。保险业的商务流程具有明显的行业特征：第一，展业流程，通过广告、公司宣传、代理人推销等手段宣传自己的产品和服务；第二，投保流程，投保人选择适合的险种进行投保，并填写相关投保单证；第三，核保流程，保险人审核保险标的（被保险人），确定是否可以承保，以防止逆向选择和道德风险，降低保险人所面临的风险；第四，缴费流程，投保人缴纳保险费，形成保险公司的保险基金，这一流程既包括趸交保费，也包括按照约定分期交纳保费；第五，核赔过程，当被保险人发生事故时，对被保险人的理赔申请进行审核，确定是否属于保险事故以及损失的实际情况，确定是否应当进行理赔以及理赔的额度；第六，理赔和给付过程，保险人将理赔金交付被保险人，在整个保险期间，保险人还可能提供一些其他的服务，以维系保险人和投保人及被保险人的关系。通过对保险商务流程的分析，可以发现保险和电子商务两者之间的结合点，从而将电子商务应用在这些领域之中。

保险电子商务的发展特点是多快好省，保险电子商务的发展趋势有几点：一是普及化，从 20 世纪 90 年代开始，到现近二十年的发展，保险电子商务的人群越来越普及；二是实用化，从最初只是展现一个平台，到现在已经越来越多地从客户的角度提供适用和可操作性的功能；三是多元化，多元化可以理解大电子商务的概念，也就是说不仅仅利用互联网、网站，还利用呼叫中心、手机短信等提供服务、开拓业务；四是专业化，在保险公司网站上可以看到更多的专业化内容；五是人性化，也就是说用户体验受到越来越多公司的关注，所提供的不是想给客户看到什么，而是客户想看到什么，客户需要什么。

人民财产保险股份有限公司电子商务成立于 2001 年，呼叫中心是 95518，在全国有 300 多家，经过几年的发展，目前人保已经成为一个"电话＋网络"、"分散客户＋企业客户"、"线上与线下"相结合的立体化营销服务模式。除了网站，还有 B2B 的模式，手机、短信、电子邮件等。这几年人民财产保险股份有限公司在电子商务领域业务量增加也是非常快速的，基本上年保费增长率超过 500％，新的服务也不断推出，如推出的车险管家。现在很多人都是有车族，最苦恼的就是出险以后不知道怎么办，理赔的程序可能也很繁杂，不知道拿哪些手续和证件，车险管家就是在出险的时候，把客户的事故车交给车险管家，它全权代理。针对 VIP 客户，会提供酒后代驾。这个品牌一推出得到很多高端人士的认可和赞同。

实际上电子商务不仅仅带给我们的是保费，如果从保费来看，好像还不足以有很大的占比，但是它同时带给企业的是一些潜在的价值。比如说成本的节省、效率的提高，再比如说通过风险管控，可以使利润更大，还有对于客户的维系，这些都是隐性的。我们发现：电子商务渠道在展业成本上，在展业费、通信费、送单费上节约成本 60％～70％以上。同时，网站是一个企业形象的窗口，也能够更好地提升品牌的形象。

中国人民财产保险股份有限公司的电子商务平台的"产品和服务"包括个人保险产品、企业保险产品、保险卡服务及客户服务等内容，能够提供车险、交强险、意外险、家财险等全面的网上保险服务，实现网上支付，进行保险卡注册、保险卡验真、自助保险、95518 查询、发布人保动态、办理机动车交通事故责任强制保险，是奥运合作伙伴。其电子商务平台业务覆盖全国 158 个城市，是全新的保险销售和服务渠道。

2009 年 6 月 25 日，中国人保财险参加了"2009 中国保险电子商务高峰论坛"。论坛对中国保险电子商务市场的发展现状、发展问题及未来保险电子商务市场的发展趋势进行了深刻的分析与探讨。中国人民财产保险股份有限公司的财险在保险电子商务的多项综合评估中均名列前茅，获得了"2009 中国保险电子商务网站成熟度标杆企业"称号。及"2008 中国保险电子商务网站成熟度标杆企业"称号。

研讨问题 1：保险业电子商务有什么特点？举例说明。

研讨问题2：查阅资料，写出我国保险业电子商务发展状况。

研讨问题3：中国人民财产保险股份有限公司的财险在电子商务应用方面做了哪些努力？业绩如何？

思考习题10

1. 企业整体电子商务的优势包括哪些？
2. 查阅资料，写出海尔电子商务经营模式的特点。
3. 海尔的管理模式对中国企业有什么借鉴意义？
4. 找出书本没提到的成功的企业整体电子商务解决案例。

链接资源10

1. 联想中国（http://www.lenovo.com.cn/）。
2. 中国工商银行中国网站（http://www.icbc.com.cn/icbc/）。
3. 首页——MBA智库百科（http://wiki.mbalib.com/），搜索"斜坡球体定律"。
4. 探求海尔管理模式（http://www.huyue.com.cn/www/ReadNews.asp? NewsID=1303）。
5. 张瑞敏的全球竞争新思维——揭秘人单合一战略。
（http://finance.sina.com.cn/leadership/jygl/20051107/16342099578.shtml）。
6. IBM——United States（http://www.ibm.com）。
7. 招商银行——网站地图（http://www.cmbchina.com/about/sitemap.htm）。
8. 中国石油化工物资采购电子商务网站（http://www.sinopec-ec.com.cn/pls/wzec/index1）。
9. 中国石油化工股份有限公司化工销售分公司网站（http://www.chemicals.sinopec.com）。
10. 石化主页（http://www.sinopec.com/index.shtml）。
11. 2008中国保险电子商务高峰论-保险频道-和讯网。
（http://insurance.hexun.com/2008/7277/105532955/index.html）。

拓展训练10*

1. 查阅相关资料，谈谈你对"2005年5月1日联想正式宣布完成收购IBM全球PC业务"事件的看法。
2. 图10-10是各行业中B2B电子商务渗透率。从图中你可以得到哪些启发？请找出各行业电子商务应用成功的企业先锋。
3. 阅读"2008中国保险电子商务高峰论"文字资料，汇总电子商务给保险业带来的好处。

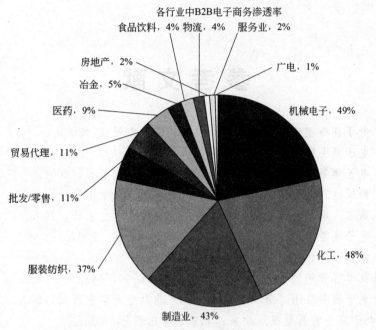

图 10-10　各行业中 B2B 电子商务渗透率示意图

参 考 文 献

[1] 濮小金. 电子商务理论与实践. 北京：机械工业出版社，2008.
[2] 张润彤. 电子商务概论. 北京：科学出版社，2005.
[3] 杨坚争. 电子商务案例. 第2版. 北京：清华大学出版社，2006.
[4] 周广亮，韩庆林. 电子商务案例分析. 北京：经济科学出版社，2007.
[5] 司林胜，周宏. 电子商务案例分析. 重庆：重庆大学出版社，2005.
[6] 司林胜. 电子商务案例分析. 重庆：重庆大学出版社，2007.
[7] 陈刚. 新媒体与广告. 北京：中国轻工业出版社，2002.
[8] 陆斌. 寻找博客营销的"金钥匙". 现代广告，2006，（4）.
[9] 牟彤华. 电子商务应用. 第2版. 大连：东北财经大学出版社，2006.
[10] 龚民. 电子商务案例教程. 北京：北京大学出版社，2007.
[11] 芮延先. 网上商店与营销策略. 上海. 上海财经大学出版社，2000.
[12] ［美］罗伯特·罗斯. 亚马逊网络书店传奇. 姜长斌译. 北京：机械工业出版社，2000.
[13] 武齐. 亚马逊营销. 北京：中国经济出版社，2003.
[14] 冯文辉. 电子商务案例分析. 第2版. 重庆. 重庆大学出版社，2005.
[15] 黄志平. 电子商务案例分析. 武汉. 武汉理工大学出版社，2006.
[16] 林萍. 电子商务案例分析. 北京：化学工业出版社，2007.
[17] 王亚萍. 网络直销存在的问题及应对措施. 商场现代化，2007，（491）：23.
[18] 徐国兰. 网络直销模式研究. 浙江大学学报：人文社会科学版，2007，37：160.
[19] 慧聪力推"行业专属服务"叫板阿里"旺铺" http:// net. itjj. net/b2b/20080512/296356. html.
[20] 盛大网络以网吧为核心的 E-sale 模式. www. verynetwin. com/post/shengdayouxi. html.